의열투쟁의 이론을 정립하고 실천한
류자명

의열투쟁의 이론을 정립하고 실천한 류자명

| 박걸순 지음 |

> 글을 시작하며

　류자명에 대해 관심을 가진 이래, 특히 이번에 그의 평전을 정리하는 내내 필자의 머리를 떠나지 않는 세 가지 의문이 있었다.

　첫째, 그가 남긴 여러 가지 회고록의 존재에 대한 궁금증이었다. 그는 200자 원고 900여 매에 달하는 한글본 『한 혁명자의 회억록』과 이를 다시 중문으로 쓴 회억록, 그리고 4~5종에 달하는 간력류簡歷類의 자서전을 남겼다. 이 가운데 「나의 간단한 이력我的簡歷」(200자 85매)과 「나의 중국에서의 60여 년我在中國六十多年」(200자 56매)은 결코 적지 않은 분량의 자서전으로 필자가 중국 창사에 사는 그의 아들 류전휘柳展輝 교수의 집에 보관된 선생의 자료를 조사하는 과정에서 발굴하여 학계에 공개한 자료다. 어쩌면 그는 독립운동가 중 스스로에 관한 기록을 가장 다양하게 남긴 인물이라고 해도 과언은 아닐 듯하다.

　그의 회억록은 주변의 권유에 의해 작성된 경우가 많다. 중국 친구 바진巴金은 그에게 회억록을 쓰도록 권유하며 자신이 교열을 해주겠노라는 약속을 했고, 그가 존경한 스승 쾅후성匡互生의 딸 쾅다런匡達人은 그의 간력을 작성하여 보내주기를 요구하기도 했다. 그러나 그는 적극적으로

자의에 의해 자신과 관련한 많은 기록을 남겼다. 이는 그의 치열한 시대인식과 역사인식을 반영하는 것이라고 할 수 있다. 그러나 의도적으로 말하지 않은 사실도 있었다. 그가 자신의 많은 기록을 통해 남기고 싶어 한 메시지는 무엇이었고, 감추고 싶은 사실은 무엇이었을까?

둘째, 그의 극적인 삶은 우연일까 필연일까에 대한 궁금증이었다. 얼마 전 의열투쟁을 소재로 한 영화 「암살」과 「밀정」이 커다란 흥행을 거둔 바 있다. 그의 삶은 영화 못지않은 극적인 요소를 지니고 있다. 제자들과 3·1운동을 계획하다가 탄로 나자 부모 몰래 상경하여 본격적으로 독립운동에 투신하게 된 것, 공산주의자를 스승으로 모셨으나 아나키즘을 수용한 것, 신채호·김원봉과의 만남, 좌파 트로이카로서 독립운동 주도, 밀정 처단 등 드라마틱한 의열투쟁의 이론 정립과 투쟁 주도, 중국 대륙을 전전한 광폭의 행보, 중국 아나키스트들과의 교유, 의열투쟁과 더불어 농장에서 교육과 실습 병행, 두 차례 찾아온 귀국 기회와 좌절, 분단시대 남북으로부터의 훈장 수여 등은 아무리 뛰어난 극작가라 하더라도 상상력만으로는 도저히 그려내지 못할 현실의 이야기다.

그 과정들이 어떤 때는 우연히 시의에 맞아 그런 것 같고, 어떤 경우는 역사적으로 필연성을 지닌 운명적인 무엇이 그를 역사의 한복판으로 밀어 넣은 것처럼 보인다. 과연 그에게 역사란 무엇이었고 조국은 어떤 존재였을까?

셋째, 그의 여러 회억록에서 상충하는 사실에 대한 의문이었다. 그는 1950년 타이완에서 귀국 길에 나서서 홍콩까지 왔으나, 공교롭게 그날 6·25전쟁이 발발하여 귀국의 꿈을 접어야 했다. 그러나 다른 회억록에서는 단지 타이완을 탈출하기 위해 귀국을 구실로 삼은 것뿐이라고 사실과 다르게 기술했다. 또한 그는 신채호가 「조선혁명선언」을 기초할 때 자문할 정도로 아나키즘 이론에 정통했고, 아나키즘에 입각하여 의열투쟁의 이론을 정립하고 실천한 대표적인 아나키스트였다.

그러나 훗날 자신이 신봉한 아나키즘의 '반동적 본질'을 극렬하게 자아비판하며 반성문을 작성했고, 공산주의자로 사상개조 선언을 했다. 이는 각종 회억록에서 지극히 북한 편향적 서술을 하며 미국에 극도의 적대감을 표현한 기술과, 1957년 북한으로의 귀국을 결심한 사실과 함께 공산주의 국가에서 조선 국적을 포기하지 않고 '조교朝僑'로서 살아야 했던 그의 처지에서 이해해야 할 것이다. 과연 그는 아나키스트를 마르크스주의자의 적이라고 여기고, 아나키즘을 반동사상으로 생각했을까?

한편 자신에 대한 많은 기록을 남긴 만큼, 이를 토대로 2004년 그의 평전 2종이 출판되었다. 하나는 중국 후난농학원에 근무하며 류자명과 '망년지교忘年之交'를 나눈 여기자 출신 안치安崎(1930년생)가 저술한 『훈장을 단 원예학자 류자명전戴勳章的園藝學家柳子明傳』(중국농업출판사)이다. 이 책은 류자명의 친구이자 전 후난성 성장이었던 정싱링鄭星玲의 요청으로 집필한 것이다. 비록 114쪽에 불과한 소책자이나, 류자명의 회술을 토대로 작성되었다는 점에서 자료적 가치가 크다. 그러나 독립운동에 대한 사실보다는 해방 후 중국 농학자로서의 삶과 업적에 치중된 한계가 있다.

또 한 권의 류자명 평전이 같은 해 충주시에서 『행동하는 지식인 류자명평전』(충주시·예성문화연구회)이라는 제명으로 출간되었다. 저자는 옌벤대학을 졸업하고 옌벤인민출판사에 근무하며 옌벤조선족자치주 인민대표대회 상무위원과 옌벤작가협회 소설창작위원회 주임을 맡고 있던 류연산이다. 그는 스승인 옌벤대학 김병민 총장에게서 류자명에 관한 자료를 인수받아 집필했다. 이 책자는 회억록 등 원전 자료에 충실하려고 한 노력이 돋보이나, 역시 중국 조선족인 저자의 한계가 여러 군데에서 드러난다.

지금까지 출간된 류자명의 전기나 평전은 중국인에 의해 정리된 것인 만큼 그를 객관적으로 정리하는 데는 다소 미흡했다. 필자는 이 같은 문제점을 인식하고 '영원한 조선인 류자명'을 실사구시적으로 정리하고자 한다.

2006년, 필자는 류자명 자료 조사를 위해 중국 창사에 있는 후난농업대학을 방문한 적이 있었다. 루샹양廬向陽 부총장이 필자를 직접 영접히며 안내해주었는데, 외빈 숙소에 들어서며 적지 않게 놀랐다. 필자의 방문 소식을 들은 류자명의 제자 교수 주셴밍朱先明(당시 84세) 등 15명이 스승의 고향에서 온 손님을 기다리고 있었다. 비가 내리는 궂은 날씨에도 불구하고 70~80대 원로들이 노구를 이끌고 스승 류자명에 대한 구술을 해주기 위해 간담회를 마련한 것이다. 더욱 놀라운 것은 그들이 돌아가며 말해주는 류자명에 대한 기억에는 진심어린 존경과 추모의 정이 넘쳐흘렀다는 사실이다. 특히 그의 회억록에도 등장한 애제자 뤄쩌민羅澤民(당시 78세)이 작성한 스승에게 바치는 「헌사獻辭」를 아들 류전휘가 낭독할 때 간담회장은 추모식장을 방불케 할 정도로 숙연해졌다. 그들은 한결같이 스승 류자명을 '조선의 애국투사', '국제우호인사'로서 애국자와 스승으로 인식하고 있었다.

류자명은 중국 현대 농학사에서 대표적인 원예학자로 손꼽히고 있다. 아직도 창사의 많은 중국인이 조선인 류자명을 마음에 품고 있다는 사실을 느꼈다. 필자는 이 「헌사」를 한국으로 이전한 스승의 묘 앞에서 불태워달라는 뤄쩌민의 간절한 부탁을 받고 귀국 직후 대전현충원을 찾아 묘 앞에 술 한 잔 올리고 그의 소원대로 해주었다.

필자는 당시 후난농업대학 당안관과 류전휘 교수의 집에 보관된 류자명 자료를 열람하고 적지 않은 자료를 수집하여 독립기념관에 자료로 등록할 수 있었다. 필자가 그의 자료를 검토하며 특히 가슴이 아렸던 것은 그가 중국에 당도한 후 살았던 지역을 기록한 부분을 읽는 순간이었다. "베이징 2년, 톈진 1년, 상하이 7년, 난징 2년, 우한 2년, 충칭 2년, 구이린 2년, 푸젠 3년, 타이완 5년, 창사 20년, 기타 광저우·항저우·산둥·구이저우·장시·안후이 등지는 경과하거나 잠시 거주……." 이 얼마나 고난의 역정이었는가?

류자명은 20세기 한국사의 특징이라고 할 수 있는 식민지와 분단 상황을 절절하게 체험한 대표적 인물의 한 사람으로, 망국과 분단의 디아스포라를 상징하는 인물이다. 그는 1985년 중국 창사에서 서거하여 웨루산岳麓山 기슭에 묻혀 있다가 2002년 대전현충원으로 봉환되어 고국의 품에서 영면하게 되었다. 2006년 그의 유품과 유고 중 136건 209점이 아들에 의해 고향 충주시에 기증되었고, 충주시는 생가 복원과 전시관 건립을 약속했다. 그러나 그 약속은 충주시의 사정으로 지금껏 지키지 못하고 있었다. 뒤늦게나마 금년에 충주시에 의해 생가 복원이 추진되고 있다고 하니 다행스럽기 그지없다. 고향을 몹시 그리워한다는 비유어로 '호마의북풍胡馬依北風'이라는 시구를 떠올리게 된다. 노년에 "이 세상에는 달이 두 개 있다"며 눈물로 고향을 그리워했던 노투사의 생전 소망이 이뤄지기를 기대해본다.

2017년 8월 광복절에
대전현충원 류자명의 묘(애지 제2-964) 앞에서

박 걸 순

차례

글을 시작하며 4

- **가계와 어린 시절** 12

  출생과 가계 12 | 여유로웠던 가정 형편 18
  수원농림학교에서 수학하다 20

- **독립운동에 투신하다** 28

  충주공립간이보통학교 교원 시절 28 | 3·1운동의 계획과 실패 30
  대한민국청년외교단을 결성하다 33 | 중국 망명길에 오르다 37
  대한민국임시정부 활동에 참여하다 40

- **아나키즘 수용과 의열단 참여** 50

  귀국과 연통제 활동 50 | 아나키즘을 수용하다 60
  베이징에서 단재와의 재회 63 | 의열단에 가입하다 70
  의열투쟁의 이론을 정립하다 72

- **의열투쟁의 적극적인 실천 활동** 79

  의열단의 의열투쟁을 주도하다 79 | 다물단과의 합작 및 밀정 처단 89
  재중국조선무정부주의자연맹 조직 98 | 국제연대를 모색하다 100
  의열단의 개조와 '기의' 참여 104 | 리다학원 농촌교육과에 몸담다 124
  남화한인청년연맹 결성과 활동 139

- 조선혁명자연맹과 조선민족전선연맹 주도 161
  중일전쟁 발발과 통일전선 구축 161
  조선민족전선연맹 결성 169
  조선의용대 지도위원 178
  치장 통일회의에 참가하다 193
  푸젠과 구이린에서의 농장생활 199

- 대한민국임시정부에 다시 합류하다 206
  임시의정원 의원과 학무부 차장에 피선 206
  중한문화협회 한국 측 이사 선임 216

- 해방 이후의 활동과 두 차례 귀국의 좌절 220
  해방과 타이완행 220
  제1차 귀국의 좌절 224
  농학자로서의 생활 227
  제2차 귀국의 좌절 246

  류자명의 삶과 자취 253
  참고문헌 260
  찾아보기 267

가계와 어린 시절

출생과 가계

류자명柳子明은 동학혁명의 기운이 감돌던 1894년 1월 13일(음) 충청북도 충주군 이안면 삼주리(현재 충청북도 충주시 대소원면 영평리)에서 류종근柳種根과 이기로李綺魯의 2남 1녀 중 막내로 태어났다. 본관은 문화다. 본적지는 영평리 356번지로 되어 있으나, 실제 생가지는 404-4번지로 현재는 밭으로 변해 있다. 자그마한 농로 건너에 있는 356번지 집에는 손자(류인탁)가 살고 있다.

어릴 때 이름은 흥갑興甲이었고 학교 다닐 때는 흥식興湜이라고 했다. 널리 알려진 자명子明이라는 이름은 독립운동을 할 때 주로 사용했으며, 호는 우근友槿이다. 그의 형 이름은 흥수興洙이고, 누이는 흥순興順이다.

가계는 대승공大丞公 차달車達을 시조로 하며, 문화류씨 15세 소윤공少

류자명 생가터

尹公 한생漢生에서 분파하여 그를 파조로 삼는 소윤공파 13세손이다. 차달은 황해도 문화지방의 토호로서, 『신증동국여지승람新增東國輿地勝覽』에 의하면 고려 태조가 후백제를 정벌할 때 수레를 제공하여 군량미 수송에 공을 세워 대승에 제수되고 삼한공신三韓功臣의 호를 받았다고 한다. 차달의 7세손인 공권公權이 재추宰樞의 반열에 들면서 가문이 현달하게 되었다. 『고려사』에는 공권이 청렴하고 공평했으며 관직에 있을 때 충실히 임무를 수행했다고 기록되어 있다.

파조인 한생은 사헌부司憲府 지평持平에 임명되었고, 1442년(세종 24)에는 남원부사를 지냈다. 종부사宗簿司 소윤으로 임기를 마쳤으며, 묘소는 양주에 있다. 류자명의 선대가 충청도와 관련을 맺은 것은 한생의 아들인 성곡공醒谷公 약約 때부터로 보인다. 생몰연대가 족보에 등재되지 않아 확인할 수는 없지만, 문음門蔭으로 관직에 진출했던 것 같다. 그는 연산군 때 정치적 압력을 받아 외직인 금산군수에 임명되었다가 후에 이조판서에 추증되었다. 묘소는 보은군報恩郡 내북면內北面 산성리山城里 구이목곡九耳木谷에 있다. 그가 보은과 인연을 맺은 까닭은 알 수 없지만, 이후 후손들의 묘소가 보은에 위치하고 있어 한동안 이곳에서 살았음을 알 수 있다.

류자명의 선대가 충주로 옮겨온 것은 22세 덕재德栽(1655~1686) 때로, 17세기 후반 무렵이다. 덕재의 생부는 일성一誠이나 효성孝誠에게 출계했는데, 그의 묘부터 충주에 있으니 그가 충주의 입향조다. 현재 후손들은 선대가 충주에 터를 잡게 된 경위를 알지 못한다. 다만, 덕재가 21세 때인 1676년(숙종 2) 무과에 급제하여 선전宣傳이 되었다고 하는 것으로 보아 무반 가문이 되었음을 알 수 있다. 이후 선대에 특별한 관직을 지낸 이는 보이지 않는다.

류자명의 조부는 계원啓源(1816~1890)으로 슬하에 동근東根·의근義根·송근·완근元根의 사형제를 두었다. 그는 회고록『한 혁명자의 회억록』(이하『회억록』으로 약칭)에서 큰아버지 이름을 인근仁根이라 했지만, 족보와『충청북도충주군양안忠淸北道忠州郡量案』(규 17681) 등 기록에는 '동근'으로 되어 있다. 여기에는 그의 아버지 형제 중 백부인 동근과 중부 의근, 부친 종근은 일정한 토지를 소유하여 경제적으로 그리 어려움이 없었던 것으로 나타난다. 의근은 병원秉源의 양자로 출계하여 양부의 재산을 상속한 것으로 보인다. 그러나 숙부 완근의 기록이 보이지 않는 까닭은 알 수 없다.

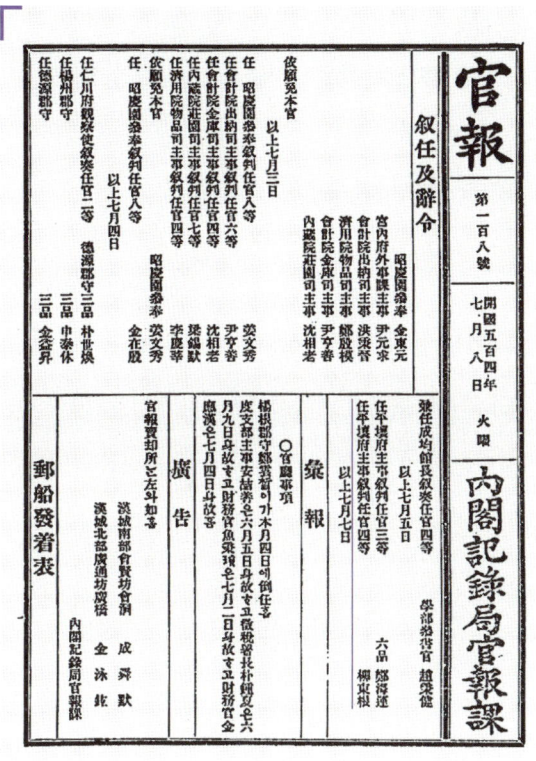

부친 류종근의 평양부 주사
임명 관보(1895. 7. 8)

부친 종근은 일찍이 형 동근의 특별한 도움으로 학문에 전념하여 형제 중에서는 유일하게 지식인이 되었다. 종근은 한양에서 과거시험을 준비하던 중 1895년 궁내부 주사에 임명되었고, 평양부 관찰사로 부임하는 정경원鄭敬源(1851~1898)을 따라 평양부 주사로도 근무했다. 정경원은 법부협판을 거쳐 1895년 평양부 관찰사로 부임했는데, 같은 충주 출생으로 종근보다 5년 연상이며 두 사람은 이전부터 서로 알던 사이로 보인다. 종근이 평양부 주사로 부임한 것은 『관보官報』 제108호에서 확인되지만, 그의 형인 동근의 이름으로 잘못 기재되어 있다[『각사등록各司謄錄』(1895. 7. 15)에는 '종근'으로 바르게 수정].

류자명은 『회억록』에서 부친을 다음과 같이 서술했다.

…… 아버지는 젊었을 때부터 큰아버지의 특별한 도움을 받아서 힘써 한문을 배워서 4형제 중에서 오직 한 명의 지식인이 된 것이다. 그래서 평양감사인 정경원을 따라서 평안도청의 주임비서가 되어 3년 동안 일하다가 돌아왔다. 그때 아버지는 월급 중에서 쓰고 남은 돈 200원을 큰아버지에게 드렸는데, 큰아버지가 그 돈으로 30마지기의 논과 밭을 사서 우리 집에 주었다. 그로부터 우리 집에는 머슴 한 사람과 소 한 마리로써 자기의 토지를 가지고 농업생산을 하게 되었다. 이러한 농가를 자경농自耕農이라 한 것이다. ……

회억록에는 부친이 낙향 이후 어떻게 지냈는지에 대한 언급은 없다. 다만, 성균관 대사성을 지낸 김귀수金龜洙가 지은 부친의 묘갈명이 족보에 전해지는데, 여기에는 부친이 사우士友들 사이에 존경을 받았고 견식이 밝아 모두 감복했다고 했다. 그러나 단발령이 내려지자 분개하여 관직을 버리고 낙향하여 서당에서 아이들을 가르치고 농사를 지으면서 평생을 보냈다고 했다.

류자명의 문화류씨 소윤공파 세계도를 정리하면 다음과 같다.

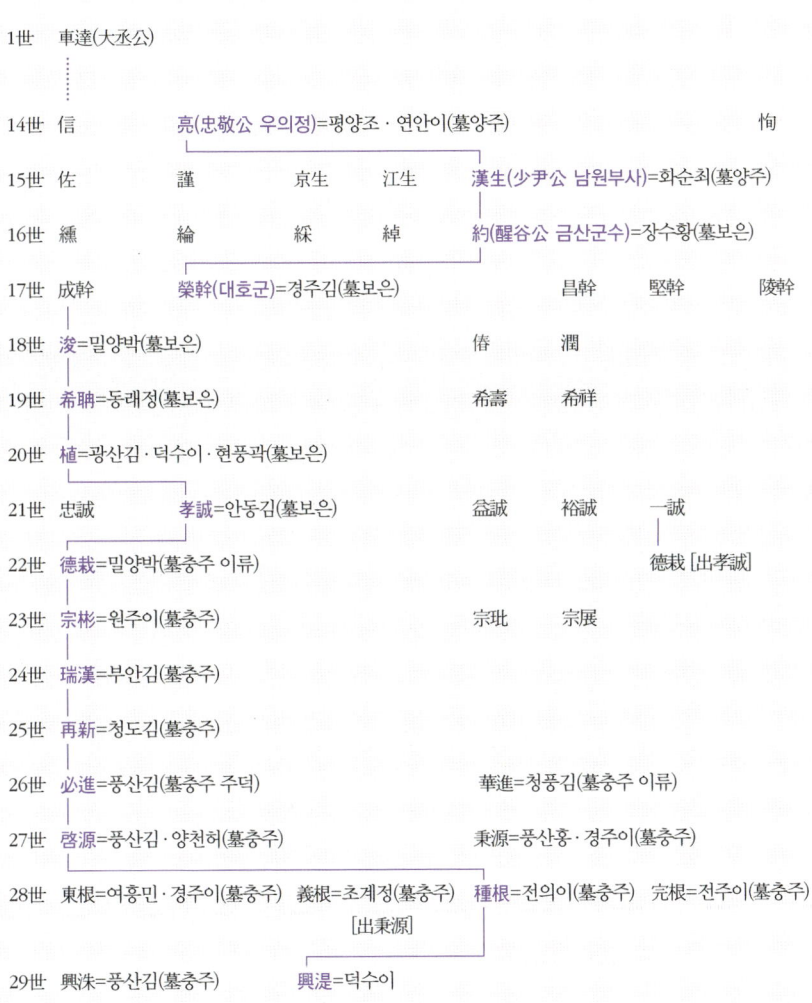

문화류씨 소윤공파 세계도

여유로웠던 가정 형편

『충청북도충주군양안』은 1902년(광무 6) 지계아문地契衙門에서 토지조사를 실시하고 작성한 토지대장이다. 여기에 류자명의 부친이 소유한 토지가 기재되어 있어 집안의 경제 규모를 짐작할 수 있다. 이를 정리하면 다음 쪽의 표와 같다.

류자명은 부친이 관직생활을 하며 번 돈으로 큰아버지가 30마지기의 땅을 사줘 '자경농'이 되었다고 회고하고 있다. 따라서 이 토지는 상속이 아니라 부친이 스스로의 힘으로 구입한 것으로 보아야 할 것이다. 당시 농민의 소유 토지를 기준으로 할 때 보통 1결 이상은 부농, 50부~1결 미만은 중농, 25~50부 미만은 소농, 25부 미만은 빈농으로 구분한다. 이에 따르면 부친은 부농에 속하는 셈이다. 그가 소유한 땅 옆에 당시 중추원 의장과 궁내부 특진관을 지내던 김가진金嘉鎭이 부재지주로서 경영하던 토지가 붙어 있어 이채롭다.

이렇게 적지 않은 자기 땅을 소유하고 있던 부친이 왜 자신의 땅이 아닌 한경회의 땅에 초가 7칸짜리 집을 짓고 살았는지는 의문이다. 종근의 집 땅주인 한경회도 83.44정보나 소유한 대지주임에도 한백영의 땅에 25칸의 기와 저택을 짓고 살고 있었다. 한백영의 경우에는 한경회의 아들이기 때문에 이해가 가능하다.

그렇다면 부친이 살던 초가 7칸은 충주에서 어느 정도의 규모였을까? 당시 충주에는 2만 3,971호가 있었다. 이 중 가장 많은 주택 형태가 초가 3칸으로 46% 정도를 차지했다. 초가 2칸은 26%, 초가 4칸이

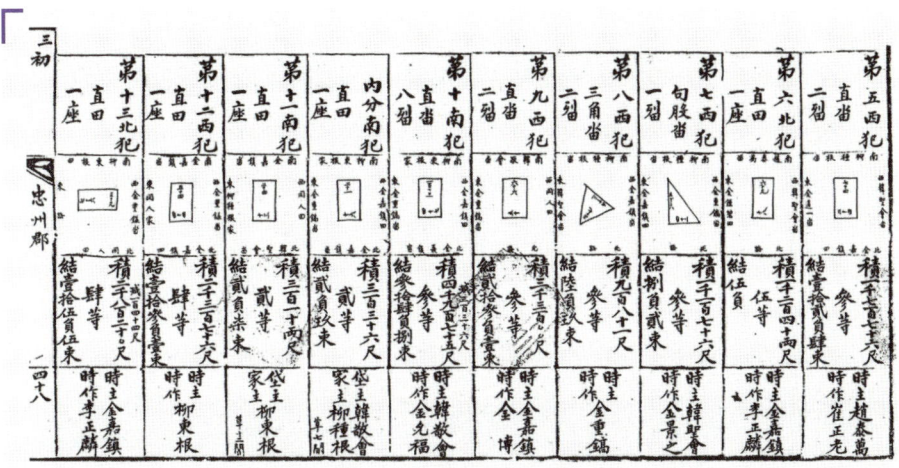

위치	전답	전품	척(尺)	결수(結)	시주(時主)	시작(時作)	가옥	초가 칸
이안면 삼주동	田	3	1,620	11부3속	류종근	류종근	0	0
이안면 삼주동	田	2	704	6부	류종근	이중덕	1	8
이안면 삼주동	畓	2	336	2부9속	한경회		1	7
이안면 삼주동	畓	4	2,193	12부1속	류종근	류종근	0	0
이안면 삼주전평	畓	3	3,364	23부5속	류종근	류종근	0	0
이안면 삼주전평	畓	4	9,620	52부9속	류종근	류종근	0	0
덕면 이암전평	畓	3	6,070	42부5속	류종근	류종근	0	0
계			23,907	1결51부2속				

류자명 부친 종근의 토지 소유를 기재한 『충청북도충주군양안』과 토지 소유 현황

11.6% 순으로 초가 1~6칸을 합하면 총 주택량의 95.2%나 된다. 그러니 부친의 초가 7칸은 충주의 상위 4.8%에 해당하는 규모이며, 전田자형 겹집으로 지어져 기와집 부럽지 않은 수준이었다.

백부 동근도 상당한 재산가였다. 양안에 기재된 백부 동근의 토지 소유 면적은 10.33정보, 차경지는 2.73정보, 자경지는 5.94정보로 충주군 내에서 304위에 해당하는 지주였다. 대부분 부친 계원으로부터 상속받았지만, 개간으로 토지를 늘려나가 부를 더욱 축적했다. 백부는 류자명이 독립운동을 할 때 자금을 지원해주기도 했다. 중국으로 망명했던 류자명이 일시 귀국했다가 다시 망명할 여비를 구하지 못해 출발을 미루고 있던 때가 있었다. 아우 종근에게서 이 소식을 들은 백부는 조카가 해외에서 독립운동을 한다는 사실에 매우 기뻐하며 200원이나 되는 여비를 선뜻 주어 보냈다.

류자명이 당시 최고 고등교육기관이던 수원농림학교에서 수학하고, 이후 부모와 처자를 고향에 남겨두고 홀로 중국으로 망명해 독립운동을 전개할 수 있었던 것은 이 같은 경제적 상황이 바탕이 되었을 것이다.

수원농림학교에서 수학하다

류자명은 7세경부터 마을 서당의 훈장을 하던 아버지로부터 천자문千字文·동몽선습童蒙先習·소학小學·대학大學·맹자孟子·통감通鑑 등의 한문을 배웠다. 그는 자라면서 점차 가속화되는 일제의 침략과 한민족의 투쟁 사실을 아버지와 형으로부터 들어 알게 되었다. 그뿐만 아니라 자신이 직접 의병의 활동과 일제의 만행을 목격했다.

…… 당시에 도처에서 일어나는 의병투쟁은 나는 귀로 들었을 뿐만 아니

라 눈으로도 보았다. 내가 14세 때에 의병대장 류인석柳麟錫이 거느린 의병이 제천으로부터 충주로 쳐들어갔다가 물러가는 광경을 나의 눈으로 보았으며 의병이 물러간 뒤에 일본 군대가 그 부근 마을에서 저지른 야만적 폭행도 나의 귀로 들었다. ……

그런데 이 부분은 사실관계에 착오가 있다. 류인석 의병장이 충주성을 공격한 것은 전기의병 때인 1896년의 일로 그가 3세 때의 일이다. 그가 14세 때 목격한 의병이라면 후기의병이어야 하고, 류인석 의병장과는 무관한 일이다. 어린 시절을 기록한 『회억록』에는 이런 오류가 더 있다. 을사늑약에 분개하여 자결 순국한 민영환의 혈죽血竹 고사와 이재명이 이완용을 찌른 의거를 경술국치 후의 사실로 기록한 것 등이 그런 사례다. 이를 제외하면 그는 자신이 어렸을 때 우리나라가 겪은 '비통한 역사'를 『회억록』에 매우 상세하고도 비교적 정확하게 기술했다. 어린 나이부터 고향 충주에서 벌어진 의병항쟁과 일제의 만행을 보고 들으며 항일정신을 키워나갔음은 분명하다.

류자명은 동학을 "동학당의 혁명운동"으로 표현했으며, 서학과 부패한 봉건정치에 대한 민중의 필연적 봉기로 인식했다. 청일전쟁 역시 "늙은 봉건주의 대국이 새로 일어난 자본주의 국가에게 전패된 전쟁이며, 또한 중국·조선·일본이 삼국 간 역사적 변화의 관건"이 된 전쟁으로 서술했다. 청나라를 "늙은 봉건주의 대국"으로 표현한 것도 특색이 있으나, 청일전쟁을 봉건주의와 자본주의 간의 전쟁으로 서술한 것은 매우 독특한 논리다. 명성황후와 대원군의 대립과 알력은 러시아에 대한 인식의 차이에서 생긴 것으로 보았다. 그는 일본 공사 미우라 고로三浦梧樓가 획책한 명성황후 시해사건을 "인류의 역사에서 다시 볼 수 없는 야만적 폭행"으로 규탄했다. 미우라 등 시해 주모자들을 증거불충분으로 석방한 것은 교활하고 기만적인 일제의 외교술책이라고 진단했다. 독립협회 활동이나 을사늑약 등은 간략히 기술하고 있으나, 안중근의 이토 히로부미 처단 의거는 상세히 설명하며 이후 일제의 침략이 가속화되어나가는 과정을 서술했다.

1910년 8월 22일, 대한제국이 멸망했다. 당시 그는 17세로 충주공립보통학교 3학년에 재학 중이었다. 그가 다니던 학교는 교장 대신 일본인 교감 시카다鹿田가 교장 대리로 있었고, 조선인 교사는 심상덕沈相德·서극순徐極淳·신석균申錫均·홍몽화洪夢華 등 4인이 있었다. 조선인 교사들은 대부분 사범학교 출신으로 일본어를 일본인처럼 잘했다. 다만, 홍몽화 선생은 사범학교 출신이 아니어서 일본어를 잘 몰랐다. 그 대신 한문을 공부했기 때문에 학생들에게 한문과 조선말을 가르쳤으며, 젊은 교사들의 존경을 받고 있었다. 3학년 주임이던 심상덕 선생은 3학년 학생들에게 "나라가 이 지경이 된 때에 오로지 힘써 공부하는 것밖에 다른 방법이 없다"고 강조했다. 류자명은 비통한 심정으로 선생님의 이 짧은 말씀이 담고 있는 의미를 되새겼다.

영평리에 있는 그의 집에서 학교까지는 30리가 넘었다. 집에서 통학하기에는 너무 먼 거리여서 읍내에 사는 친척 정운익鄭云益의 집에서 숙식하며 통학했다. 류자명의 학과 성적은 우등이었고, 3학년 부급장직을 맡고 있었다. 그는 조국이 처한 곤란한 지경과 자신의 장래에 대해 늘

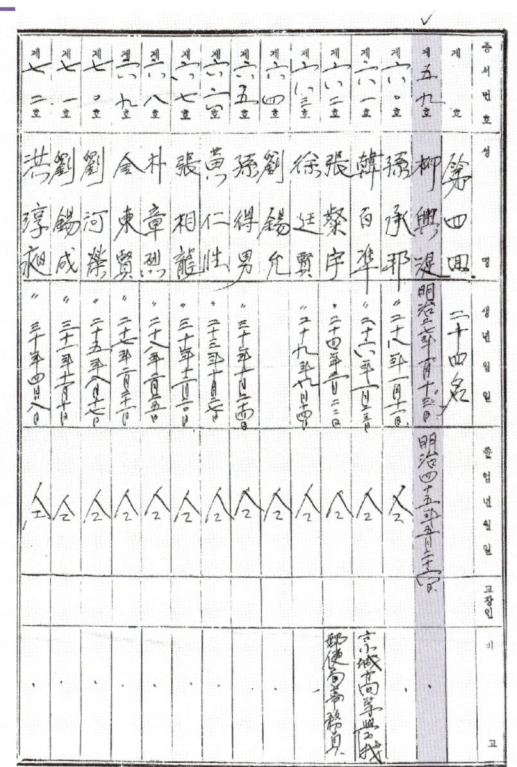

어린 시절의 류자명과
충주보통학교(현 충주교현초등학교)
제4회 졸업 학적부(여기에는 흥식으로 기재)

깊은 관심을 가지고 있었다. 나라가 망했다는 소식을 듣고 하교한 날, 숙식하던 친척집에 형 흥수가 와 있었다. 그날 저녁 그와 형, 친척 정운익 세 사람은 마주앉아 망국에 대한 이야기를 나눴다. 그 자리에서 정운익이 "깊은 산속에 가서 마음 놓고 울고 싶다"고 하면서 류자명에게 "너는 아직 망국 된 슬픔을 알지 못할 것"이라고 했다. 그러자 그는 "형님들이 소리쳐 운다면 나도 따라서 울지요"라고 대답했다.

망국 직후인 1910년 11월에는 이난영李蘭永을 아내로 맞이했다. 이난영의 본관은 덕수德水이며 아버지는 민일敏一, 할아버지는 익신益信으로, 충주 인근의 괴산에서 살다가 시집을 왔다.

　　류자명이 보통학교를 졸업할 당시 우리나라에는 사범학교·농림학교·공업학교·의학교 등 네 종의 전문학교만 있었을 뿐 대학교는 없었다. 한민족에게 고등교육의 기회를 박탈한 일제의 식민지 노예교육정책 때문이었다. 그는 1911년 충주공립보통학교를 졸업하고 수원농림학교 입학시험에 응시했으나 떨어지고 말았다. 서울대 농대의 전신인 수원농림학교는 전국에서 수재들이 몰려와 입학하기 어려운 학교였다. 그는 낙방하자 곧 서울로 올라가 수학자인 이명칠李命七이 개원한 연정학원研精學院에서 1년 동안 수학을 배우고, 1912년 봄에 다시 시험에 응시해 수원농림학교에 입학했다.

　　당시 조선총독부는 수원에 권업모범장勸業模範場과 잠사시험소蠶絲試驗所를 운영하고 있었고, 수원농림학교는 권업모범상·삼사시험소와 끝이 운영되던 학교였다. 이런 까닭에 모범장의 장장인 혼다 고스케本田幸介가 수원농림학교 교장을 겸임했으며, 잠사시험소 소장인 미야하라宮原가 농림학교의 교무주임을 겸임했다.

　　농림학교는 조선총독부 학무국 소속으로 학비는 공비公費로 매월 평균 일본 돈 5원씩 냈고, 학생복과 실습복은 한 벌씩 지급해주었다. 도서관에는 각종 관련 책자를 사서 비치해두고 학생들에게 빌려주었다. 농림을 전문으로 하는 학교이다 보니 교육과정의 3분의 1은 생산노동으로 편성되었다. 일본인 교사들은 모두 뛰어난 인재들이었는데, 그는 교사진에 대해 다음과 같이 회상했다.

…… 농림학교의 교사 수준은 상당히 높았다. 교장인 혼다는 농학박사로서 일본에서 유명한 학자이며 임학박사인 우에키植木秀干는 조선의 산림과 식물에 관한 조사와 연구가 깊어서 박사의 학위를 얻게 된 것이다. 그 밖에도 일본 교사 중에 일본 제국대학 학사가 4인이었고 조선인 교사 4인은 모두 일본 농업대학을 졸업한 것이다. ……

류자명은 수원농림학교에서도 3학년 때까지 줄곧 부급장을 맡았으며, 학교 성적도 늘 우수했다. 수원농림학교에서는 매년 봄철과 가을철에 수학여행을 갔다. 그는 농림학교 재학 당시 수학여행을 가장 기억에 남는 일로 회상했다. 그 까닭은 조국산천의 아름다움을 느끼고 조국을 더욱 사랑하게 되는 계기가 되었기 때문이다. 3학년 가을철 수학여행은 평안도 진남포로 갔다. 그런데 진남포에서 돌아오던 중 평양 인근에서 상한병傷寒病에 감염되고 말았다. 당시 치사율이 20%가 넘는 무서운 장티푸스였다. 학교로 돌아왔으나, 상태가 좋지 않아 수원군 내 위생처의 부속병원에 한 달 동안이나 입원하여 치료를 받았다. 상한병으로 고생은 했지만 수학여행에 대한 즐거운 추억이 깊었던 그는 병원 치료를 받을 당시의 정황도 상세한 기록으로 남겨두었다. 대략적인 내용은 다음과 같다.

당시 충주의 고향집과 그가 입원해 있던 수원의 병원은 300리나 떨어진 먼 거리였지만, 입원 소식을 들은 아버지가 달려와 간병을 해주었다. 아버지는 병원에 도착한 이튿날 저녁 매우 긴장하고 근심어린 얼굴로 그를 바라보며 "너는 지금 죽을 것 같다"고 말했다. 그러자 그는 "아버지! 걱정 마십시오. 저는 죽지 않습니다"라고 대답하고 자신이 특별히 좋아하던 소설 한 편을 아버지에게 들려드리며 안심시켰다. 아버지도 그제야 편히 밤을 지냈는데, 다행히 이튿날부터 체온이 내려가기 시작했다. 이튿날에는 형도 병원으로 와서 불안한 목소리로 아버지에게 그의 몸 상태를 물었다. 아버지가 대답하기도 전에 그가 오늘부터 체온이 내려가기 시작했다고 말하자 형도 안심했다. 아버지는 집에 어머니가 혼자 있는 것을 염려하여 다음 날 고향으로 돌아갔다.

그의 몸이 차차 회복되어 음식을 먹을 수 있게 되었을 때, 형이 신문을 사가지고 와서 큰소리로 읽어주었다. 신문 읽는 소리를 들은 간호사가 그에게 일본말로 "당신은 지금 몸이 아직도 완전히 회복되지 못했는데 밥을 먹은 뒤에 1시간 동안은 완전히 쉬어야 하고, 신문 같은 것을 본다면 열병이 다시 생길 수 있으며, 만일 병이 재발하게 된다면 매우 위험하게 된다"고 말했다. 이는 음식을 먹을 때는 혈액이 위䍃를 향해 집중되는데, 만일 그때 신문이나 책 같은 것을 읽는다면 혈액이 눈과 머리로 집중되어 위의 활동을 방해하여 음식물 소화가 잘 되지 않게 하고 저항력을 약하게 하여 건강에 나쁜 영향을 준다는 것이다. 그는 간호사의 말대로 음식을 먹은 뒤 1시간 이내에는 신문과 책 같은 것을 보지 않았다. 이는 그의 평생 습관이 되었다. 그는 병원에서 퇴원하여 학교로 돌아간 뒤에도 한 달 가까이 휴양실에서 휴양한 뒤 학습에 참여할 수 있게 되었다.

그해 겨울방학을 맞이하여 고향집으로 돌아갔을 때 그의 어머니는 그를 끌어안고 소리치며 울었다. 어머니가 마흔 살이 넘은 나이에 그를 낳았으니 류자명은 집안에서 무척 귀한 늦둥이 자식이었다. 몇 해 전에는 누이가 젊은 나이에 병으로 세상을 떠나 온 가족이 슬픔에 잠겼다. 4년 동안이나 집을 떠나 있던 그마저 상한병으로 사경을 헤맨다는 소식을 들은 어머니는 침식을 전폐하고 걱정에 잠겨 있었던 터였다. 걱정했던 자식이 살아서 자신의 품에 안기니 어머니는 안도의 기쁨과 함께 얼마 전 떠나보낸 딸 생각까지 겹쳐 통곡을 한 것이다. 아내 이난영도 수척해져 온 남편을 바라보고는 옷고름으로 눈물을 찍어내며 소리 없이 울었다.

부인 이난영

독립운동에 투신하다

충주공립간이보통학교 교원 시절

1916년 봄 수원농림학교를 졸업하자, 곧 충주공립간이농업학교 교원으로 발령을 받았다. 이 학교는 그가 어려서 다닌 충주보통학교 옆에 세워진 학교였다. 일본인 보통학교 교장이 농업학교 교장을 겸하고 있었고, 조선인 교원이 한 명 더 있는 매우 단출한 학교였다. 그는 곧 교무주임이 되었으며, 보통학교 4학년 농업 과목도 함께 담당하게 되었다.

일제의 무단통치 시기에는 학교 교원들이 패검을 한 위압적 분위기 속에서 수업을 진행했다. 류자명도 패검한 채 수업을 진행할 수밖에 없었다. 중국으로 망명한 후 가족들은 그가 허리에 찼던 칼을 일본 천황이 하사한 부끄러운 물품이라 하여 집 담장 밑에 파묻어버렸다. 지금 이 칼은 독립기념관에 기증되어 교원 시절의 유품으로 보관되고 있다.

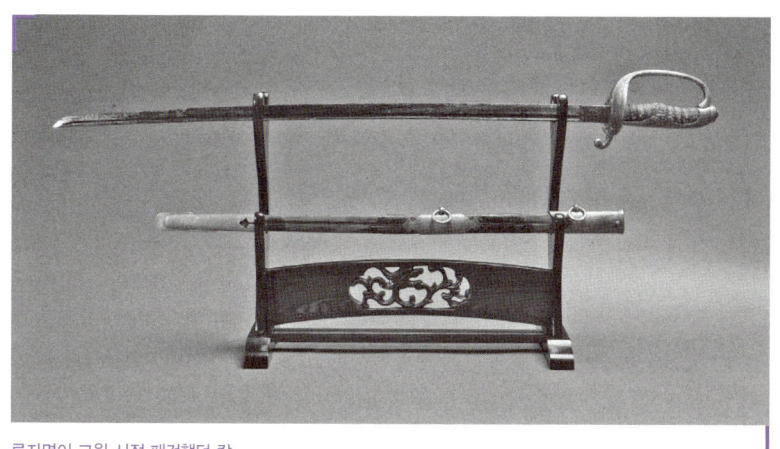
류자명이 교원 시절 패검했던 칼

　류자명은 비록 일본 천황이 내려준 칼을 차고 일본이 만든 학교에서 교사생활을 했지만, 이를 부끄럽게 여기지만은 않았다. 학생들을 훌륭한 농학자로 키우는 것은 결코 일본을 위한 것이 아니라고 믿었기 때문이다.
　그 대신 휴일이면 학생들을 데리고 인근의 유적지를 찾곤 했다. 충주는 고대부터 조선 시대까지의 유적이 풍부한 지방이었다. 그는 유적지에서 학생들에게 우리 역사와 망국민의 비참함을 가르쳤다. 당시 그가 재직했던 학교의 일본인 교장은 매일 아침 수업 시작 전에 교원과 학생들에게 '천황폐하 만세萬歲'를 외치도록 강요했다. 교장의 강요에 수치심을 느낀 그는 학생들에게 '천황폐하 망세亡歲'라고 외치도록 했다. 그렇게라도 하지 않으면 마음속의 분노를 어찌할 수 없었다.
　간이농업학교 교사 시기는 아내와 매우 행복한 시간이었다. 발령받던 해에 장남 기용基鎔이 출생했고, 2년 후에는 차남 기형基瀅도 태어나 네 식구가 단란한 시간을 보냈다. 혼인은 보통학교 재학 시절에 했지만, 수원농림학교 재학기간 내내 아내 난영과 떨어져 살았기에 더욱 행복한 시기였다. 그러나 행복한 시간이 곧 끝나고 처자식과의 긴 이별이 닥칠 줄은 꿈에도 몰랐다.

3·1운동의 계획과 실패

1919년 3·1운동이 발발했다. 거족적인 3·1운동은 전국적으로 파급되었고, 만세운동 소식은 곧 충주에도 전파되었다. 충주의 3·1운동에 관한 일제 측의 자세한 기록은 확인되지 않지만, 3월 10일을 전후하여 만세시위가 계획되고 실제로 전개되었던 것으로 보인다.

 3월 10일경 충주간이농업학교 학생들의 졸업기념 야유회가 범바위[虎岩]에서 열렸다. 류자명은 이 무렵 학생 오언영吳彦泳·장천석張千石·뮤석보柳錫寶 등과 함께 3월 15일 충주장날을 이용하여 만세운동을 일으킬 것을 상의했다. 류자명도 『회억록』에서 밤에 자기 집을 찾아온 세 명의 학생들과 함께 만세운동을 상의한 결과, 간이농업학교 학생들이 앞장서고 보통학교 학생들도 참여하여 시내로 독립만세 행진을 하기로 계획했다고 기술했다. 류자명과 주도 학생들은 다른 학생들의 참여를 권유하며 3일 동안 만세운동을 준비했다.

 거사 전날 밤 뜻밖의 인물이 사택으로 그를 찾아왔다. 충주보통학교 재학시절 같은 반 동창이었던 황인성黃仁性이었다. 그는 당시 충주경찰서에 근무하며 충주지역 청년 학생들의 만세시위 계획을 정탐하고 있었다. 그는 류자명에게 "자네가 하고 있는 비밀활동을 경찰서에서 알게 되어서 나더러 조사해보라고 했네. 자네가 빨리 이곳을 떠나지 않으면 경찰서에서 나더러 자네를 체포하라고 할 것이니 빨리 이곳을 떠나야 하네!"라고 말했다.

류자명은 즉시 마에다前田 교장을 찾아가 어머니가 병들었다는 구실로 휴가를 내고 사택을 나와 고향집으로 향했다. 그가 큰 길거리로 나왔을 때 보통학교 동창인 권석희權石熙를 만났다. 권석희는 3·1운동이 발발했을 때 서울에 있다가 고향으로 돌아와 있었다. 그는 동창에게 자초지종을 말하며 아무래도 학교를 떠나 서울로 가야겠다고 말했다. 이 말을 들은 권석희는 그에게 서울에 있는 정낙윤鄭樂潤이라는 충주 출신의 친구를 소개해주었다.

그 길로 그는 인력거를 타고 고향집으로 가서 하룻밤을 보냈다. 아버지와 형들도 각지에서 벌어지고 있던 3·1운동 소식을 들어 알고는 있었으나, 그가 연루되어 쫓겨왔다는 것은 까맣게 몰랐다. 아버지와 형에게는 학교가 하루 쉬기에 다니러 왔다고 둘러댔다. 오랜만에 그를 맞이한 가족들은 매우 기뻐했다. 그는 내일이면 가족과 생이별을 하고 고향을 떠날 생각에 만감이 교차했다. 그날따라 유난히도 밝은 달밤, 잠든 아내와 어린 자식의 얼굴을 보며 뜬눈으로 밤을 지새웠다.

이튿날 아침, 그는 밥을 먹는 둥 마는 둥 몇 숟갈 뜨고 숟가락을 밥에 꽂아둔 채 집을 나섰다. 아내에게 집을 나간다는 말은 차마 하지 못하고 제사지낼 때 숟갈을 꽂는 의식으로써 자신의 망명을 무언의 행위로 표

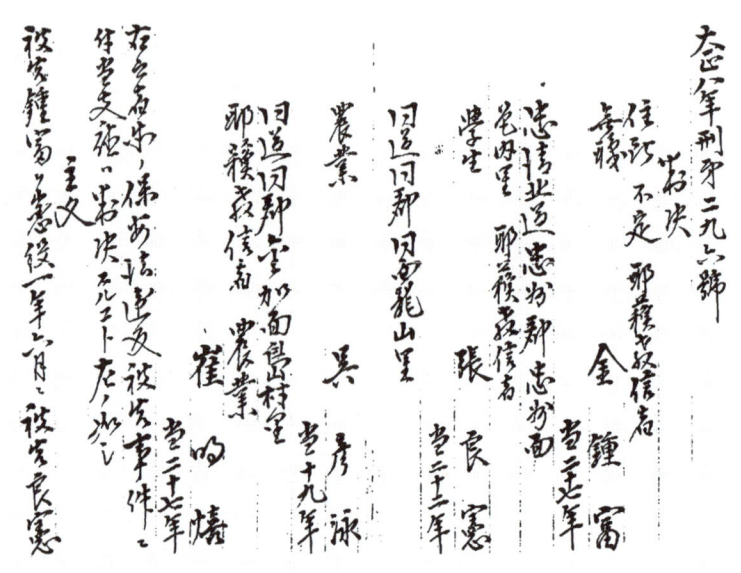

오언영 등의 판결문(공주지방법원 청주지청, 1919. 5. 31)

시했던 듯하나. 아버지에게도 서울로 간다는 말을 하지 않은 채 집을 나왔다. 마침 지나가던 자동차를 얻어 타게 되어 그날 오후 5시경 서울에 도착하여 권석희가 알려준 정낙윤의 주소지로 찾아갔다. 그는 이전에 정낙윤을 본 적이 없었지만, 정낙윤은 이미 그를 알고 있었다. 그의 조카인 정태희鄭泰熙와 정석희鄭錫熙가 류자명이 가르친 학생이었기 때문이다. 류자명은 그의 집에서 숙식을 하고 이튿날 고향 친구인 이병철李秉澈을 찾아갔다. 이후 그는 대한민국청년외교단에 참여하여 본격적으로 독립운동에 뛰어들게 되었다.

한편, 그가 같이 계획했던 충주의 만세운동 계획은 다시 추진되었다. 그와 함께 만세운동을 추진했던 오언영의 재판 판결문이 그때의 상황을 전해준다. 기독교 신자 김종부金鍾富의 주창으로 오언영·장양헌張良憲·최명희崔明熺 등은 4월 8일 칠금리 권태은權泰殷의 집에서 장날 만세운동을 전개하기로 결의하고, 충주공립학교 교원 김연순金連順에게 학생의 동원을 권유하는 문서를 보냈다. 이들은 피로써 태극기를 그리고 그 여백에 독립사상을 고취하는 문구를 새겼다. 경고문과 독립가도 만들어 각지의 주민 참여를 독려하는 등 준비를 진행했다. 안타깝게도 이 계획 또한 사전에 발각되어 실행되지는 못했다.

대한민국청년외교단을 결성하다

류자명의 고향 친구인 이병철은 3·1운동 당시 중앙기독청년회를 중심으로 한 만세시위에 참여했고, 4월에는 자신의 처 경하순慶河順을 비롯하여 김원경金元慶·최숙자崔淑子 등 기독교 계통 여학교 출신 여성들을 지도하여 대조선독립애국부인회大朝鮮獨立愛國婦人會를 결성하고, 고문으로 활동하고 있었다. 이러한 여성단체의 초기 활동은 회원들의 자수 등으로 얻은 자금 모집이 주된 것이었는데, 모인 자금은 투옥당한 애국지사의 옥바라지와 그 가족에 대한 구조와 후원 등에 사용되었다.

5월 초에는 상하이에서 귀국한 조용주趙鏞周·연병호延秉昊 등과 뜻을 모아 외교활동을 독립운동의 행동지침으로 표방하는 대한민국청년외교단大韓民國靑年外交團을 결성했다. 이병철은 외교단의 총무를 맡아 활동을

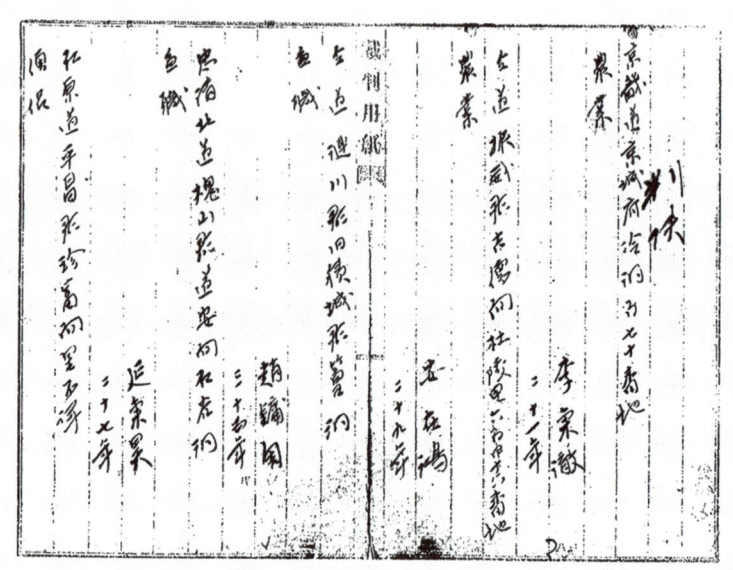

대한민국청년외교단 관련 판결문(대구지방법원, 1920. 6. 29)

주관했고, 운영에 필요한 자금의 대부분을 조달함으로써 재정적 지원에 큰 힘을 보탰다. 자신이 지도하던 대조선독립애국부인회 조직을 대한민국청년외교단과 연결시켜 조직 확충에도 힘을 쏟았다. 6월에는 대조선독립애국부인회와 혈성단애국부인회血誠團愛國婦人會를 하나로 통합하여 대한민국애국부인회大韓民國愛國婦人會로 발전시키는 데도 주도적 역할을 담당했다.

이병철의 역할에 힘입어 대한민국청년외교단과 대한민국애국부인회는 자매단체로서 유대관계를 더욱 강화할 수 있었다. 9월에는 이종욱李

鍾郁과 함께 상하이에서 설립된 대한적십자회大韓赤十字會의 국내지부로서 대한적십자회 대한총지부大韓總支部를 설치했다. 그러고는 앞서 조직된 대한민국애국부인회와 대한민국청년외교단과의 유기적 관련 속에서 적십자 활동을 가세시켜 운동 방향을 강화해갔는데, 그가 대한총지부의 간사를 맡았다. 이병철 등 청년외교단의 중심 인사들은 10월 초 청년외교단의 조직을 확대·개편하기로 결정하고 그 명칭을 배달청년당倍達青年黨으로 개칭하기로 했다. 조직 개편의 기본 방침은 청년외교단과 비슷한 성격의 활동을 펴는 각 독립운동 단체들을 하나로 통합하는 것이었다. 안타깝게도 이러한 계획이 실천에 옮겨지기 직전인 11월 말 청년외교단 조직이 일제에 발각되었다.

류자명이 대한민국청년외교단에 가입한 정확한 시기는 알 수 없으나, 창단 초기부터 적극 참여했던 것으로 보인다. 류자명이 이 단체에 참여하여 활동할 당시 그의 이름은 류흥식이었다. 대한민국청년외교단의 조직은 다음과 같이 구성되었다.

◎ 중 앙 부: 총무(안재홍·이병철), 외교부장(김연우), 재무부장(김태규), 편집부장(이의경), 간사장(김홍식), 외교원(조용주·연병호·류흥식), 외교특파원(이종욱·조소앙), 특별단원(정낙윤)
◎ 국내지부: 대전지부(지부장 이호승), 횡령지부(지부장 나대화), 충주지부(지부장 윤우영)
◎ 해외지부: 상하이지부(지부장 송세호)

중앙부는 회장이나 단장을 두지 않고 총무를 중심으로 한 체제로 운영되었다. 외교에 치중하는 조직체계로서 대한민국임시정부의 외교활동을 위한 전문 단체 성격이었다는 것도 알 수 있다. 국내지부는 대전·회령·충주의 3개에 불과하여 제대로 체계를 갖추지는 못했는데, 회령을 제외하고는 충청지방의 지회임이 특징적이다.

대한민국청년외교단의 규모는 600명이라는 일제의 기록도 있으나(『조선민족운동연감朝鮮民族運動年鑑』), 재판 판결문이나 기타 자료에는 30명 정도의 인원만이 확인된다. 단원은 30대 약간 명과 20대 청년들이 거의 주축을 이루고 있고, 출신지로는 충북 충주와 괴산 출신 인물이 가장 많다. 이병철(충주 앙성), 정낙윤·정석희鄭錫熙(충주 노은), 류흥식·류흥환(충주읍), 윤우영尹宇榮(충주 신니), 김태규金泰圭(괴산읍), 연병호(괴산 도안) 등이 그들이다.

대한민국청년외교단과 지역과의 연관성이 구체적으로 규명되지는 않았으나, 류자명은 지역적 연고를 배경으로 서울에서 이들과 교유했고, 대한민국청년외교단에 참여했던 것으로 짐작된다. 류자명은 회억록에서 대한민국청년외교단은 대한민국임시정부의 외교대표단을 지원하기 위해 조직되었고, 자신이 이병철·김태규·조용주와 함께 조직했다고 밝혔다. 이는 청년외교단의 창단 초기부터 류자명이 주도적으로 참여했음을 의미한다.

중국 망명길에 오르다

1919년 5월, 류자명은 상하이에서 귀국한 임득산林得山을 대한애국부인회 최숙자의 집에서 만났다. 임득산은 평북 철산 출신으로 3·1운동 직후 상하이로 망명했다. 그는 대한민국임시정부에 참여하여 국내를 왕래하며 활동하고 있었다. 임득산은 평양을 거쳐 서울에 왔는데, 평양의 애국부인회 회원들이 모아준 귀금속 가방을 가지고 와서 평양 부인들의 활동을 설명했다. 가방에는 금과 은으로 만든 장식품이 가득했다. 서울의 회원들도 이를 따라 귀금속을 모아 임득산에게 주고는 김원경을 상하이에 대표로 파견했다. 대한민국청년외교단원이던 류자명이 임득산을 만난 것은 청년외교단에서 애국부인회의 활동에도 관여하며 대한민국임시정부를 지원했음을 알려주는 일화다.

6월에는 이병철과 함께 상하이에서 온 조용주를 만났다. 조용주는 경기도 양주 출신으로 1913년 중국으로 망명하여 형 조소앙趙素昻을 지원하며 독립운동을 펼치고 있었다. 그는 둘째 형 조소앙의 외교활동을 위한 파리행 여비를 마련하러 국내에 들어왔다가 류자명과 대한민국청년외교단을 결성했다. 대한민국청년외교단은 약간의 금액을 모금하여 그에게 전달했다.

류자명은 당시 기독교청년회관과 예배당을 중심으로 공개된 군중적 활동을 펼치기도 했다. 그는 기독교도는 아니었지만, 기독교청년회관에서 진행된 군중대회와 예배당에서 진행된 기도회에도 참가했다. 어느 날은 여자 웅변가 권애라權愛羅가 청년회관에서 연설을 한다는 소식을 듣고 참가했다. 권애라는 연설을 통해 남녀평등과 여성해방을 주장했다. 일본의 식민지로 전락한 상황에서 여성해방을 주장하는 것은 곧 전민족의 해방을 주장하는 것이었다. 남녀평등을 주장한 것 역시, 여성도 남성처럼 조국의 해방을 위해 동등하게 투쟁해야 한다는 사실을 은연중에 강조한 것이다. 류자명은 이를 '은어와 반어법'이라고 설명했다.

…… 이러한 말 쓰기나 글쓰기를 당시 일본 경찰들은 '은어, 반어'라고 한 것이다. 그래서 우리가 만일 글을 써서 신문에 발표하거나 공개된 회의에서 무슨 문제를 토론하게 된다면 '은어와 반어'를 능숙하게 쓸 줄 알아야 되는 것이다. 이에 예를 들어 본다면 조선 글의 전문가의 하나인 권덕규權德奎가 "가짜 명나라 사람의 머리에 한 방망이를 가한다假明人頭上加一棒"는 글 한 편을 조선 신문에 발표하였는데, 그중에 이른바 가짜 명나라 사람은 조선의 친일파와 매국적들의 대명사였다. 그리고 또 안확安確(안확安廓의 오류 - 필자 주)은 민족개조본民族改造論을 청년회관에서 공개된 회의에서 발표하였는데, 그의 이른바 민족개조는 조선의 친일파와 매국적을 개조해야 된다는 것이었다. ……

공개집회는 당연히 일제의 허가를 받아야 가능했고, 모든 공개집회에는 일제의 정탐이 참석하여 연설자들의 발언과 청중의 반응을 내사했다. 권애라의 발언은 일제 탄압의 위험 수위를 넘지 않으면서도 민중에게 경각심을 일깨워주었다.

류자명은 예배일마다 진행되는 예배당의 기도회에도 여러 번 참여했다. 교회 목사의 강론과 신도의 기도 속에는 조국의 독립과 민족의 해방을 기원하는 간절함이 배어 있었다. 그가 교회를 "조선 인민의 애국사상을 고양하고 조선 인민을 곧게 단결시키는 학교"라고 표현한 것은 이 때문이었다.

1919년 6월, 류자명은 단의 명령에 따라 외교원으로서 조용주와 함께 중국으로 건너가게 되었다. 상하이행 여비는 대한민국청년외교단 단원이자 그가 가르친 정석희가 집에서 가져다준 200원으로 충당했다.

류자명은 조용주와 함께 서울역에서 신의주로 가는 기차를 타고 그 이튿날 저녁 신의주에 도착하여 시내에 있는 의성여관義城旅館에서 하룻밤을 지냈다. 그들이 단둥丹東이나 선양瀋陽행 열차표를 끊지 않고 신의주에서 하차한 것은 국경을 통과할 때 일제의 검문이 매우 엄밀했기 때문이다. 의성여관을 숙소로 정한 것은 조용주가 국내로 들어올 때 의성여관 주인과 암호로 약속을 해두었기 때문이다. 이 여관은 국내를 왕래하는 독립운동가들의 거점이었다. 여관 주인은 이들에게 비밀 방을 내주고 숙박부에도 기재하지 않고 특별히 대접했다. 여관 주인은 기차는 위험하니 타지 말고 압록강 변을 5리 정도 걸어 올라가면 구舊 의주에서 단둥으로 가는 뱃길이 있으니 그것을 이용하는 편이 안전하다고 귀띔해 주었다.

의성여관에서 불안한 하룻밤을 보낸 류자명과 조용주는 이튿날 아침, 주인의 말대로 압록강 변을 따라 올라가 목선을 타고 무사히 단둥으로 건너갔다. 단둥의 중국 여관에서 하룻밤을 묵고, 이튿날 단둥 시내에 나갔다. 류자명은 중국어를 할 줄 아는 조용주의 도움으로 중국옷을 한

벌 사서 여관으로 돌아와 갈아입었다. 그날 저녁 열차로 단둥을 떠나 선양에 도착했다. 선양에서 다시 여관을 정한 뒤, 조용주의 중국인 친구를 찾아갔다. 중국인 친구의 안내로 두 사람은 함께 선양의 고적 등을 돌아보았다.

하룻밤을 선양에서 보낸 류자명과 조용주는 이튿날 기차 편으로 잉커우營口로 가서 여관에서 하루를 더 묵은 뒤, 윤선輪船을 이용하여 3일간의 항해 끝에 상하이에 도착했다.

대한민국임시정부 활동에 참여하다

3·1운동은 한민족에게 독립에 대한 확신을 심어주었고, 대한민국임시정부를 탄생시켰다. 4월 10일 오후 10시, 상하이 프랑스 조계지 김신부로金神父路에 있는 현순玄楯의 집에서 국내는 물론 만주·미주·일본·연해주 등지에서 활동하던 손정도孫貞道 등 독립운동가 29인이 모여 제1회 임시의정원을 개원했다. "임시의정원"이라는 명칭은 조소앙의 동의와 신석우申錫雨의 재청으로 가결된 것이다.

4월 11일, 임시의정원에서는 국호와 관제, 국무원에 관한 문제가 논의되었다. 제일 중요한 것이 국호의 제정이었다. 국호는 '대한민국'으로 결정하자는 신석우의 동의와 이한근李漢根의 재청으로 가결되었다. 국호의 결정에는 상당한 격론이 있었다. '대한'이라는 국호를 반대하는 사람들은 "대한은 우리가 이미 사용했던 국호로서 그때 우리가 망했으니 일본에 망해버린 나라의 국호를 그대로 사용한다는 것은 감정상 용납하기 어렵다"고 주장했다. 그러나 '대한'을 주장한 사람들은 일본에게 빼앗긴 대한의 국호를 일본으로부터 되찾아 독립했다는 의의도 살리고, 또한 중국이 신해혁명 이후 새롭고 혁신적인 뜻으로 '민국'을 사용하고 있으니 '대한민국'으로 해야 한다는 논리를 폈다. 결국 여럿이 주장한 대로 대한민국으로 가결되었는데, 이처럼 '민국'을 국호로 사용한 데는 신해혁명과 중화민국 수립의 영향이 컸다.

4월 10일부터 이튿날까지 진행된 임시의정원 회의는 사실상 제헌의회 성격을 지닌다. 여기에서 헌법인 대한민국임시헌장을 제정했기 때문이다. 이날 결정된 임시헌장 선포문과 10개 조항의 내용은 다음과 같다.

대한민국임시헌장선포문

신인일치神人一致로 중외협응中外協應하여 한성漢城에 기의起義한 지 30유일有日에 평화적 독립을 3백여 주三百餘州에 광복하고 국민의 신임으로 완전히 다시 조직한 임시정부는 항구완전恒久完全한 자주독립의 복리福利로 아我 자손여민子孫黎民에 세전世傳키 위하여 임시의정원의 결의로 임시헌장을 선포하노라.

대한민국임시헌장

제1조 대한민국은 민주공화제로 함
제2조 대한민국은 임시정부가 임시의정원의 결의에 의하여 차此를 통치함
제3조 대한민국의 인민은 남녀귀천 및 계급이 무하고 일체 평등임

제4조 대한민국의 인민은 신교·언론·저작·출판·결사·집회·신서·주소 이전·신체 및 소유의 자유를 향유함

제5조 대한민국의 인민은 공민 자격이 유한 자는 선거권 및 피선거권이 유함

제6조 대한민국의 인민은 교육·납세 및 병역의 의무가 유함

제7조 대한민국은 신의 의사에 의하여 건국한 정신을 세계에 발휘하여 진進하여 인류의 문화 및 평화에 공헌하기 위하여 국제연맹에 가입함

제8조 대한민국은 구황실을 우대함

제9조 생명형·신체형 및 공창제를 전폐함

제10조 임시정부는 국토 회복 후 만 1개년 내에 국회를 소집함

임시헌장은 대한민국의 제1차 헌법의 자격을 지닌다. 선포문에서는 대한민국임시정부가 3·1운동의 결과 서울에서 탄생한 한성정부를 완전히 다시 조직한다는 사실을 천명했다. 곧 임시헌장선포문은 대한민국임시정부의 역사성을 천명한 헌법의 전문에 해당하는 것이다.

임시헌장 10개 조항은 제1조 민주공화제 선언, 제2조 대의제 채택, 제3조 평등권, 제4조 자유권, 제5조 참정권, 제6조 국민의 교육·납세·병역의 의무, 제7조 국제연맹 가입, 제8조 구황실 우대, 제9조 생명형·신체형·공창제 폐지, 제10조 광복 후 1년 내에 국회 소집 등을 규정하고 있다. 이 조항들은 한 나라의 완전한 헌법적 체계를 갖추지는 못했으나 선언적 의미가 크다. 다만, 제8조에서 구황실 우대를 규정한 것은 제1조의 민주공화제와 모순되는 조항인 것 같다. 그러나 이는 구황실이 지

1919년 제6회 임시의정원 기념(좌측 3열 첫 번째 나비넥타이를 맨 사람이 류자명)

니고 있는 상징적 의미를 감안하여 독립운동의 기반을 확충하자는 의도 이상은 아니다.

류자명은 1919년 6월부터 이해 12월 국내로 돌아올 때까지 6개월여를 상하이에서 보냈다. 상하이에 도착했을 당시 이미 임시정부는 성립되어 있었고, 다방면으로 활동을 모색하고 있었다. 그가 국내에서부터 관심을 갖고 있던 활동은 외교 분야였다.

1919년 1월, 영국·프랑스·미국의 주도로 제1차 세계대전에 대한 책임과 유럽 각국의 영토 조정, 전후의 평화를 유지하기 위한 조치 등을 협의하기 위해 파리에서 강화회의가 열렸다. 이 사실을 알게 된 상하이 독립운동세력은 기민하게 움직였다. 여운형을 비롯한 상하이 한인 청년들은 1918년 11월 신한청년당을 결성하고 김규식을 대표로 선정하여 1919년 2월 상하이를 출발하도록 했다. 3월 31일 파리에 도착한 김규식이 활동을 펼칠 무렵 상하이에서 대한민국임시정부가 수립되자, 김규식은 임시정부의 외무총장 겸 파리위원부 대표로서 활동했다. 류자명과 함께 상하이로 온 조용주의 형 조소앙도 김규식과 파리강화회의에 동행하여 활동했다.

상하이에서 류자명은 임시의정원 충청도의원으로 피선되었고, 신한청년당에 가입하여 활동했다. 또한 안창호安昌浩·신채호申采浩 및 김한金翰 등과의 만남을 통해 독립운동의 인적 기반을 확장해나갔다. 그는 『회억록』에서 상하이 거주 당시를 다음과 같이 기술했다.

…… 나는 상해에서 조용주와 같이 한 집에서 생활하게 되었고 또한 그의 소개로 인하여 여러분의 애국 선배들을 알게 된 것이다. 그때 임시의회의 비서인 조덕진趙德津의 소개에 의하여 임시의회의 의원의 하나로 되는 동시에 의회 비서로 되였다. 그때에 상헤의 프랑스 조계는 우리나라 사람이 300명이나 있었다. 그래서 애국사상의 교육과 선전운동은 여러 방면에서 여러 가지 방법으로 발전되었다. 『신한독립신문新韓獨立新聞』과 『조선신문』의 두 가지 신문이 있었는데 『신한독립신문』은 이광수가 편집하였고 『조선신문』은 신채호 선생이 편집하였다. …… (여기에서 이광수가 편집했다는 『신한독립신문』은 임시정부의 기관지인 『독립신문』을, 신채호가 편집했다는 『조선신문』은 『신대한新大韓』을 말한다. - 필자 주)

1920년대 상하이 황푸탄 전경

류자명은 임시의정원 제6회 회기(1919. 8. 18~9. 17) 중 보궐선거로 충청도의원에 선임되었다. 이 시기는 임시정부의 통합을 추진하며 대한국민의회와의 협상을 벌인 '서도파'와 한성정부의 봉대를 옹호하던 '기호파'가 실세로 떠오른 반면, 반대했던 함경도 출신 인물들이 떠나 임시의정원의 위상이 약화된 상태였다. 그렇더라도 류자명이 상하이에 도착한 지 불과 2개월여 만에 충청도의원으로 선임된 것은 학력과 국내에서의 활동을 인정받은 결과였다. 그는 임시의정원 비서였던 조덕진의 소개로 의정원 의원이자 비서가 되었다. 당시 충청도의원은 유정근俞政根·이규갑李奎甲·신채호(회기 중 사임)·조동호趙東祜·서재철(회기 중 보궐, 사임)과 회기 중 보궐된 류자명을 포함하여 모두 다섯 명이었다. 그는 의정원의 일상 사무를 맡아 문건 보관과 회의 기록 업무를 겸했다.

왼쪽부터 안창호·여운형·신채호

류자명은 『회억록』에서 상하이에서 반년 동안 신한청년당에서 일하다가 서울로 돌아왔다고 할 정도로 신한청년당 활동을 의미 있게 서술했다. 여운형의 소개로 신한청년당에 가입하는 동시에 비서가 된 것이다. 임시의정원 의원 가운데에는 신민회와 동제사 그리고 신한청년당으로 이어지는 인물들이 연결고리를 이루고 있었다. 그중 신한청년당 출신은 그를 포함하여 아홉 명이나 되었다. 대한민국임시정부가 제1차 세계대전 종식이라는 국제적 조건의 변화에 따라 동제사와 신한청년당이 추구했던 외교방략을 채택한 사실과 관련이 깊다. 서울에서 대한민국청년외교단원으로 활동했던 그가 외교활동을 위해 조직된 신한혁명당에 참여한 것은 당연한 일이었다.

상하이 체재 당시 류자명은 안창호의 군중 연설과 신채호의 역사 학술 강연에 참가하여 큰 감명을 받았다. 그는 뛰어난 웅변가였던 안창호가 엄숙한 태도로 동포들에게 조국의 독립과 민족의 자유를 위해 투쟁하자고 호령하는 우렁찬 연설에 '큰 감동과 심각한 인상'을 받았다고 회고했다. 신채호의 「임진왜란과 이순신 대장」이라는 강연도 들었는데, 류자명이 상하이로 와서 제일 먼저 찾아 만난 사람이 신채호였다. 일본에게 나라를 빼앗긴 상황에서 비록 과거의 사실이지만 조선 시대에 왜구를 무찌른 통쾌한 역사는 독립운동을 하는 이들에게는 특별한 역사였다. 더구나 고향인 충주 탄금대에는 임진왜란 당시 신립申砬 장군이 한강을 등지는 배수의 진을 치고 전투를 벌이다가 패하여 강물에 투신 자결한 고사가 전한다. 그는 어릴 적부터 신립 장군의 영웅적 역사를 들으며 자랐다. 임진왜란을 우리말로 쓴 소설 『임진록壬辰錄』을 읽으며 '왜놈'을 미워하고 이순신 대장과 신립 장군을 숭배해온 그에게 신채호의 연설은 더욱 각별한 경험이었다.

신채호는 이승만이 미국 대통령에게 위임통치 청원을 했다는 소식에 분개하여 임시정부 회의장을 박차고 나갔다. 이 사건은 류자명이 상하이에 도착하기 전이어서 직접 보지는 못했지만 너무나 유명한 일화여서 익히 들어 잘 알고 있었다. 류자명은 14년 연상인 신채호의 숙소를 자주 방문하여 담소를 나눴다. 고향이 같았던 두 사람은 늦게 만난 것을 한탄하며 곧 가까워졌다. 그때부터 류자명은 신채호와 친밀한 관계가 되었다. 두 사람은 이후 1921년 베이징에서 다시 만나 독립운동의 길을 함께 걸었다.

어느 날 그는 임시의정원 회의에서 강태동姜泰東이라는 사람을 만났다. 그는 함경남도 이원 사람으로 류자명의 수원농림학교 동기인 강석린姜錫麟의 형이었는데, '105인 사건'에 연루되어 해주형무소에서 옥고를 치르고 출옥한 인물이었다. 류자명이 수원농림학교에 재학 중일 때, 출옥한 그가 동생 석린을 만나기 위해 학교로 찾아온 적이 있었다. 류자명은 헌병대에 끌려가 고초를 당했던 그의 이야기를 들으며 경모하는 마음을 갖게 되었다. 그로부터 몇 년 뒤, 그를 이국 땅 상하이에서 다시 만나게 된 것이다. 강태동은 고향에서 3·1운동을 주도하고 상하이로 망명하여 대한민국임시정부의 내무차장으로 있었다. 류자명은 그를 친형처럼 존경하며 따랐고, 그도 류자명을 동생처럼 아꼈다.

강태동은 그에게 김한을 소개해주었다. 김한과의 만남은 류자명의 사상 형성에 중대한 전기가 되었다. 김한은 서울 사람으로 일본 호세이대학法政大學을 다녔다. 1912년 만주로 망명했다가 대한민국임시정부에 참여하여 사법부장이 되었고, 임시정부 산하 임시사료편찬위원으로 위촉된 인물이었다. 당시 그는 프랑스 조계에 있는 중국 여관에서「우리는 무엇을 할 것인가?」라는 주제의 글을 쓰는 데 전심전력을 기울이느라 임시정부 회의에도 참가하지 않고 있었다. 그의 중심 주제는 독립운동의 방향에 관한 것이었다. 공산주의사상을 가진 김한이 일본어로 글을 집필하면 류자명은 우리말로 번역하는 일을 해주었다. 그는 김한을 스승으로서 존경했고, 김한도 그를 제자처럼 여겼다.

김한은 상하이로 오기 전 오랫동안 하얼빈과 창춘長春에서 생활했으며, 공산주의 연구에 심취해 있었다. 일본 조계지에 있는 서점에서는 일본에서 출간된 공산주의와 무정부주의 관련 서적들을 구입할 수 있었다. 상하이의 베이쓰촨루北四川路에 있는 일본 서점인 우치야마서점內山書店에서도『개조』·『해방』·『비평』등 일본에서 발행된 사상 잡지를 사 볼 수 있었다. 류자명은 일본 잡지를 사가지고 김한과 함께 보며 새로운 사상을 접하게 되었다.

김한과 강태동·이원훈李元勳 등은 그에게 "상하이에서는 아무런 실천 공작을 할 수 없으니 서울이나 동삼성으로 가서 일하자"고 주장했다. 이원훈이 먼저 상하이를 떠나 지린으로 건너갔다. 류자명도 김한·강태동과 함께 서울로 가기로 했다.

아나키즘 수용과
의열단 참여

귀국과 연통제 활동

1919년 10월 김한과 강태동이 먼저 서울로 들어왔다. 류자명은 12월 귀국길에 올랐다. 상하이를 떠나기에 앞서 이시영李始榮과 안창호를 만나 귀국 인사를 했다. 이시영은 서울에 있는 친척 박남표朴南票를 소개해주었고, 안창호는 여비로 중국 돈 10원을 건네주었다. 중국 돈 10원이면 두 달 동안의 생활비에다 상하이에서 톈진까지 가는 여비도 마련할 수 있는 큰돈이었다. 그는 안창호가 청년들의 독립운동에 깊은 관심을 가지고 지원하는 것에 감격했다.

류자명은 상하이에서 윤선을 타고 톈진으로 가 여관에서 하루를 지내고, 베이처역北車站에서 기차를 이용하여 선양으로 갔다. 선양에서는 조선인이 경영하는 여관에서 하루를 지낸 다음 또다시 기차를 이용하여 단둥으로 갔다. 단둥역에서 내린 후 압록강 철교를 걸어서 건너 중국으로 건너올 때 묵었던 신의주 의성여관으로 갔다. 다시 그곳에서 하루를 지내고 이튿날 아침 기차로 서울로 향했다.

이렇게 불편한 귀국길을 택한 것은 두말할 나위도 없이 일제의 삼엄한 검문검색을 피하기 위해서였다. 중국의 남만주 기차를 이용할 때는 중국옷을 입어야 했다. 일제가 일본인과 중국인이 타는 객차를 구별해 놨기 때문이다. 이는 일제가 얼마나 중국인을 무시하고 모멸했는지를 잘 보여주는 사례다. 그 역시 중국옷을 입고 중국인이 타는 객차에 앉아 일제의 검문을 피해 단둥까지 와서는 조선 사람이 경영하는 여관에서 조선옷으로 갈아입고 압록강의 국경을 건넜다. 국경을 건너는 것도 열차를 이용하지 않고 목선을 이용하거나 압록강 철교를 걸어서 건너는 것이 안전하여 그 방법을 이용했다.

남대문역에 도착한 류자명은 전차를 타고 아버지의 동창 친구인 김노석金老石을 찾아갔다. 김노석과 하룻밤을 보낸 후 그는 동창인 강석린의 집을 찾아갔다. 그를 통해 강태동과 김한의 거처를 알게 되었고, 그들을 다시 만나게 되었다. 대한민국청년외교단 동지였던 이병철과 김태규는 대구감옥에 수감되어 있었다. 그가 김태규의 집을 찾아가자 김태규의 부모는 자기 아들이 온 듯 반가이 맞아주고 그 집에 머물도록 해주었다. 김한도 합류하여 그들은 함께 김태규의 집에서 생활하게 되었다.

류자명은 1919년 12월 일시 귀국하여 1921년 4월 다시 베이징으로 출국하기까지 약 1년 4개월 동안 국내에 머물렀다. 귀국 사유는 '실천공작'을 위한 것이라고 했으나, 그의 다른 기록에서는 통신 연락의 임무를 띠고 귀국했다고 설명했다. 국내에 있는 동안 대한민국임시정부의 연통제 관련 업무를 담당했던 사실로 미뤄보면 후자가 맞는 것으로 보인다. 류자명은 귀국 후 자신의 활동에 대해 다음과 같이 기술했다.

> …… 1919년 12월 나는 통신 연락의 임무를 띠고 김한·강태동 등의 동지와 함께 각각 전후하여 상해를 떠나 서울에 돌아왔다. 이 무렵 조선은 이미 노동자운동이 일어났고 '노동공제회勞動共濟會'는 노동자운동을 이끄는 공식적인 단체가 되었으며 몇몇의 공산주의자들이 연합하여 출판한『공제共濟』잡지는 일본 자본가들과 날카로운 투쟁을 전개하였다. 김한 동지는 스스로 마르크스주의자라고 공식적으로 표명하였다. 그러나 당시 조선의 혁명운동이란 마르크스주의도, 무정부주의도, 어떠한 종교단체라 하더라도 모두 '애국'이란 두 글자와 떼어놓을 수 없었다. 일본 군국주의가 조선을 침략한 후 조선 내부의 대립적 투쟁은 곧 애국주의였고 매국주의를 반대하는 투쟁이었다. 또한 두 노선, 식민지 민족 전선과 제국주의 침략 전선의 투쟁이었다. 나는 서울에 돌아와 2년 사이에 김한 동지의 도움을 받아 모두 세 편의 글을 써서『공제』와『조선일보』에 발표하였다.
>
> ―「아재중국육십다년(我在中國六十多年)」

류자명은 서울에 설치된 임시정부 연락기관, 즉 연통제 조직에 참여했다. 연통제는 대한민국임시정부 내무부가 국내의 행정을 직접 장악하기 위해 설치한 조직이다. 주요 임무는 국내의 정보 제공 및 통신과 인적·물적 자원의 확보에 있었고, 그러한 기능은 임시정부 존립의 기초

연통제 거점이던 단둥 이륭양행 터

를 이루는 것이었다. 1920년대 초 임시정부와 연결된 국내 비밀조직이 100여 개를 넘은 사실, 그리고 연통제와 교통국의 하부 조직이 국내에 만들어진 것은 임시정부가 그만큼 국내를 중시했다는 뜻이다.

연통제의 임무는 임시정부가 발포하는 법령이나 공문을 국내에 전달하고, 독립전쟁에 대비하여 군인을 모집하거나 군수품을 조사하는 일, 시위운동을 준비하고 주관하는 일, 애국금을 모으거나 통신연락을 수행하는 것이었고, 결국 독립을 이뤄내는 것이 최종 목표였다. 연통제의 운영 여부에 따라 임시정부의 활동 내용이 결정될 정도였으니 연통제는 곧 임시정부이 생명선이나 다름없었다.

서울의 연통제 조직은 상하이에서 파견된 이종욱이 주관했다. 어느 날 이종욱이 단둥의 연통제 거점인 이륭양행二隆洋行에 가서 임시정부가 보내온 문건을 가져다달라고 했다. 이종욱은 그를 남대문역으로 데리고 가서 기차 승무원 한 명을 소개해주었다. 그 승무원은 류자명을 자신의 사무실로 데리고 가서는 승무원 복장으로 변장하도록 했다. 승무원으로 변장한 류자명은 이튿날 그 승무원과 함께 기차를 타고 무사히 압록강 철교를 건너 단둥역에 하차했다. 단둥역 부근에 있는 공원에서 승무원 복을 벗은 그는 승무원과 서울로 돌아갈 시간을 약속하고 헤어진 다음 조선인 여관으로 가서 하루를 지냈다.

이튿날 오후, 이륭양행으로 가서 이유필李裕弼을 만나 임시정부의 문서를 받은 류자명은 단둥역에서 승무원과 약속한 시간에 만나 다시 승무원으로 변장하고 기차를 이용하여 서울로 돌아왔다. 마치 영화의 한 장면이 연상되는 비밀 업무를 수행해냄으로써 그 역시 당당한 독립운동가의 일원이 되었다.

서울에 체재하는 동안 그는 공산주의자인 김한과 함께 생활하며 그를 스승으로 모시고 사상 공부를 했다. 서울에서는 김한을 중심으로 통일전선이 형성되었다. 당시 김한은 공산주의를 선전하고 있었는데, 류자명은 마르크스와 엥겔스가 주장한 "과거의 일체 사회의 역사는 모두 계급투쟁의 역사"라는 공산주의적 계급사관 주장에 동의하지는 않았다. 그러나 김한을 중심으로 한 '매국주의에 대한 애국주의의 투쟁'인 혁명투쟁에는 동참했다. 류자명이 기억하고 있는 당시의 동지들은 다음과 같다.

김한·강태동·강석린·김응룡·신정균(여)·백신영(여·기독교)·김달현金達顯(천도교)·원정룡元貞龍(천도교)·김성환金誠煥·이재성李載誠·홍명희洪命熹·이종욱(불교)·정낙윤·이을규李乙奎·이정규李丁奎·최숙자(여)·유인욱柳寅旭 등 류자명은 국내에 체재하는 동안 김한의 도움을 받아 3차에 걸쳐 『공제』와 『조선일보』에 기고하며 자신의 주장을 펼치기도 했다. 현재 이들 기사는 찾을 수 없어 정확한 내용은 알 수 없다. 그러나 『공제』의 성격과 『회억록』에서 밝힌 내용으로 유추해보면, 자본주의를 비판했을 것으로 짐작된다.

류자명은 김한 등 동지들과 함께 기독교청년회관에서 이따금 열리는 군중대회에도 참가했다. 어느 날인가는 안확의 「민족개조론」을 주제로 한 강연을 듣게 되었다. 안확은 1886년 서울 출생으로 니혼대학 정치학과에 유학했다. 그는 일제의 침략과 식민지 지배라는 민족의 수난을 타개하기 위해 일찍이 국학 연구에 뜻을 두고 있었다. 안확의 활동에서 주목되는 부분은 그가 1915년 경상북도 달성군에서 결성된 조선국권회복단의 마산지부장을 맡았다는 사실이다. 1918년에는 이회영李會榮이 추진한 고종의 해외 망명 계획에도 동참했다. 이것은 안확이 일본 유학을 마치고 마산 창신학교昌新學校에 근무하는 동안 독립운동에도 참여했음을 의미한다.

안확은 3·1운동 직후 상경하여 오상근吳祥根·장덕수張德秀·장도빈張道斌 등이 주도한 조선청년연합회朝鮮靑年聯合會에 참여하여 기관지 『아성我聲』의 편집 책임을 맡았다. 조선청년연합회는 3·1운동 이후 전국적으로 조직된 청년 단체의 연합회였다. 그는 『아성』의 편집 책임을 맡기 전에도 『공제』에 기고하는 등 활발한 문필활동을 펼쳤다. 1921년에는 『자각론自覺論』과 『개조론改造論』을 저술하여 조선청년연합회 명의로 발행하기도 했다. 1920년대 사회운동과 문화운동의 이념적 기반을 반영

안확

하는 그의 대표적 저작이 이 시기에 저술된 것이다.

안확은 『개조론』에서 '개조는 진보의 단계'라고 정의하고, 당시 전 세계가 소리 높여 외치는 개조의 중심 문제를 ① 노동문제, ② 여성문제, ③ 인종문제로 설명하고, 우리나라도 개조의 시기가 도래했으니 먼저 내면(정신과 사상)을 개조하고 이를 바탕으로 외면(문물과 제도)의 개조에 나아가야 할 것을 역설했다. 그는 우리 민족의 장점으로 조화성과 인내심이 많음, 용감성과 상상력이 풍부함, 자존심과 뇌동심雷同心이 강함을 들었다. 우리가 과거에 뛰어난 문명생활을 한 것은 "남들에게는 공언公言하지 못할 비밀"이나, 조상 대대로 전해온 감화로 생겨난 무의식적인 특징 때문이라고 했다.

안확은 우리 민족의 비밀스러운 특징인 장점을 조지성·의리심·애국심이라고 간명하게 정리했다. 그러나 이 같은 장점은 "사회가 부패한 금일의 상태"에 이르러서 어디론가 날아가버리고 오직 단점만 남아 일반 사람들의 행동이 어찌할 수 없는 지경에 이르렀다고 개탄했다. 일제의 검열을 통과해야만 출판할 수 있었던 상황에서 은유적 표현으로 일제의 식민지 지배를 비판한 것이다.

안확은 내적인 측면의 개조를 위해 우리 민족성의 약점을 개조해야 할 것을 주장했는데, 대표적 약점으로 반도성과 감상성을 지적했다.

- 반도성: 사람은 거주하는 환경 조건에 영향을 받는데, 조선은 반도에 위치해 있어 고립과 질투의 성격을 갖게 되고 방관하고 의심하는 성질이 있음
- 감상성: 추상적 관념과 이상적 정신이 박약하여 섬세한 차이점을 감별해내지 못하고 오직 외계의 자극적 원인에 의해 지배를 받음

안확의 민족개조론은 이광수가 주장한 민족개조론과 비교된다. 시기적으로는 안확의 민족개조 주장이 선행 이론이지만, 주장의 출발점이 다르다. 즉, 안확의 민족개조론은 민족사·민족문화·민족성에 대한 확고한 긍정의 바탕 위에서 새로운 도약을 촉구하는 자각과 개조의 외침이었다. 그러나 이광수의 민족개조론은 민족사와 민족문화에 대한 철저한 부정에서 일본식이나 서양식으로의 변화를 주장한 것이었다. 사용한 용어는 같은 '민족개조'이지만, 내용과 개념은 상당히 다른 것임에 유의해야 한다.

안확의 「민족개조론」을 주제로 한 강연은 그의 저술인 『개조론』을 설명한 것으로 보인다. 이 강연을 들은 류자명은 곧 안확의 논리에 반박하는 글을 집필하여 3회에 걸쳐 『동아일보』에 연재했다(1920. 4. 28~30). 이 글은 류자명이 저술한 많은 저술 가운데 확인된 최초의 저술이기도 하다. 「내적개조론의 검토」라는 제목으로 발표된 글은 안확이 주장한 '인심의 개조-정신의 개조-내적 개조-심성의 개조' 등의 내적개조론을 분석하며, 인간의 의식이 제도를 만든 것이 아니라 제도가 인간의 의식을 결정하는 것이라며 결코 성공할 수 없을 것이라고 비판했다. 류자

명은 제도 개조론자의 입장에서 안확의 내적개조론을 신랄하게 비판했다. 그의 주장 일부를 인용하면 다음과 같다.

> …… 자본주의 경제조직(사유재산제도) 및 정치조직이 구성된 사회에서는 종교·철학·도덕·과학·예술 등 모든 문화가 자본주의의 지배를 받아 자본주의를 조장하면서 발달된 것이다. 그러하면 필경 인심의 개조를 기다린 연후에 제도의 개조가 올 것이 아니요, 제도의 개조가 실현된 후에야 비로소 인생의 사상·감정이 완전히 개조될 것이다. 맑스 씨는 말하되 "자본주의를 파괴할 자는 자본주의 자신이라"고 하였다. 즉 사유재산제도의 발달이 극도에 이르면 자기의 모순과 자기의 알력으로 인하여 자기 도괴에 이르고 만다는 뜻이니 이로써 볼 것 같으면 현대 세계의 불안 혼란한 상태는 전前 시기의 경제조직이 자가당착과 자기알력으로 인하여 근본적으로 도괴되는 징조요 과정이라 하겠다. 그러하면 저들 내적개조론자들의 설說은 이 점에서 근본적 오류를 발견할 수 있다. ─「내적개조론의 검토 二」(『동아일보』, 1921. 4. 29)

이 글이 지상에 게재되자 안확이 김한의 집으로 찾아왔다. 안확은 김한과 친한 사이였다. 류자명은 김한의 소개로 안확과 인사를 나누고 민족개조론에 대해 토론을 벌였다. 그 결과 그는 안확의 민족개조론이 실

류자명이 기고한 「내적개조론의 검토」(『동아일보』, 1921. 4. 28)

제로는 민족해방을 주장한 것으로 자신의 주장과 일치한다는 것을 확인했다. 류자명은 후일 『회억록』에서 자신이 신문에 게재한 내용을 자신의 입장에서 다소 과장되게 설명하고는 있으나, 안확에 대한 자신의 비판이 착오에서 비롯한 것임을 솔직히 인정했다.

류자명은 한때 동대문경찰서에도 체포되었다. 구체적인 까닭은 알 수 없으나, 그가 지상에 발표한 글을 일본 경찰이 문제 삼았던 것으로 짐작된다. 이때 그를 보석으로 풀어준 사람이 조선총독부 경무국의 고급 특무로 있던 김태석金泰錫이었다. 그는 수원농림학교 동창인 김정석金鼎錫의 형이었다. 이런 관계로 류자명은 김태석을 알게 되었고, 그의 소개로 김한과 김태석도 아는 사이가 되었다. 김한이 용산경찰서에 체포되었을 때 풀어준 사람도 김태석이었다. 류자명은 독립운동을 하던 시기에 이래저래 수원농림 동창들의 도움을 많이 받았다.

아나키즘을 수용하다

류자명이 귀국한 후 서울 체재 시기에 가장 주목할 사실은 아나키즘을 수용한 것이다. 그는 공산주의자 김한을 스승으로 모셨으나, 공산주의가 아닌 아나키즘을 수용했다. 그것은 그가 민족 모순을 한국 사회의 중요한 모순으로 파악했기 때문이다. 류자명은 자본주의체제와 민족주의에 실망했다. 이에 민족 단위의 좁고 배타적인 세계관을 극복하고 아나키즘에 입각한 새로운 사회의 건설을 염원했다. 그가 부단히 중국 농촌을 무대로 한 이상촌 건설운동에 참여한 것이 이를 입증한다.

그는 서울에 머무는 동안 일본에서 발행된 『개조』·『해방』·『비평』 등의 사상 잡지를 매달 구입하여 동지들과 사회주의를 연구했다. 여기에는 당시 일본의 저명한 사상가인 야마카와 히토시山川均, 도시히코 사카이堺利彦, 가와카이 하지메河上肇, 하세가와 뇨제칸長谷川如是閑, 이쿠오 오야마大山郁夫 및 오스기 사카에大杉榮 등의 글이 수록되었다.

그가 아나키즘에 흥미를 갖게 된 계기는 1920년 1월 일본에서 발생한 이른바 모리토 다쓰오森戶辰男 사건이었다. 이는 당시 도쿄제국대학 교수이던 모리토가 『경제학연구經濟學硏究』 창간호(1920. 1)에 발표한 논문이 아나키즘적 성향을 띤다고 일본 당국에 의해 처벌당한 사건이다.

류자명의 아나키즘 사상 형성에 결정적 영향을 준 것은 오스기 사카에가 번역한 크로포트킨의 저작이었다. 크로포트킨의 저작은 철학·생물학·경제학·문학·예술 등 광범한 영역에 걸쳐 있다. 그는 크로포트킨의 저작 중『윤리학』이 인생철학의 내용을 가진 것이며, 다윈이 『진화론』에서 "생존 투쟁이 생물 진화의 원인"이라고 주장한 데 반해 크로포트킨의 『호상부조론』은 "호상부조가 생물 진화의 주요 인소因素"라고 주장한 것이라고 설명했다. 류자명은 다윈의 사회진화론 – 생존경쟁설이 제국주의 국가들의 침략전쟁을 옹호하고 합리화하는 논리로 작용했음을 지적하며, 크로포트킨의 '호상부조론'은 전쟁을 반대하는 근거가 된다고 평가했다. 또한 『전원

크로포트킨

수공작업소의 공장』은 근대 농업과 공업의 발전 과정에 대한 조사 연구의 결론이며, 일본의 모리토 다쓰오가 발표한 논문 「무정부주의 경제 학설의 연구」는 곧 크로포트킨의 논문에서 파생한 것으로 평가했다.

그는 크로포트킨의 논리를 맬서스가 『인구론』에서 주장한 내용과 대비했다. 『인구론』에서 "생활재료는 산술급수로 증가되고 인구는 기하급수로 증가됨으로써 생활재료의 증가가 인구의 증가에 떨어지게 되는 것은 자연적 법칙이며 또는 영향적 규율"이라고 주장한 맬서스의 주장은, "생산 재료의 증가는 인구의 증가보다 빨라진다"는 크로포트킨의 주장과 배치된다고 설명했다. 그는 크로포트킨의 주장은 마르크스주의자들의 "생산력의 발전은 사회발전의 기본조건이 된다"는 주장과 연관성을 지니고 있으며, 결국 크로포트킨의 경제학 관점은 마르크스주의 경제학설과 일치한다고 해석했다.

류자명은 크로포트킨의 다양한 저작을 읽으며 아나키스트로서 사상

을 '전변轉變'하게 되었다. 요컨대 그는 서울에 체재한 1920년부터 이듬해 중국으로 재차 망명하기 전에 아나키즘 이론을 학습하여 이미 자신의 사상체계로 확립했다고 할 수 있다. 그러나 그에게는 어떤 사상이나 종교도 '애국'이라는 두 글자를 떼어놓고는 무의미한 것이었으며, '애국'은 곧 조선 혁명운동의 기본 사상이었다.

그는 자신의 아나키즘 수용에 대해 다음과 같이 말했다.

> 크로포트킨의 저작 『러시아 문학의 현실과 이상』은 러시아 문학가인 꼬고리高古里·푸쓰낀普斯金·두우게네프屠格捏夫·톨스토이托你斯托伊 등 문학가의 작품을 비판적으로 소개한 것인데 당시에 그들의 작품이 일본말로 번역되어서 나는 두우게네프의 소설 『처녀지處女地』·『아버지와 아들』·『새풍조』와 톨스토이의 소설 『부활』·『전쟁과 평화』 등을 읽었다. 그리고 또 크로포트킨의 자서전인 『한 혁명자의 회고』도 읽었었다. 이런 것은 나의 사상 전변 과정을 설명하는 것이다.

류자명은 한인 아나키스트 가운데 가장 심오한 이론의 소유자였을 뿐만 아니라, 다른 아나키스트에게 커다란 영향을 준 사상가였다. 그는 동지들에게 아나키즘을 전파하는 매개적 역할을 했다. 신채호에게 중국인 아나키스트 리스청李石曾을 소개했고, 타이완인 아나키스트 린빙원林炳文을 소개하는 등 단재의 아나키즘 형성과 활동에 결정적 계기를 제공했다. 류자명은 신채호뿐만 아니라 이회영·이을규 형제 등에게도 아나키즘을 전파했다. 일본 유학 중 사회주의 사상을 접하고 1921년 상하이로 망명한 이정규가 러시아행을 결심했다가 포기한 것도 류자명의 권고에 따른 것이다. 이정규의 아나키즘 수용에 영향을 준 것은 일본 유학 시절 접한 사회주의사상이었으나, 그가 본격적인 아나키스트가 된 것은 1921년부터 1923년까지 2년여의 베이징 생활 때 받은 류자명의 영향 때문이었다.

베이징에서 단재와의 재회

류자명이 서울에 있을 때 충주에서 아버지가 찾아와 동지들과 함께 만났다. 아버지는 한동안 서울의 사숙에서 한문을 가르치기도 했다. 그러던 중 1921년 봄, 함께 활동하던 김응룡金應龍·김성환·이재성 3인이 베이징과 간도 등지로 떠났다. 류자명도 그들과 함께 중국으로 건너가고자 했으나, 여비가 없어 함께 출발할 수 없었다. 아버지는 충주로 내려가 큰아버지에게 말하여 200원을 받아다주었다.

이때의 일화가 그의 집안에 전해 내려온다. 큰아버지 동근은 자신이 술에 취해 길에 쓰러져 있었는데 누군가가 품에서 인감도장을 빼내 땅을 빼앗아갔다고 말했다고 한다. 사실 동근은 독립운동을 하는 조카에게 자금을 보태주기 위해 자신의 땅을 전당포에 저당 잡히고 200원을 마련했으나, 이를 비밀에 부치기 위해 가족에게까지 강도를 당한 것이라고 거짓말을 한 것이다.

1921년 4월, 류자명은 다시 중국으로 건너갔다. 그는 남대문역에서 단둥현 펑청鳳城까지 가는 기차표를 끊었다. 펑청에는 일본인이 경영하는 연초공장이 있었고 그곳에서 일하는 조선 사람들이 많아 압록강 국경을 건널 때 일제의 검문이 덜했다. 안전하게 국경을 건넌 그는 다시 선양행 열차를 타고가 그곳에서 베이징행 열차로 갈아타고 무사히 베이징에 도착했다. 그보다 먼저 베이징으로 간 김응룡 등 세 명은 베이징 시내 둥청건東城根에 있는 런허궁위人和公寓에 있었다. 류자명으로서는 두 번째 중국행이었으나, 조국과는 영영 이별의 길이 되고 말았다.

그가 머문 시기에 베이징은 아나키즘의 선전장이었고, 많은 베이징 한인 지도자들이 아나키즘에 심취해 있었다. 베이징 한인 아나키스트의 중심적인 인물이자 지도자는 가장 원로인 이회영이었다. 1921~1922년 무렵, 베이징 아나키스트 그룹의 신채호·김창숙 등은 거의 매일 이회영의 집에서 모여 독립운동 방략 등을 토의했다.

류자명은 고광인高光寅·김상훈金相勳과 함께 인화공우에서 함께 생활했다. 1923년 여름에는 박숭병朴崇秉의 집에서 신채호와 같이 지내다가 가을에는 이회영의 집에서 신채호와 함께 생활하기도 했다. 이를 계기로 류자명은 이회영과도 매우 가까운 사이가 되었다. 아나키스트적 성향이 있는 인물이 아니어도 베이징에 거주하거나 이곳을 경유한 독립운동가 치고 이회영의 집에 들르지 않은 사람이 거의 없을 정도였다. 이회영 외에 재중국조선무정부주의자연맹 결성의 주축이 된 류자명을 비롯하여 이을규·이정규·백정기·정화암 및 유림·유기석柳基石 등이 베이징을 중심으로 활동한 대표적 아나키스트라고 할 수 있다.

베이징의 독립운동세력 가운데는 3·1운동 이후 아나키즘에 경도된 사람들이 많았다. 베이징이 중국 아나키즘의 선전장이자 본산이었던 지

이회영과 그가 거주하던
베이징 시내 골목

역적 특징도 작용했지만, 이들이 아나키즘을 수용한 배경은 일치하지 않는다. 이회영은 자신이 평소 품고 있던 자유·평등사상을 기반으로 아나키즘을 수용하게 되었다. 그는 지배 없는 세상, 억압과 수탈이 없는 세상을 만드는 것이 자신의 일관된 정견이라고 밝혔다. 자신의 정치사상은 사민평등四民平等하고 만인이 자유와 평등을 누릴 수 있는 기회가 균등하게 부여되는 사회를 건설하는 것이라고 했다. 그에게는 독립운동도 이것을 위해서만 빛이 나는 것이며, 혁명운동도 이것만으로 가치가 있다고 믿었다. 그리고 자신의 이상은 자유연합의 이상과 합치하는 것이라고 설명했다.

이회영은 자신이 의식적으로 무정부주의자가 되었다거나 무정부주의자로 '전환'한 것이 아님을 강조했다. 즉 "자신이 이전에 지녔던 사상체계가 잘못된 것이고, 지금의 새로운 사상체계가 옳은 것覺今是而昨非"이라는 식이 아니라는 것이다. 그는 독립운동가의 견지에서 무정부주의의 자유의사와 자유연합 이론을 "가장 적절한 이론"이라고 생각했다. 다시 말하면 본래 자신이 지니고 있던 자유주의사상이 아나키즘의 사상체계와 일치함을 강조했다.

당시 50대 중반이던 이회영은 베이징의 대학에서 일고 있던 신진 사조 또는 중국이나 한인 아나키스트와의 교류를 통해 아나키즘을 수용한 젊은 한인 아나키스트와 달리 자신의 평소 사상과 방책이 아나키즘과 상통한 결과 자연스럽게 수용했다고 보는 것이 타당하다. 특히 그는 대한통의부가 무력 충돌을 빚은 상황에 크게 상심했는데, 그 원인을 권력욕에서 비롯한 것으로 판단하고, 일체의 권력욕을 배제하는 아나키즘을 수용한 것으로 이해하는 견해도 있다. 이회영이 1920년에 방향 전환을 했다고 보는 견해도 있으나, 자신이 말한 바와 같이 1923년경에 스스로 아나키스트로 자립했다고 보는 것이 타당할 듯하다.

그런데 신채호의 경우, 이회영과는 아나키즘 수용 동기와 과정이 다르다. 그가 무정부주의를 접한 것은 국내에 있을 때부터였으나, 3·1운동을 경험하면서 더욱 무정부주의에 관심을 기울였고, 「조선혁명선언」 집필을 계기로 무정부주의자를 자처하게 된 것으로 이해된다.

신채호의 아나키즘의 수용과 관련하여 가장 주목해야 할 것은 그 자신의 평가다. 그는 세계적 사상가로 석가·공자·예수·마르크스·크로포트킨을 들고, 도덕과 주의를 위하는 조선은 있으나 조선을 위하는 도덕과 주의는 없으니 이는 노예의 특색이라고 질타했다. 이는 조선의 도덕과 주의의 비주체성을 지적한 것이다. 비슷한 시기에 쓴 「조선의 지사」에서도 주의의 교조주의에 빠져 조선의 특수한 상황을 망각하는 현상을 비판했다. 그는 "다주의多主義는 필경 무주의無主義"라고 하면서도 유일주의가 되는 것보다 경우에 따라 "주의가 선변善變"해야 한다고 했다. '주의의 선변'이란 조선의 공자는 예수도 될 수 있고, 조선의 바쿠닌은 카이젤도 될 수 있고, 조선의 레닌은 위안스카이도 될 수 있다는 것이다. 그는 『능엄경楞嚴經』을 예시하며 "용왕을 만나거든 용왕으로 현신하여 설법하며, 천대장군을 만나면 천대장군으로 현신하여 설법해야 한다"고 했다. 또한 다윈의 말을 인용하며 "사막에 처한 자는 백白의 보호색을 가지고 수림에 처한 자는 청靑의 보호색을 가진다"는 사실을 강조했다. 즉 그가 주장한 '주의의 선변'은 "신身은 변하되 법法은 불변하고, 색色은 변하되 골骨은 불변"하는 것이었다.

이 부분은 단재의 아나키즘 수용이나 활동과 관련한 평가에서 매우 중요한 단서를 제공한다. 그가 이 글을 쓴 것은 아나키스트로서 활동하던 시기였다. 그런 그가 교조주의를 비판하고 중국이나 인도의 석가와는 다른 조선의 석가, 중국이나 일본의 공자와는 다른 조선의 공자가 될 것을 요구하며 '주의의 선변'을 강조한 것은 민족적 현실, 즉 독립운동의 조건과 상황에 맞도록 사상의 주체적 변용을 강조한 것이라고 할 수 있다.

신채호가 베이징에서 발행한 잡지 『천고』

류자명은 베이징에서의 생활 중 가장 인상적인 것으로 단재와의 재회를 들었다. 단재의 가르침에 따라 중국 고대사를 공부하는 한편, 모건Lewis H. Morgan이 저술한 『고대사회』의 내용도 배웠다. 그는 당시 신채호가 "단군은 신인神人이 아니고 씨족사회로부터 국가체로 발전하는 과도적 시기의 씨족 대표"라고 주장했다는 사실을 기억했다. 또한 단재가 주 무왕이 기자를 조선왕에 책봉했다는 이른바 '기자조선설'을 부정하며, 조선 민족의 우의적 신임의 결과로 기자가 조선의 통치자가 된 것이라고 주장한 사실도 소개했다. 특히 그는 단재가 우리의 고대 강역을 광대하게 설명하고 산하이관山海關 밖에 또 다른 평양이 있었고, 기자가 조선으로 간 것이 사실이라면 이는 산하이관 밖에 있는 평양이라고 설명한 사실도 소개했다.

어느 날, 베이징에 있는 한인 유학생들이 신채호를 베이징대학의 회의실로 초청하여 역사 강연을 들었다. 단재는 우리나라가 망한 원인과 과정에 대해 강연했다. 단재의 강연에 이어 류자명이 임시정부와 임시의정원의 조직 과정을 보고했다. 이 강연회에는 베이징에 거주하는 많은 한인이 참가했고, 이 강연회를 계기로 한인 사회의 단결이 더욱 공고해졌다.

대한민국임시정부를 뛰쳐나와 베이징으로 간 단재는 박용만·신숙 등 반임정 세력들과 군사통일촉성회에 참석하는 한편, 새로운 잡지의 창간에 진력하여 1920년 말경 김창숙·박숭병 등과 『천고天鼓』 잡지를 발간하기에 이르렀다. 『천고』의 발행 비용 및 단재의 기숙비는 모두 박숭병이 부담했다. 당시 단재는 경제적 곤란으로 인해 처자식을 국내로 들여보낼 수밖에 없었다. 단재는 지기인 홍명희에게 부탁하여 자신이 써 보내는 역사 관련 원고를 신문에 연재하도록 하고, 그 원고비를 서울에 있는 처자식의 생활비로 주도록 했다. 신채호는 늘 국내로 들여보낸 처자식의 생활을 염려했는데, 그 고충을 류자명에게 털어놓았다.

류자명이 단재와 함께 생활하다가 잠시 베이징을 떠난 적이 있었는데, 그때 단재가 불가로 출가했다는 소식을 들었다. 또 얼마 후 그가 환속했다는 소식도 들었다. 베이징으로 돌아간 류자명은 단재를 만나 그의 출가와 환속에 대한 사정을 들을 수 있었다. 단재는 그에게 "자신은 불교를 믿지 않지만 청정한 우주 속으로 들어가서 일심으로 역사를 쓰기 위해 현실을 벗어나 출가하여 청정한 우주를 보았으나, 자신의 뜻대로 역사를 저술할 수 없음을 깨닫고 다시 환속했다"고 말했다.

류자명은 타이완 친구의 도움으로 취안저우회관泉州會館에서 기숙했다. 어느 날 그가 외출했다가 돌아오니 책상 위에 단재가 남긴 메모가 있었다. 메모에는 단재가 다시 출가하기로 결정했다는 내용이 적혀 있었다. 깜짝 놀라 단재의 숙소로 달려가니 단재가 아직 출가를 하지 않고 있었다. 그는 단재에게 출가하지 말 것을 종용했고, 단재는 출가하려던 뜻을 접고 다시 계속하여 역사 집필에 전념하겠다고 말했다.

류자명은 훗날 「조선애국사학가신채호朝鮮愛國史學家申采浩」라는 글을 『세계사연구동태世界史研究動態』(1981. 2) 잡지에 게재하며 단재를 "탁월한 역사학자, 걸출한 애국지사"로 표현했는데, 자신을 신채호의 학생이라고 칭하며 각별한 관계임을 표시했다.

의열단에 가입하다

1921년 겨울, 류자명은 톈진으로 갔다. 그는 고광인·김상훈·김병옥金炳玉·김정·남정각南廷珏 등의 동지와 함께 프랑스 조계지에 거주하면서 미국인이 개설한 영어 학습반에서 동지들과 함께 영어를 학습했다.

그가 톈진에 갈 때만 해도 그곳에는 아직 한인단체가 결성되지 않았다. 그는 김정과 협의하여 조선인거류민단을 조직했다. 김정이 민단장을 맡았고, 그는 이사회의 주석을 맡았다. 민단은 3·1운동 기념 회의를 개최하는 등 한인의 단결과 애국사상을 촉진하는 기구로 발전했다. 낭시 안창호가 상하이에서 만주로 가는 길에 톈진에 들렀다. 그를 비롯한 톈진의 한인 청년들은 안창호 환영회를 열고 그를 초청하여 강연회를 개최했다. 유명한 애국자이자 탁월한 웅변가였던 안창호의 연설을 들으며 톈진의 한인 사회는 크게 감동을 받았다.

1922년 여름에는 남정각의 소개로 중화여관에서 김약산金若山과 양건호梁建浩를 만났다. 김약산은 의열단장인 김원봉이었고, 양건호와 남정각은 의열단 단원이었다. 양건호와는 서울에서 만난 적이 있었다. 그가 피체되어 서울에서 옥고를 치르고 석방되었을 때 김한을 통해 소개받은 적이 있었다. 양건호와 남정각은 상하이로 돌아가 김원봉과 상의한 결과 다시 김한에게 연락할 일이 생기자 톈진으로 류자명을 찾아온 것이다. 김원봉은 류자명에게 의열단 가입을 요청했고, 그는 선뜻 의열단에 가입했다. 김원봉은 그에게 남정각과 함께 서울로 잠입하여 김한에게 모종의 연락을 해달라고 부탁했다. 류자명이 의열단원이 되어 처음으로 부여받은 임무로서 의열투쟁과 관련한 것으로 짐작된다.

의열단장 김원봉

류자명은 남정각과 함께 다시 서울로 가기 위해 톈진 동역東站에서 열차를 타고 단둥으로 갔다. 그들은 단둥에 있는 남정각의 친구 양 씨 집으로 가서 하루를 묵었다. 먼저 남정각이 서울로 잠입하여 김한을 만나는 임무를 수행하고 10일 내에 단둥으로 귀환하되, 만일 그가 돌아오지 못한다면 다시 류자명이 서울로 잠입하기로 했다. 남정각이 서울로 떠나자 그는 홀로 양 씨 집에 남아 남정각의 귀환을 기다렸다. 임무에 성공한 남정각이 귀환하자, 그와 함께 다시 톈진으로 돌아갔다.

이 무렵 김상훈이 귀국했다가 류자명의 여비까지 마련해 와서는 류인욱柳寅旭과 함께 미국으로 갈 것을 제안했다. 류인욱은 망명 후 하와이로 망명했다가 상하이로 가서 독립운동에 동참한 인물로, 류자명과는 서울에서도 함께 생활해 잘 알던 사이였다. 그러나 그는 의열단 단원이 되어 미국행에 동참할 수 없다며 이들의 제의를 거절했다. 김상훈과 류인욱은 미국행 허가를 받기 위해 홍콩으로 떠나고, 류자명은 남정각과 함께 다시 상하이로 가서 본격적인 의열단 활동을 펼쳤다.

의열투쟁의 이론을 정립하다

의열단원이 된 류자명이 담당한 임무는 통신과 문자 선전의 책임이었다. 그와 함께 활동한 동지들은 모두 그를 아나키즘 이론에 가장 정통했으며 의열단의 투쟁 이론을 정립한 인물로 평가했다.

류자명과 함께 좌파 독립운동의 트로이카였던 김성숙은 의열단 투쟁의 핵심 강령인 '암살과 파괴'는 류자명이 기획한 것이라고 회고했으며, "김원봉은 앞에 내세운 사람이고 실제 일을 한 사람은 류자명"이라고까지 단언했다.

정화암의 평가는 더욱 구체적이다.

…… 아주 얌전한 선비이지요. 아주 얌전한 학자풍의 사람입니다. 공부를 참 많이 했어요. 중국 사람들도 류자명이 중국어로 쓴 글을 읽으면 늘 놀랐지요. 중국 사람이 쓴 글인지 외국 사람이 쓴 글인지 구분하지 못하겠다고 할 정도였어요. 이론 면에서 상당히 높은 수준이었지요. 류자명은 김원봉과 의열단을 조직해 항일투쟁에 나섰는데, 글을 잘해서 의열단 이름으로 나온 글들의 대부분은 류자명이 쓴 것이지요. 류자명은 무정부주의자들과 의열단을 합작시키려고 언제나 애를 썼는데 ……

– 이정식 면담, 김학준 편집·해설, 『혁명가들의 항일회상』, 338쪽

의열단은 1919년 중국 지린에서 김원봉 등이 조직한 의열투쟁 단체다. 류자명은 의열단 조직 당시에는 참여하지 않았지만, 『의열단간사義烈團簡史』를 지어 의열단의 이념과 활동상을 정리하여 단원들에게 교육시킬 정도로 의열단의 역사와 이론에 정통했다. 그는 의열단 창립 당시의 행동강령인 '약법삼장約法三章'을 다음과 같이 설명했다.

① 천하의 정의의 사업을 맹렬하게 실행하자.
② 동지 사이의 단결은 두 손의 열 손가락과 같은 것으로서 한 사람은 아홉 사람에 복종하고 아홉 사람은 한 사람을 위하여 책임지자.
③ 책임자 하나를 선거하여서 단체를 대표하게 한다.

의열단은 창단 당시 공약 10조가 있었다. 공약 10조는 ① 천하의 정의의 사事를 맹렬히 실행하기로 함. ② 조선의 독립과 세계의 평등을 위하여 신명을 희생하기로 함. ③ 충의의 기백과 희생의 정신이 확고한 자라 함. ④ 단의團義에 선先히 하고 단원의 의義에 급히 함. ⑤ 의백義伯 1인을 선출하여 단체를 대표함. ⑥ 하시何時 하지何地에서나 매월 1차씩 사정을 보고함. ⑦ 하시 하지에서나 매 초회招會에 필응함. ⑧ 피사被死치 아니하여 단의에 진盡함. ⑨ 1이 9를 위하여 9가 1을 위하여 헌신함. ⑩ 단의에 배반한 자는 처살處殺함 등이었다.

그러나 제대로 된 의열단의 선언문이나 행동강령은 미처 마련되지 못했다. 그러던 중 1922년 3월 황푸탄 의거에서 오성륜이 쏜 총에 신혼여행 중이던 미국인 부인이 맞아 죽는 불상사가 발생했다. 이 같은 의열단의 암살 파괴 활동에 대해 임시정부와 공산주의자들의 회의론이 거세지자, 이론적으로 대응할 글의 필요성이 제기되었다. 류자명은 이에 대해 다음과 같이 설명했다.

…… 의열단이 성립된 뒤로부터 5년 동안 투쟁을 계속하였으나 의열단 본체의 혁명적 목표와 정치적 주장은 발표한 적이 없어서 의열단의 이름까지도 세상에 드러나지 못했던 것이다. 당시에 조선에서는 공산주의 단체가 생겨서 상해에서도 현정근玄正根·윤자영尹滋瑛·조덕진趙德津 등이 공산주의 단체를 조직하여 폭력적 혁명운동에 대하여서 비판하는 글을 발표하였었다. 그래서 의열단은 선언서로써 자기의 주장을 발표하게 되었다. 북경에 있는 단재 선생을 상해로 청해 와서 의열단선언을 써서 발표하였다. ……

류자명은 평소 존경하던 신채호를 의열단선언문 작성의 석임사로 심원봉에게 추천했다. 두 사람은 베이징에 있던 신채호를 방문하여 선언문의 기초를 간청했다. 그들은 신채호를 상하이로 초빙하여 비밀리에 운영하고 있던 폭탄제조소로 안내하여 자신들의 투쟁의지를 확인시켜 주었다.

그는 신채호와 함께 약 1개월여를 의열단 비밀사무소에서 기숙하며 「조선혁명선언」 집필을 지원했다. 아직 아나키즘과 의열투쟁 이론이 정립되지 못한 단재에게 류자명의 지원은 「조선혁명선언」의 집필에 큰 도움이 되었을 것임이 틀림없다. 김원봉이 그에게 단재의 집필을 지원하

「조선혁명선언」

게 한 까닭도 그가 의열단 창단 이념이나 투쟁 강령에 누구보다 정통했기 때문일 것이다.

류자명은 자신이 남긴 여러 기록에서 「조선혁명선언」에 대해 설명하고 있으나, 집필 과정에서 자신의 역할을 일부러 내세우지는 않았다. 그러나 그가 『회억록』에 기록한 의열단선언문 작성 과정과 주요 내용 등이 그의 역할을 짐작케 해준다. 그는 회억록에서 의열단선언문에서 강조한 사항을 다음과 같이 6개항으로 설명했다.

① 5천 년 역사를 가지고 있는 문명한 조선 민족이 일본 제국주의의 침략으로 인하여 망하게 된 원인과 경과를 설명한 것이다.

아나키즘 수용과 의열단 참여   75

② 나라가 망한 결과는 3천만 인민이 일본의 노예로 되었고 3천리 화려 강산이 인간지옥으로 된 것이다.

③ 조선 인민이 일본 침략에 대하여 영용英勇하게 투쟁해온 과정을 역사적으로 설명한 것이다.

④ 일본 군국주의에 대하여 폭력 혁명의 의의를 적극적으로 주장한 것이다.

⑤ 민족의 해방을 위해서는 민중을 각오시켜야 한다. 우리의 폭력 혁명 운동은 우리의 민중을 각오시키기 위한 것이다.

⑥ 우리가 일본 군국주의에 대한 투쟁은 독립과 민족의 해방을 이룩할 때까지 굳세게 싸워야 한다.

「조선혁명선언」은 일제강점기 한국 독립운동이 낳은 가장 귀중한 문헌의 하나로서, 단재가 아나키스트로 전환하는 계기가 된 것이라는 평가를 받고 있다. 신채호가 의열단과 관계를 맺은 것은 1920년 가을 무렵이었다. 이때 의열단이 베이징으로 옮겨가 반임시정부 세력에 동참한 것이 계기가 되었으며, 김원봉은 단재가 주도한 「성토문」에 서명한 바 있다. 이로 인해 단재는 김원봉을 이전부터 알고 있었다. 단재는 직접 의열단에 가입하거나 참가하여 활동하지는 않았으나, 깊이 관여한 흔적이 보인다. 단재는 김성숙을 의열단에 추천하여 선전부장이 되게 했으며, 김창숙과 함께 나석주羅錫疇 의거에 관여하여 그에게 폭탄을 제공하기도 했다.

「조선혁명선언」은 이 같은 배경하에서 의열단의 정신적 지주 같은 위

류자명의 각종 회고록

아나키즘 수용과 의열단 참여

회고록을 집필하는 노년의 류자명

치에 있던 단재가 류자명의 지원을 받아 작성한 것이다. 1개월여의 산고 끝에 완성된 「조선혁명선언」은 즉각 인쇄되어 국민대표회의에 참가한 대표들에게 배포되었는데, 단재의 웅혼한 필치는 단원들은 물론 읽는 이들을 모두 감격시켰다.

당시 류자명은 임시정부의 김구·이동녕李東寧·이시영·조완구趙琬九 등과 연락을 하고 있었는데, 이 선언문을 조완구에게도 보내주었다. 이를 본 조완구는 "이 선언은 우리의 민족적 정의심을 표시한 것"이라고 하면서 단재가 쓴 글 같다고 정확히 알아맞혔다. 정화암 역시 해외에서 "가장 뼈 있고 선동적으로 잘되었다고 칭찬이 높았다"고 증언했다.

요컨대 「조선혁명선언」은 의열단의 위상에 커다란 변화를 가져오게 했고, 활동 노선과 투쟁 방법론을 명확히 설정함으로써 향후 의열단의 지표와 정체성을 정립한 문서라고 평가할 수 있다.

의열투쟁의
적극적인 실천 활동

의열단의 의열투쟁을 주도하다

류자명은 『회억록』에서 의열단의 의열투쟁에 관해 상세하게 기록했다. 그는 의열투쟁을 "천하의 정의의 사업을 맹렬하게 실행"하고자 하는 "폭력 혁명 투쟁"으로 정의했다. 1920년 봄, 황상규黃尙奎·곽경郭敬·윤석주尹石胄 등이 폭탄 의거를 계획했으나, 밀양역에서 폭탄이 발견되어 일경에 체포되었다. 이에 9월 14일 박재혁朴在赫이 동지의 복수를 위해 부산경찰서에 투탄했다. 류자명은 박재혁 의사의 부산경찰서 투탄 의거를 의열단의 본격적인 의열투쟁의 첫걸음이라고 정의했다.

박재혁 의거 이후 김원봉은 본거지를 베이징으로 옮기고 새로운 투쟁을 모색했다. 1921년 9월 12일 김익상金益相이 결행한 조선총독부 투탄 의거는 일제 당국을 경악케 한 쾌거였다. 김익상은 폭탄 2개와 권총 2정

류자명이 『조선민족전선』에 기고한 김익상 의거

을 지니고 열차를 이용하여 국내로 잠입했다. 단둥에서 일제의 검문이 시작되자, 그는 재빨리 어린아이를 데리고 여행하던 일본인 여성 곁으로 다가가 마치 부부인 것처럼 유창한 일본말로 대화를 나눠 검문을 모면했다. 서울역에 도착해서도 그 어린아이를 안고 담소를 나누며 개찰구를 빠져나와 검문을 모면한 일화는 그의 기지를 잘 보여준다. 또한 거사를 끝내고 중국으로 돌아갈 때 발휘한 임기응변과 기막힌 변장술은 마치 영화의 한 장면을 연상케 한다.

류자명은 훗날 『조선민족전선』 제5·6기(1938. 6)에 「조선혁명 일사軼事 – 김익상과 조선총독부 폭발안 – 」를 게재하여 김익상의 조선총독부 폭파 의거를 상세히 설명했다. 그는 이 의거가 ① 백주 대낮에 폭탄을 휴대한 사람이 조선총독부에 출입할 수 있었던 점, ② 폭탄이 터진 후에 헌병과 경찰들이 달려와 현장을 포위하여 범인이 그곳을 탈출할 수 없었는데 끝내 혐의범을 한 사람도 잡지 못한 점, ③ 사건 직후 서울 등 전

역을 샅샅이 수색함은 물론 국경을 봉쇄하며 엄중히 경계했음에도 불구하고 범인을 잡지 못한 점을 이해할 수 없는 신비스러운 일이라고 설명했다.

김익상 의사의 조선총독부 투탄 의거는 1922년 3월 28일의 황푸탄 의거로 전모가 밝혀지게 되었다. 상하이를 방문하는 일본 총리대신 육군 대장 다나카 기이치田中義一를 처단하기 위해 준비한 이 의거

김상옥

또한 극적으로 진행되었으나 안타깝게 실패했다. 김익상 의거와 황푸탄 의거는 류자명이 의열단에 가입하기 전에 발생한 일이었다. 그러나 『조선민족전선』과 『회억록』에서 김익상 의거와 황푸탄 의거의 진행 상황과 오성륜의 탈옥기를 매우 생생하게 서술했다. 이는 그가 직접 관여한 의거는 아니지만, 의열단에 가입한 후 의열단의 역사와 활동을 정리하는 과정에서 알게된 것으로 생각된다.

그러나 1923년 1월 12일 종로경찰서에 폭탄을 던져 서울을 발칵 뒤집은 김상옥 의거는 그가 의열단에 가입한 이후의 일임에도 전혀 언급하지 않아 의아하다. 김상옥의 투탄 직후 경성부 내 4개 경찰서에서 400여 명의 무장경찰대가 동원되어 은신처를 기습했다. 김상옥은 양손에 권총을 쥐고 3시간여에 걸친 시가전을 방불케 하는 총격전을 펼치며 대치했다. 마침내 탄환이 떨어지자, 그는 마지막 남은 총알로 자결하여 장엄한 최후를 마쳤다.

김상옥이 국내에 잠입한 것은 전년 12월 초였다. 당시 김상옥은 권총과 탄환만 가지고 들어왔고, 거사용 폭탄은 의열단에서 후에 반입하기로 했다. 그런데 폭탄 반입을 추진할 무렵, 서울의 폭탄 반입과 보관 책임자였던 김한이 일경에 매수되어 주구노릇을 한다는 정보가 들어왔다. 의열단은 폭탄의 국내 반입을 중지시킬 수밖에 없었다. 김한이 일제의 밀정이었다는 소문은 이후 활동 등으로 볼 때 사실이 아니었다. 김한은 법정 최후진술에서 일제의 총독정치를 비판하고 "…… 혁명은 우주 만물이 살아가는 자연법칙인 까닭에 조선 사람이 살기를 부르짖고 자유를 부르짖는 것은 사람으로서 당연한 일"이라고 강조한 바 있다.

다만, 류자명과 김한이 경기도 경찰부 경부警部였던 김태석과 계속 친분을 유지했다는 것은 다소 꺼림칙하다. 앞에서도 언급했듯이 김태석은 류자명의 수원농림학교 동창인 김정석의 형으로, 김정석의 소개로 만났고, 류자명이 김한에게 소개하여 셋이 알게 된 사이였다. 류자명과 김한이 일본 경찰에 피체되었을 때 김태석의 도움으로 풀려난 적도 있었다. 김태석은 대한민국임시정부에서 1920년 2월 처단해야 할 대상으로 선정한 「칠가살七可殺」 중 고등 정탐이나 형사로서 독립운동의 비밀을 적에게 밀고하여 우리 지사를 체포하거나 구타한 대표적 '창귀倀鬼(밀정 - 필자주)' 흉적으로 지목된 인물이었다.

김태석은 황푸탄 의거 때에도 김익상을 한 달 이상 직접 취조하기도 했다. 류자명과 김한이 이런 사실을 몰랐을 리 없을 터인데, 그런 인물과 친분관계를 유지했다는 사실은 선뜻 이해하기 어렵다. 이는 김태석이 친구 형이었고, 그의 도움으로 석방된 적이 있던 사적인 친분관계 때문은 아닌가 한다.

당시 김한이 일제의 밀정이었다는 소문도 김태석과의 관계에서 생겨난 것 같다. 류자명은 『회억록』에서 황옥黃鈺은 밀정으로 의심하면서도 김태석은 신뢰하는 태도를 보인다. 그가 다른 의열단 활동은 상세하게 기록으로 남겼으면서도 김상옥 의거를 언급하지 않은 것은 이와 관련이 있지 않나 생각된다.

재판을 받는 황옥(좌), 김시현 의사(우)

전술한 바와 같이 류자명은 김원봉의 명령으로 1923년 여름 남정각과 함께 국내로 잠입을 시도한 적이 있었다. 그는 단둥에 머물고 국내로 들어가지는 않았으나, 서울로 잠입한 남정각은 김한을 만나 의열단 투쟁을 상의했다. 이듬해 다시 박기홍朴基洪과 서울로 잠입한 남정각은 김한과 상의한 후, 황옥·유석현劉錫鉉과 함께 4인이 톈진으로 돌아갔다.

경기도 경찰부 경부로 특채되어 근무하던 황옥은 류자명이 서울에 있을 때부터 알고 지낸 사이였다. 황옥이 상하이행에 동행한 것은 의열단이 폭탄과 권총을 국내로 반입하는 일을 도와주기 위함이었다. 그들이 폭탄과 권총을 지니고 국내로 들어올 때 단둥에서 황옥과 친분이 있던

의열투쟁의 적극적인 실천 활동   83

김우영金雨英의 집에 머물렀다. 김우영은 도쿄제대를 졸업하고 서울에서 변호사 영업을 하던 중 단둥에서 일본 영사로 근무하고 있었다. 그의 부인은 애국부인회의 김마리아와 친한 나혜석羅惠錫이었다. 나혜석은 그들이 국내로 들어올 때 폭탄과 권총을 숨겨둔 여행 가방에 '단둥 영사관'이라고 적은 종이쪽지를 붙여 검문에 대비하도록 도와주었다.

폭탄과 권총은 황옥이 지니고 의열단원들은 다른 칸에 승차하여 무사히 서울로 반입할 수 있었다. 그런데 활동자금이 문제였다. 남정각과 유석현은 황옥이 친구라고 소개해준 한성지방법원 판사 진모秦某에게 가서 자금 지원을 요청했다. 진모 판사는 지금 돈이 없으니 내일 저녁에 다시 오라고 했다. 이 말을 믿고 이튿날 저녁에 돈을 받으러 그의 집에 간 두 사람은 밀고를 받고 대기하던 일본 특무경찰에게 붙잡히고 말았다. 이 사건에 연루되어 황옥·유석현·남정각·박기홍·김한·나혜석 등이 피체되었다. '의열단의 제2차 국내 거사계획' 또는 '황옥 경부 폭탄사건'이라 일컫는 이 사건은 조선 사회를 크게 진동시켰다. 류자명은 훗날 상하이로 온 김한의 친구 김달현金達顯에게 이 계획이 실패하게 된 원인이 일본 외교관인 김우영 부부와 일제 고급 특무경찰인 황옥이 참가했기 때문이라고 들었으며, 이를 '심각한 경험'이라고 표현했다.

류자명은 자신이 직접 주도하거나 참여한 의열단의 활동을 상세한 기록으로 남겼다. 그 대표적 활동이 김지섭金祉燮과 나석주 의거다. 김지섭(1884~1928)은 경상북도 안동 출신으로 1905년 상주보통학교 교원을 지냈다. 일본어에 능통해 금산지방법원의 서기 겸 통역관으로도 재직했으며, 1920년 중국으로 망명해 의열단에 가입했다. 그가 편안한 앞날이

보장된 직장을 그만두고 독립운동에 투신한 것은 자신을 아껴주던 금산군수 홍범식洪範植이 경술국치에 비분강개하여 자결 순국한 모습을 본 것이 결정적 계기가 되었다.

김지섭 의사와 그가 폭탄을 던진 일본 황궁 니주바시

김지섭은 1922년 서울로 잠입하여 유석현·윤병구尹炳求 등과 군자금 모금 활동을 했다. 이해 12월에는 조선총독부 판사 백윤화白潤和에게 독립운동 자금을 요청했으나 실패했다. 1923년에는 김시현·유석현 등과 함께 일제 통치기관을 파괴할 목적으로 폭탄 36개를 상하이에서 국내로 비밀리에 반입했다. 그러나 거사 직전 일본 경찰에게 발각되어 단원 13명이 체포됨으로써 또다시 실패하고 말았다. 다행히 그는 몸을 피해 상하이로 탈출했다. 간토대진재 때 무고한 동포가 학살당하자 분개한 그는 원수를 갚고자 폭탄 3개를 가지고 12월 21일 일본으로 가서 의거를 결행했다. 당시 의열단은 일제의 조선인 학살 및 박열 재판 등 일제의 죄악에 대한 성토문을 발표한 바 있다.

거사 전 상하이에서 배를 타고 일본 나가사키 항에 도착한 김지섭은 한시를 써서 쓰촨로四川路 중국 우정국에 개설한 의열단 사서함으로 보냈다. 당시 의열단 사서함의 열쇠 류자명이 관리하고 있었다. 김지섭이 보내온 한시 내용은 다음과 같다.

만리창해일표신萬里滄海一票身	넓디넓은 바다에 외로운 이 몸
주중개난유수친舟中皆亂有誰親	선창엔 원수들뿐 누구와 친할까
장추형검흉장구張椎荊劍胸庄久	장량의 철퇴와 형가의 칼을 가슴에 품고
노해굴상사입빈魯海屈湘思入頻	노중련과 굴원을 따르려 했네
금일부심잠수객今日腐心潛水客	오늘 몸을 숨겨 바다를 건너는 객은
석년상담와신인昔年甞膽臥薪人	이전부터 와신상담하던 이라
차행이결평생지此行已決平生志	이번 길에 평생의 뜻 이루려고
불향관문갱문진不向關門更問津	관문으로 가지 않고 새 길을 묻네

김지섭의 한시는 쉬운 내용이 아니어서 의열단 동지들 가운데에서도 이를 제대로 이해하는 사람은 적었다. 조완구는 이 시를 보고 "추강秋江(김지섭의 호 – 필자 주)은 중국 역사도 많이 알았고 한시도 잘 썼다"고 칭찬했다. 류자명은 회억록에서 이 시를 상세히 해설하며 김지섭의 투탄

사실을 '도쿄 전체를 진동'시킨 의거로 설명했다.

류자명은 나석주 의거에도 깊이 관여했다. 나석주(1892~1926)는 황해도 재령 출신으로 국내에서 활동하다가 상하이로 망명하여 대한민국임시정부에 참여한 인물이다. 그는 김구 휘하의 경무국에서 일제

나석주 의사와 그가 폭탄을 던진 동양척식주식회사

의 정탐을 상대로 투쟁을 벌였다. 류자명은 신채호와 함께 베이징에서 나석주를 만났다. 나석주는 자신이 "폭탄과 권총을 가지고 서울로 가서 일본 원수들과 싸우다가 마지막 남은 탄환으로 자결하겠다"는 비장한 결심을 밝혔다. 류자명은 의열단에 가입하여 조국 독립과 자유를 위해 함께 투쟁할 것을 권유했고, 나석주는 그의 권유에 따라 의열단에 가입

했다.

김구

김창숙

1925년 의열단 동지들이 광저우로 떠나고 류자명이 혼자 상하이에 남아서 통신 연락 업무를 수행하고 있을 무렵 김창숙이 찾아왔다. 그는 귀국했다가 돌아오는 길에 고향 친구에게서 받은 군자금으로 무기를 구입하여 의열투쟁을 하고 싶다는 뜻을 밝혔다. 당시 김창숙은 청년결사대를 국내로 침투시켜 일제의 기관을 파괴하고 친일파를 처단하여 민족혼을 일깨울 필요성을 느꼈고, 이러한 생각을 김구·김두봉金枓奉·이동녕 등에게 제의한 적이 있었다. 이때 김구가 나석주를 추천하며 류자명과 상의하도록 권했다.

의거 당초 계획으로는 의열단원들이 함께 입국하여 거사를 실행하고자 했다. 그러나 사정이 여의치 않자 나석주 혼자 입국하는 것으로 변경했다. 류자명은 김창숙과 함께 무기를 구입하여 배를 타고 톈진으로 가서 나석주를 만났다. 김창숙이 무기와 여비를 나석주에게 건네주고 베이징으로 돌아가자, 그는 나석주와 함께 국내 잠입 계획을 세웠다.

나석주는 고향인 황해도 장산곶과 중국 웨이하이威海를 어선으로 왕래한 경험이 있었다. 그는 이번에도 웨이하이에서 어선을 타고 인천을 거쳐 서울로 잠입하고자 했다. 류자명과 나석주는 웨이하이로 가서 어선을 물색했다. 나석주는 웨이하이를 왕래할 때 묵었던 중국인 충징하이叢景海라는 사람을 잘 알고 있었다. 그들은 충징하이에게 부탁하여 인천까지 가는 뱃삯을 주고 어선 한 척을 빌렸다. 류자명은 나석주가 그 어선을 타고 인천으로 출발하는 것을 보고서야 상하이로 돌아갔다.

이후 류자명은 국내 신문기사를 통해 나석주가 자신과의 대면에서 호언했던 대로 일경과 교전하다가 마지막에 자신의 권총으로 장렬히 자결했다는 사실을 확인했다. 그는 나석주를 기념하는 글을 의열단 간행물에 기고했다.

다물단과의 합작 및 밀정 처단

다물단 조직

1922년 4월 류자명이 베이징에 건너간 무렵, 베이징의 한인들은 애국사상으로 단결하여 개인 관계도 친밀했고 거주 유학생들과도 긴밀히 연계되어 있었다. 그러나 당시까지는 한인 단체가 조직되지 않았다.

베이징에서 조직된 아나키스트 단체로서 최초로 기록에 보이는 것은 흑색청년

김산

동맹黑色靑年同盟 베이징 지부다. 1921년 국내에서 조직된 이 단체는 이해에 베이징에 지부를 설치했고, 1924년에 해체되었다. 이 단체에 대한 김산金山의 간략한 기록이 있다.

> 1921년에 비로소 '흑색청년동맹'이라는 무정부주의자 정당이 조선 국내에 만들어졌다. 이 정당은 소규모로 완전히 지식인들로 구성되었다. 같은 해에 베이징 지부를 만들었다. 이 지부에는 소수의 중국인은 물론이요, 타이완과 일본인도 있었다. 아직도 소수의 회원을 가진 '무정부주의자연맹'이 있기는 하지만, 흑색청년동맹은 1924년 이후 해체되었다. 공산주의자들이 흥기하자마자 무정부주의자들은 모든 영향력을 상실해버렸다. 동맹의 창설자 신채호는 현재 조선의 감옥에 갇혀 있다.
> – 김산·님 웨일즈, 『아리랑』, 162~163쪽

그러나 매우 간략하게 언급되어 조직과 구성원 등 실제를 선혀 알 수 없다. 그뿐만 아니라 국내에서 조직된 결사 지부라고는 하지만 순연한 한인 아나키스트 단체가 아니라 중국인과 타이완인은 물론 일본인까지 참여한 단체였다. 당시 베이징 거주 한인 가운데에는 유기석이 중국 아나키스트 조직인 흑기연맹에 참여하는 등 개별적인 활동이 없지는 않았다. 그러나 이들을 한인 아나키스트 단체로 파악하기에는 무리가 있다. 다만 『천고』나 흑색청년동맹 베이징지부, 흑기연맹 등을 통해 베이징 아나키스트들의 단체 결성 조짐을 감지할 수는 있다. 베이징의 한인 아나키즘 단체로서 구체적 조직을 갖추고 활동한 것은 다물단으로 봐야

할 것이다.

다물단은 1925년 3월 고급 밀정인 김달하金達河를 처단하여 일제를 경악시킨 단체다. 단체의 결성 주체는 만주에 독립운동기지를 건설하여 군인과 사관을 양성하려던 국민당國民黨으로 알려져 있다. 군자금 모금이 제대로 되지 않아 국민당의 계획이 실현되기 어려워지자, 1925년경 그 주도세력이 상하이에서 베이징으로 이동하여 다물단을 조직한 것으로 보고 있다. 즉, 국민당이 일본과의 본격적인 무장투쟁의 어려움을 절감하고 의열투쟁으로 방략을 전환하면서 이를 주도할 조직으로 다물단을 조직했다는 것이다.

> 1923년 3월 파벌을 극복하여 공고한 독립운동 단체가 되도록 하기 위하여 영남인 배천택裵天澤·김창숙金昌淑 등에 의해 조직된 국민당도 창립 후 아무런 활동 없이 끝났다. 1925년 초 국민당 관계 간부 사이에서 생각을 달리하는 자를 배격하고 직접행동을 표방하여 철권단鐵拳團이란 것을 조직하고자 획책하고 있었는데, 그해 4월 드디어 기회가 와서 배천택(대구)·한진산(경남)·류청우(상주)·서왈보(함남)·김세준(강원)·서동일(대구) 등이 주장하여 당명을 다물단으로 하여 북경성 마사묘麻四廟에서 비밀리에 이를 조직하였다. ―慶尙北道警察部, 『高等警察要史』, 1934, 208쪽

다물단의 창립 연대를 1923년으로 기록한 자료도 있다. 즉 이 단체에서 활동한 이우민李愚民은 일제에 심문당할 때 자신은 1923년 9월 다물단에 입단했다고 진술한 바 있다. 또한 남화한인청년연맹에서 활동한

이규창李圭昶도 다물단의 시초 조직을 1923년경으로 회고했고, 신채호가 다물단 선언문을 작성했다고 밝혔다.

일제는 다물단의 창립 연대를 구체적으로 1925년 4월 4일 또는 4월 상순으로 파악하고 있다. 이에 따르면, 1923년 설은 선행 조직인 국민당의 활동과 혼동했거나 기억의 와전이 아닌가 생각한다. 그러나 김달하 처단에 다물단이 관여한 것이 명백한 이상, 일제의 자료에도 문제가 있다. 김달하 처단 사건이 발생한 시점은 3월 30일이다. 다물단 "창립 후 얼마 되지 않아" 이 사건이 발생했다고 하면서도 다물단의 창립을 4월로 보는 것은 일제 자료의 오류인 셈이다. 따라서 다물단의 창립일은 1925년 3월 이전으로 보는 것이 타당하다.

다물단의 주체세력에 대해서도 이견이 있다. 1923년 베이징에서 이회영·신채호·류자명 등이 조직한 다물단이 1925년 국민당과 연합하여 조직을 확대 개편한 것이라는 주장이 있다. 곧 다물단의 전신이 이전의 다물단과 국민당의 두 개였다는 것이다. 베이징 그룹이 소식한 나물난과 국민당이 조직한 다물단을 별개의 것으로 보며 두 단체가 함께 존재했다고 보는 견해도 있다.

이와 함께 다물단을 1923년 9월 이전에 이규준李圭駿 등에 의해 베이징에서 조직된 무정부주의 단체로 보고 이들이 김달하 처단에 깊이 관여했음을 확신하는 반면, 국민당 세력이 조직했다는 다물단은 전혀 언급하지 않는 견해도 있다. 이회영의 형 이석영李石榮의 장남인 이규준이 다물단 단장을 지냈다는 기록, 이회영의 동생 이호영李皓榮을 다물단원으로 파악한 일제의 기록, 이회영의 딸 이규숙李圭淑이 김달하 처단에 관여한 기록 등으로 보아 이회영 일가의 다물단 주도와 참여는 분명한 사실이다. 이는 이정규李丁奎의 증언에서도 확인할 수 있다.

그런데 다물단이라고 칭하고는 있으나 김달하를 처단한 세력과 국내에서 군자금 모금 활동을 벌인 세력은 서로 관련이 없는 듯하다. 다물단은 1926년 말 국내에 단원을 파견해 활동했으며, 1929년 9월에는 만주에서 피체된 단원이 국내로 송치되어 재판에 회부된 바 있다. 이러한 사실은 베이징 그룹과는 무관한 것으로 보인다. 물론 베이징 그룹과 국민당 지도부는 이념과 방략이 서로 통할 수 있는 상대였다. 그러나 1925년 이전에 베이징에 별개의 다물단이 존재했다는 근거는 이규창의 회고 외에는 없다. 반면 상하이에 있던 국민당이 베이징으로 근거지를 옮기고 의열투쟁을 위해 다물단을 조직했다는 구체적인 일제 문건은 몇 건 확인되었다. 따라서 1924년 조선무정부주의자연맹을 조직한 이회영 등 베이징 그룹의 활동이 미미하자 의열투쟁으로 전환하고, 국민당 세력이 베이징으로 근거지를 옮겨 다물단을 조직하자 이들과 연계하며 다물단을 지도한 것으로 이해함이 타당할 듯하다.

일제는 다물단의 단명을 한글 고유의 의미로서 용감·전진·결단 등의 의미를 내포하고 있다고 파악했고, '입을 다물라'는 비밀엄수의 의미로도 해석했다. 다물단의 창립 동기는 독립운동세력 중 '악분자惡分子'를 소탕하기 위함이었다. 즉 일제이 밀정이나 변절지를 치단하기 위한 의열투쟁을 실행하고자 한 것이다. 악분자 소탕 활동의 명분은 다물단이 국내 언론사에 송부한 「악분자소탕선언惡分子掃蕩宣言」에 잘 나타난다. 다물단은 실행을 주목적으로 하고 밀정으로 의심되는 자의 암살을 강하게

第二號

惡分子掃蕩宣言 (譯文)

吾人ハ吾人ノ獨立戰爭ノ爲長刀ニテ倭總督ヲ殺スヨリモ倭天皇ヲ殺スヨリモ朝鮮人ノ皮ヲ着テ倭奴ノ魂ヲ有セル不埒ノ分子ヨリ掃蕩スヘキコトヲ宣言ス倭奴ヲ吾人獨立ノ目標トセハ不埒ノ分子ハ障礙物ナルニヨリ此ノ障礙物ヲ掃除スルニアラサレハ吾人ノ前途塞カリ獨立戰爭進行スル能ハサルナリ依テ吾人ハ不埒ノ分子ノ掃除シ爲スコトヲ盟誓レテ宣言ス

(一) 探偵

吾社會ノ大小ノ事ヲ漁ナリテ吾獨立ノ內幕ヲ倭ニ知ラシムル者ハ探偵ナリ而シテ吾人ノ獨立運動者等ヲ倭奴ノ悪刑ニ死シ吾人ノ義士烈士等カ倭奴ノ銃ニ倒

다물단의 「악분자소탕선언」을 보고한 일제문서

주장했다. 이런 면에서 일제는 다물단이 의열단을 방불케 하는 강력한 의열투쟁 단체라고 파악했다. 다물단의 단원은 50~60명이었다.

다물단은 김달하 처단 사건으로 세상의 이목을 집중시켰고, 1925년 5월 30일 군자금 모금을 위해 국내로 잠입한 서동일徐東日이 피체되면서 전모가 드러났다. 한편 1925년 5월 하순 펑톈성 류허현에 나타난 다물청년당多勿靑年黨의 경우, 일제는 이를 다물단의 별동대로 파악했다. 일제가 압수한 다물청년당의 강령에서 아나키즘 성향이 나타났기 때문이다.

다물단의 활동은 만주와 국내에서 1920년대 후반까지 전개되었으나, 1925년을 고비로 사실상 해산되었다.

류자명의 회억록이나 그가 남긴 다른 기록에도 다물단이나 김달하 처단에 관한 기록은 전혀 없다. 그러나 일제의 기록이나 여러 증언 등을 종합하면, 그가 의열단과는 별개로 존재한 다물단의 조직에 관여하거나 합작하여 활동했음이 분명하다.

밀정 김달하 처단 주도

1925년 3월 30일, 베이징 시내 안딩먼安定門 내 처니앤후퉁車輦胡同 시커우네이루西口內路 베이먼파이北門牌 23호에 사는 김달하가 자택에서 교살되는 사건이 발생했다. 김달하는 1867년 평안북도 의주 출생으로 1893년 외아문 주사로 임명되었다. 이때 위안스카이와 아는 사이가 되었고, 국내에 있을 당시부터 이승훈李昇薰·안창호 등 민족운동 진영과 친밀한 '관서關西의 인물'로 널리 알려졌다.

그는 1913년 베이징으로 이주해 집정執政 돤치루이段祺瑞의 부관으로 불릴 만큼 신임을 얻었다. 이후 베이징 정부의 육군참모부 참사參事에 오르자 한인들은 고관으로 출세한 그를 '김대야金大爺'라고 불렀다. 이런 배경을 바탕으로 그는 베이징에 거주하는 독립운동세력과도 쉽게 교유할 수 있었다. 그와 특히 가까웠던 인사는 김창숙이었다.

김창숙은 이회영의 처 이은숙李恩淑과 친족 간인 이상재李商在, 김달하의 처제인 김활란金活蘭을 통해 김달하를 알게 되었다. 1922년 4월 기독교청년대회 참석 차 베이징에 간 이상재와 김활란·손영직孫永稷이 김달하의 집에 묵게 되자 이상재가 김창숙에게 김활란을 소개했고, 김활란은 형부 김달하를 이들에게 소개했다. 이상재는 독립운동에 중국 유림의 지원을 얻는 교섭을 김달하에게 부탁했는데, 이 과정에서 자연스럽게 이회영·김창숙·김달하의 교유가 형성되었다.

김창숙은 한학에 능하고 경사에 밝은 김달하를 자주 만났고, 대소사까지 의논하는 사이가 되었다. 김창숙은 김달하가 일제의 밀정이라는 풍문이 들렸어도 그를 의심하지 않았다. 1923년 늦겨울 어느 날 김달하가 김창숙의 곤궁한 처지를 동정하여 경학원 부제학 자리를 제안하며 은근히 귀국을 종용했다. 김창숙은 그제야 비로소 그의 정체를 깨닫고 이 사실을 동지들에게 알리는 한편 그를 제거하기로 결심했다.

그러나 모두 끼니를 잇기도 어려운 상황에서 거사 자금이 문제였다. 김창숙은 베이징의 귀족 거주지 마오얼후퉁帽兒胡同 야먼취衙門區 내에 사는 친일 조선인의 집을 털어 자금을 마련하기로 했다. 이 계획에는 정화암의 동거녀 이자경李慈卿의 역할이 컸다. 그녀는 친분을 이용하여 그 집을 왕래하며 집의 구조 등을 파악하여 정보를 알려주었다. 준비를 마치자 김창숙이 앞장서서 이을규·이정규·백정기와 함께 그 집에 잠입하여 패물을 들고 나오는 데 성공했다.

이것이 이른바 '모아호동사건帽兒胡同事件'이다. 이 사건을 기획하고 추진한 것은 김창숙이었다. 그러나 사건 후 중국 경찰의 수사망은 정화암에게 좁혀져왔다. 그의 동거녀 이자경의 활동 때문이었다. 모아호동사건의 여파로 그들은 김달하를 바로 처단하기 어려웠다. 사태가 잠잠해질 때를 기다려 물건을 처분하여 거사 자금을 확보해야 했기 때문이다.

김달하의 죽음 보도
(『독립신문』, 1925. 5. 5)

　　김달하 처단은 류자명이 의열단 본부 차원의 논의를 거치지 않고 이회영·김창숙 등과 협의한 후 다물단과 합작하여 단독으로 지휘·진행한 사건으로 평가되고 있다. 사건의 실행자가 이인홍李仁洪·이기환李箕煥 등 의열단원이었고, 현장에 남겨진 의열단의 사형선고서와 관련자들의 회고 등으로 볼 때 주체가 의열단임은 분명하다. 일제도 이 사건을 다물단원인 황익수黃益洙·이호영과 의열단원 류자명이 공모한 행동으로 파악했다. 김달하 사건은 류자명이 이회영 등 베이징의 아나키스트 그룹과 협의하고, 의열단과 다물단을 연계하여 결행한 것으로 보아야 할 것이다.

　　그런데 이 사건으로 베이징 아나키스트 그룹 사이에 불화가 발생했다. 발단은 이회영·이은숙 부부의 김달하 조문 여부를 둘러싼 오해에서 비롯했다. 신채호와 김창숙이 이회영에게 절교를 선언하는 서신을 보내오는 등 일시적이나마 관계가 소원해지기도 했다. 이회영의 집 부근에 다물단원이 육혈포를 차고 나타나 그의 동정을 살피는 험악한 분위기가 연출되기도 했다. 곧 이은숙의 강경하고도 적극적인 해명으로 오해가 풀리고 관계가 회복될 수 있었다. 사실인즉, 이은숙이 김달하의 처 김애란金愛蘭과의 친분 때문에 아들을 데리고 조문을 다녀온 것이다. 김달하 처단 사건을 보는 태도의 차이를 신채호와 이회영 간 노선상의 갈등으로 보는 견해는 지나친 감이 있다. 이는 망명지의 어려움 속에서도 민족운동가로서 삼엄한 절조를 지키기 위한 자세로 인해 벌어진 오해에서 비롯된 것으로 봄이 타당할 듯하다.

재중국조선무정부주의자연맹 조직

1924년 4월 말, 류자명과 베이징에 거주하던 아나키스트인 이회영·이을규·이정규·정현섭鄭賢燮·백정기 등 6인이 재중국조선무정부주의자연맹在中國朝鮮無政府主義者聯盟(이하 '무련'으로 약칭)을 결성했다. 무련은 독립운동세력 가운데에서 아나키즘을 대표하는 인물들의 결사체였다. 무련의 결성 배경과 과정에 대한 정화암의 회고는 다음과 같다.

> 여기서 지명대라는 사람 얘기를 해야겠군. 그는 경상도 사람으로 우리와 같이 상해에 있다가 미국으로 갔는데 그를 중심으로 몇몇 사람들이 『흑선풍』이라는 우리말 잡지를 내면서 다소 아나키즘적 사상운동을 했지. 그 일이 통신에 보도된 것을 읽었어요. 그 뒤로는 어떻게 되었는지 모르겠고. 어떻든 여기서 자극받아 우리도 조직을 만들고 소책자로 기관지를 내보자고 얘기하게 되었지요. 그래서 1924년 4월에 북경에서 이회영·이을

규·이정규·백정기·류자명, 그리고 나 여섯이서 재중국조선무정부주의자연맹을 창립했지요. 약칭이 무련이었습니다. 『정의공보』라는 기관지도 우리말로 발간하였습니다.

정화암

이때 신채호도 베이징에 있었으나, 관음사에 들어가 역사 연구에 몰두하고 있을 때라 여기에 참가하지 않았다. 이를 두고 단체 결성의 주도자들이 혁명 근거지 건설을 도모하던 인물들이어서 '테러 활동'을 강조하는 신채호가 운동 방법론의 차이 때문에 참가하지 않았다고 보는 견해도 있다. 한편으로는 민족주의에 대한 집착 때문에 의도적으로 참가하지 않은 것이라는 견해도 있다. 그러나 당시 신채호는 다물단 선언서를 기초하는 등 이들의 활동과 무관하지 않았으며, 간접적으로 아나키즘운동에 관여하고 있었다.

무련의 결성은 베이징의 대표적인 한인 아나키스트들의 독립운동을 이론적 토대 위에서 추진함으로써 세계적 호응을 얻고자 한 것이다. 아울러 간토대진재 때 자행된 일제의 만행에 대한 보복 심리에서 비롯되었다. 이와는 달리 이회영이 주관한 융딩허永定河 개간사업, 즉 이싱촌 건설사업이 수포로 돌아간 뒤 확장해오는 공산주의 세력에 대항하기 위해 결성한 것으로 보는 견해도 있다.

기관지『정의공보』는 월간으로 9호까지 발간되었는데, 정화암은 이

기관지가 아나키즘에 입각한 민족주의 진영 내에 산재한 파벌주의적인 경향의 지양을 요구했다고 회고한 바 있다. 그는 회고록에서 『정의공보』가 자유연합의 조직 원리에 따라 모든 독립운동 단체들의 총력을 하나로 결집할 것을 호소하고, 프롤레타리아 독재를 표방하는 공산주의의 볼셰비키 혁명 이론을 냉혹하게 비판했다고 기록했다. 『정의공보』는 이후 제호를 『탈환』으로 바꾸어 속간했으나, 자금난으로 인해 오래 지속되지는 못했다.

무련은 활발한 활동으로 이어지지는 못했다. 일본 관헌의 감시가 심한데다가 자금난 때문이었다. 당시 이들의 경제력은 이틀에 한 끼를 겨우 먹을 수 있는 정도였는데, 그나마도 좁쌀밥으로 연명하는 경우가 많았다. 결국 베이징의 아나키스트들 가운데 류자명과 이회영만 남기고 이을규·이정규 형제, 백정기 등은 상하이로 갈 수밖에 없었다. 무련은 조직된 지 5개월 만에 별다른 활동 없이 해체되고 말았다.

국제연대를 모색하다

한국의 경우 아나키즘은 물론, 공산주의조차 일제의 식민지 통치 때문에 중국이나 일본과 비교할 때 민족주의적 색채가 너무 짙다고 평가받는다. 서양의 시각에서는 한국의 이런 민족주의적 성향은 충격적이며, 상당한 일탈로 받아들인다. 이러한 시선의 연장으로 한국 아나키즘의 출발은 민족주의였고, 그로 말미암아 타락했다고 비판하기도 한다. 이러한 아나키즘의 변용은 한국뿐 아니라 식민지 지배를 경험한 민족에게는 대부분 유사하게 나타난다. 서양 아나키즘 원론의 잣대로만 동아시아의 아나키즘운동을 평가하는 것은 지역의 특수한 사정을 간과할 위험성이 있다. 한국의 경우 아나키즘은 민족주의와 결합하는 양상을 보인다. 그것은 민족해방투쟁의 효용성 때문이었다.

아나키스트들은 근본적으로 국제주의를 옹호하고 추구했다. 이는 곧 국제연대의 형태로 나타났다. 동아시아 아나키스트들은 1910년대부터 연대를 추구해왔고, 1920년대 후반에 두드러진 활동을 보인다. 동아시아 아나키스트들의 국제적 연대는 오스기가 극동사회주의자 회의에 참석하기 위해 상하이로 밀항하면서부터 시작되었다. 그러나 그가 죽고 난 뒤 아나키스트들의 국가적 연대는 신채호·유기석·이정규 등 한인 아나키스트와 타이완 출신 아나키스트 린빙원에 의해 추진되었다. 1926년 여름, 신채호가 상하이에서 중국·일본·조선·인도 등지 아나키스트들의 국제연대를 위한 준비회의에 참가했고, 1927년 9월 베이징에서 무정부주의자동방연맹(일명 A동방연맹) 결성 때 참여한 것은 대표적 국제연대 활동의 하나다.

A동방연맹은 중국 광둥의 아나키스트 수젠秦健의 발의로 조선·중국·일본·타이완·베트남·인도·필리핀 등 7개국 대표 120여 명이 참가하여 결성한 국제단체다. 신채호는 이 회의에 린빙원의 안내로 28세의 젊은 아나키스트 이필현李弼鉉(일명 이지영 또는 이삼영)과 함께 조선 대표로 참가했다. 신채호는 류자명의 소개로 린빙원과 이필현을 알게 되었다. 이를 통해 동아시아 아나키스트들의 국제적 연대에 류자명의 역할이 컸음을 알 수 있다. 류자명은 회고록에서 당시의 상황을 다음과 같

이 기록했다.

> …… 나는 1924년에 북경에서 대만 사람인 임병문과 범본량을 알게 되었으며 그들과 나는 무정부주의 동지로 되어 서로 친밀하게 지냈었다. 임병문은 그때 북경우정국에서 일하고 있었고 전문前門의 천주회관泉州會館에 기숙하고 있었다. 그때 생활이 곤란하여 임병문의 관계로 나도 천주회관에서 한동안 임병문과 같이 있었기 때문에 단재 선생과 임병문과도 서로 친하게 되었던 것이다. 리지영은 그때 서울에서 같이 북경으로 온 청년이었는데 나는 북경에서 그를 만나보았고 나를 통하여 단재 선생과 림병문도 알게 되었다. 그들은 천진에서 활동하다가 ……

한인 아나키스트들은 꾸준히 국제연대를 추구했다. 이회영의 경우, 무정부주의자동방연맹 결성 때 보낸 글에서 아나키즘운동은 곧 진정한 독립운동이요, 해방운동이라고 말했다. 그는 그 글에서 세계 각국의 대표들이 한국의 독립운동을 성원해줄 것을 호소했다. 아나키즘의 궁극적인 목적 역시 하나의 대동세계를 만드는 것으로 이해했다. 각 민족이나 사회는 하나의 자유연합적 국가를 만들어 연결해야 한다는 게 그의 생각이었다.

이회영은 아나키즘은 공산주의와 달라서 획일주의를 요구하는 것이 아니므로 각각의 민족이 자유합의와 자유평등의 원칙을 지켜가면서 민족의 여건에 맞게 적절히 변화를 가미할 수 있다고 보았다. 이것이 그의 개방적 민족주의다. 그는 아나키즘에서 민족주의와 국제주의는 양자택

일이지만 배타적 관계가 아닌 상보적 관계로 이해했다. 아나키즘에 대한 그의 국제주의적 인식은 상하이 노동대학과 취안저우농촌운동泉州農村運動, 무정부주의자동방연맹 창립 지원 등으로 나타났다. 1931년 11월에는 한·중·일 아나키스트를 중심으로 하는 국제결사인 항일구국연맹 결성을 주도하여 연대투쟁에 나섰다.

류자명의 국제연대론은 한중연대론에서 출발했다. 그는 한·중 양 민족의 공동투쟁은 역사가 부여한 결정적인 사명이라고 생각하고 중일전쟁을 한·중 연대의 결정적 계기로 판단했다. 한민족의 노력 여부가 중국 민족의 최후 승리에 영향을 끼칠 수 있으며, 중국의 항일 항전이 실패하면 우리의 독립도 불가능한 것으로 인식했다. 그의 한중연대와 공동 투쟁론은 동아시아 반일 국제연대론으로 발전했다. 그는 동아시아 공동의 적으로 일본을 상정하고, 중국을 중심으로 한국·타이완·소련이 참가하는 동아시아 반일 국제통일전선 결성을 제안했다.

류자명은 그 방안으로 중국 국민당 주도 아래 일본 제국주의에 반대하는 제 민족의 연합기구를 수립하고 모든 반일민족이 연합하여 국제적 반일운동을 확대할 것을 제시했다. 독자적인 한인무장부대를 조직하여 이를 조선독립군의 기본세력으로 양성한다는 의견도 제시했다. 이것은 그의 한중연대론이 개방적 민족주의 이념을 바탕으로 세계피압박민족연합전선으로 확대된, 국제주의와 사해동포주의를 지향한 것이라고 할 수 있다.

신채호의 국제연대론은 이들과는 다르다. 단재는 절대 독립론과 민중 직접혁명론을 실현하기 위한 방편으로 그 외연을 동방민족연대론으로 넓히고 이를 실천하고자 했다. 그가 국제적 연대나 동방민족연대론을 구상한 것은 무정부주의 사상의 주체적 수용과 밀접하게 관련이 있으며, 사상과 독립운동론에 커다란 변화가 있음을 의미한다.

신채호는 당시의 동양주의 또는 아시아연대론의 제국주의적 야욕을 정확히 간파하고 있었다. 1920년대에 들어서자 단재는 조선의 독립이 "진실로 동양평화의 요의要義"임을 강조했다. 그는 일제가 주장한 동양주의와는 근본적으로 다른, 조선의 독립과 동양평화를 위한 논리로서 동방민족연대론을 주장했다.

그러나 신채호의 동방민족연대론은 피압박민족의 연대로만 국한된다. 그는 일부 아나키스트나 좌익운동자들의 견해인 일본 무산자들과의 연대를 단호히 반대했다. 독립운동을 민족이 아닌 유산자와 무산자로 나누자는 주장에 반대한 것이다. 단재는 민중을 강국의 민중과 식민지의 민중으로 양분하되, 일본의 민중과 무산자를 제국주의 자체와 동일시했다. 이는 그의 「선언」에서 더욱 명확해져 연대의 대상을 세계 무산민중에서 동방 식민지·반半식민지 무산민중으로 좁히고, 이를 최대 다수의 민중 대 최소수의 야수적 강도라는 대결 구도로 설명하고 있다. 요컨대 단재의 동방민족연대론은 일본을 배제한 식민지·반식민지 동방피압박민족연대론이다.

의열단의 개조와 '기의' 참여

1926년 겨울, 류자명은 광저우로 가서 의열단 개조회의에 참가했다. 세 번째 광저우 방문이었다. 첫 번째는 1922년 겨울, 천중밍陳炯明이 쑨원을 몰아내고 점령하고 있을 때였다. 그때 그는 구 군벌의 '위엄 있고 엄숙한' 모습을 보았다. 불안과 공포가 온 성안을 지배했고, 시가의 모습은 극히 고요하고 쓸쓸하며 보잘것없었다. 동교장東敎場에서 총살하는 광경을 본 것도 그때가 처음이었다. 두 번째는 1925년 2월부터 5월까지로, 혁명의 공기가 충만한 광저우의 모습을 보았다. 좌우의 암투가 비상했다고는 하지만, 혁명의 공기가 광저우 시가를 지배하는 것을 느꼈다. 그러나 세 번째 방문에서는 혁명 진행 중 내부의 반동세력이 어떤 것인가를 똑똑히 보았고, 아무리 적이라 하더라도 차마 할 수 없는 짓을 하는 광경을 보게 되었다.

당시 김원봉 등 대부분의 의열단원들은 황푸군관학교와 중산대학에서 공부하고 있었다. 김원봉·이집중李集中·이경수李敬守·주열朱烈·최승년崔承年 등은 황푸군관학교, 최원崔圓·이영준李英俊 등은 중산대학을 다녔다. 오성륜은 소련에서 공부하다가 광저우로 돌아와서 황푸군관학교에서 러시아어를 가르치고 있었다.

이 무렵 소련 대표단이 황푸군관학교를 방문했다. 그들은 오성륜을 통해 의열단원이 황푸군관학교에서 공부하는 것을 알고 '의열단 동지'들을 만나기를 희망해왔다. 의열단원들은 소련 대표단이 있는 여관에 가서 그들을 만나고 기념사진도 찍었다. 당시 아일랜드에서도 의열단과 같은 폭력단체를 조직해 영국 제국주의에 맞서고 있어서 아일랜드의 폭력운동과 조선의 의열투쟁은 국제적으로도 유명해졌다.

황푸군관학교와 중산대학에서의 학습 효과는 의열단원들의 정치사상

황푸군관학교

중산대학 건물터 표지석

수준을 크게 향상시켰다. 당시는 중국에서도 정치활동과 사상운동이 활발하게 일어나던 시기였다. 쑨원이 '연소연공부조농공聯蘇聯共扶助農工(소련과 연합하고 공산당과 연합하고 농민과 노동자를 돕는다 – 필자 주)'의 3대 정책을 내세워 국공합작을 선포하고 황푸군관학교를 설립했고, 저우언라이周恩來가 황푸군관학교의 교무장이 되어 학생들에게 공산주의 사상을 선전했다. 이 같은 분위기에 편승하여 의열단 내부에서 기존의 암살과 파괴 중심의 단순한 폭력운동 방법을 성찰하며 의열단의 개조를 요구하는 주장이 나오게 되었다.

의열단은 아나키스트와 공산주의계열의 독립운동세력이 연합하여 조직한 단체다. 그러다 보니 두 계열 단원들 사이에 노선을 둘러싼 분열 조짐이 나타났다. 구체적 발단은 1923년 적기단赤旗團과의 합작을 둘러싼 찬반 논쟁이었다. 이때 류자명을 중심으로 한 아나키스트 계열은 적기단이 고려공산당에서 분기된 단체이며, 고려공산당은 코민테른의 지령에 좌우되는 종속적 행태를 보였다는 이유로 합작을 반대했다. 김원봉은 신속하고 규모 있게 투쟁을 실행하려면 합작하는 것이 좋겠다고 주장했고, 윤자영 등 고려공산당 단원들도 합작에 동조했다. 의열단의 조직 균열에서 소련과의 관계를 어떻게 설정할 것인가가 주요 쟁점이 된 것도 고려공산당원들의 입장이 반영된 결과였다.

광저우에서 개최된 의열단 개조 회의 당시이 분위기와 회의석상에서 의열단의 개조를 반대한 류자명의 태도는 김성숙의 회고를 통해 생생하게 알 수 있다.

중국에 소위 북벌혁명이 시작될 때입니다. 광동에서 장개석이 군관학교를 세우고 중국국민당이 중심이 되어 북벌을 준비하던 때입니다. 중국에서 정치활동이 활발했고 사상운동도 굉장히 활발하던 때여서 모두가 그 영향을 받았지요. 이러한 분위기였기 때문에 나는 "이제는 의열단이 지난날처럼 암살과 파괴에만 치중해서는 안 되고 정치단체로 탈바꿈해 독립투쟁을 이끌 간부들을 훈련하자"고 주장했습니다. 비단 분위기가 바뀌었기 때문만은 아니었습니다. 의열단을 종전처럼 끌고 나가기가 무척 어려워진 내부사정도 있었습니다. 단원들은 누구나 다 폭탄을 들고 국내로 들어가기를 바랐으나 돈이 바닥이 나서 폭탄을 마련할 수가 있어야지요. 그뿐 아니라, 전부 굶어죽게 되었어요. 단원들이 모두 기막힌 곤경에 빠졌어요. 그래서 제가 장기적인 투쟁노선을 제시했던 것이지요. 제 주장을 유우근(류자명 – 필자 주)이가 맹렬히 반대했어요. 종전처럼 해야 한다는 것이지요. 마침내 총회가 열렸어요. 우리들이 광동에 있을 때입니다. 총회 직전에 유우근은 나에게 "나는 이제부터 의열단을 빠져나간다. 그러니 같은 항일의 입장인 만큼 우리가 분열되었다는 기록은 남기고 싶지 않으므로 나는 총회에서 다투기보다는 이 자리에서 떠난다. 그러니 자네들은 총회를 열어서 자네들의 노선대로 나가거라"고 하더군요. 이 총회를 계기로 의열단은 노선이 바뀝니다. 김원봉 스스로 군관학교에 들어간 것입니다. ─이정식 면담, 김학준 편집·해설, 『혁명가들의 항일회상』, 111~112쪽

이 회고에서 말한 것처럼 류자명이 의열단 개조에 반대한 것은 사실로 보인다. 그러나 의열단 개조에 반대하여 총회 직전 의열단을 탈퇴하

겠다고 한 것은 사실과 다른 것 같다. 그는 이후에도 한동안 김원봉과 행동을 함께하며 의열단에 잔존하고 있었다. 그는 의열단 개조 이후의 상황에 대해서도 의열단이 "단순한 폭력 단체에서 혁명 정당적 성격의 단체로 개조했다"고 했으며, 의열단이 "비로소 그들의 강령, 정책과 규장 제도를 갖게 되었다"고 긍정적으로 평가했다.

김성숙

의열단은 1926년 12월, 회의 끝에 "종래 전문적으로 폭력운동을 진행하던 편행을 개정"하기로 했다. 이는 그동안은 '시기와 환경'의 형편상 암살 파괴 운동을 할 수밖에 없었으나, 이제 민중조직과 조직적 군사행동을 중시하겠다는 것이었다. 의열단이 개인적인 암살 파괴 투쟁에서 벗어나 조직적인 무장투쟁으로 전환하겠다고 선언한 것이다.

황푸군관학교를 졸업한 200여 명의 의열단원은 북벌혁명에 참가했다. 1926년 7월 1일 중국 국민정부는 '북벌선언'을 발표했다. 북벌의 대상은 우페이푸吳佩孚·쑨촨팡孫傳芳·장쮜린張作霖 등 3대 북방 군벌이었다. 우페이푸는 후난·후베이를 근거지로 한 10여 만의 군대가 있었다. 쑨촨팡은 장쑤·안후이·저장·푸젠·장시 등 5성을 근거지로 10여 만의 군대를 보유하고 있었으며, 장쮜린은 둥베이 3성과 베이징·톈진, 진푸선津浦線 철도의 북부를 근거지로 35만의 병력을 가지고 있었다.

1926년 5월 공산당원과 공청단원共靑團員을 골간으로 하는 예팅독립단엽독립단葉挺獨立團이 북벌 선봉이 되어 후난전선으로 갔다. 7월 9일에는 10만의 국민혁명군이 정식으로 북벌을 개시했다. 이때 황푸군관학교에서 수학하던 조선 청년들도 대부분 북벌전쟁에 참가했다. 북벌군은 도처에서 인민 군중의 환영과 협조를 받으며 신속하게 창사를 점령하고 후베이로 쳐들어갔으며, 10월에는 우한삼진武漢三鎭(우창·한양·한커우)을 점령했다.

북벌군은 반년도 안 되는 사이에 후난·후베이·푸젠·저장·장시·안후이 등 각 성을 점령했고, 혁명세력은 주장珠江강 유역에서 창장長江강 유역까지 확대되었다. 북벌군의 성세는 전 중국을 진동시켰으며 영·미·일 등 제국주의자들을 놀라게 했다.

당시 의열단이 개조 후 제정한 20개 강령은 다음과 같다.

① 조선 민족은 생존 적敵인 일본 제국주의의 통치를 근본적으로 타도하고 조선민족의 자유 독립을 완성할 것
② 봉건제도 및 일체 반혁명세력을 잔제剗除하고 신성한 민주국을 선립할 것
③ 소수인이 다수인을 박삭剝削하는 경제제도를 소멸시키고, 조선인 각개의 생활상 평등의 경제조직을 건립할 것
④ 세계상 반제국주의 민족과 연합하여 일체 침략주의를 타도할 것
⑤ 민중 경찰을 조직하고 민중의 무장을 실시할 것
⑥ 인민은 언론·출판·집회·결사·주거에 절대 자유권이 있을 것
⑦ 인민은 무제한의 선거 및 피선거권이 있을 것
⑧ 일군一郡을 단위로 하여 지방자치를 실시할 것

⑨ 여자의 권리를 정치·경제·교육·사회상에서 남자와 동등으로 할 것

⑩ 의무교육, 직업교육을 국가의 경비로 실시할 것

⑪ 조선 내 일본인의 각종 단체(동척), 흥업(조선은행 등)과 개인(이주민 등)이 소유한 일체 재산을 몰수할 것

⑫ 매국적, 정탐노 등 반도叛徒의 일체 재산을 몰수할 것

⑬ 대주주의 토지를 몰수할 것

⑭ 농민운동의 자유를 보장하고 빈고貧苦 농민에게 토지, 가옥, 기구器具 등을 공급할 것

⑮ 공인工人 운동의 자유를 보장하고 노동 평민에게 가옥을 공급할 것

⑯ 양로, 육영育嬰 구제 등 공공기관을 건설할 것

⑰ 대규모의 생산기관과 독점 성질의 기업(철도·광산·수선·전기·수리·은행 등)은 국가에서 경영할 것

⑱ 소득세는 누진율로 징수할 것

⑲ 일체 가연苛捐(백성에게 부담시키는 것) 잡세를 폐제할 것

⑳ 해외 거류 동포의 생명, 재산을 안전하게 보장하고 귀국 동포에게 생활상 안전 지위를 부여할 것

류자명은 광저우에 머물 당시를 두 편의 글로 정리하여 『조선일보』에 투고했다. 하나는 「적색의 비통(상·중·하)」(1927. 5. 13··15 연제)이고, 또 하나는 「광주를 떠나면서(1~5)」(1927. 6. 3~14 연재)이다. 두 편의 글을 8회나 연재했다는 것은 그만큼 그가 광저우에 머무는 동안 받은 인상과 충격이 크고 깊었음을 의미한다.

류자명이 기고한
「적색의 비통」
(『조선일보』, 1927. 5. 13)

    광저우에 머무는 동안 류자명은 4월 15일부터 벌어진 국공합작의 붕괴 과정에서 빚어진 참상을 목격했다. 그는 이에 대해 "반혁명의 역류逆流가 주강珠江 유역에서 범람하는 것을 목도하였다"고 기록했다. 어제의 동지가 오늘의 원수로 돌변하고 어제의 혁명자가 오늘은 반혁명자가 되는 백색 테러의 암흑천지를 경험하게 된 것이다.

    류자명은 1924년 1월 성립된 중국의 제1차 국공합작에 큰 기대를 걸고 있었다. 특히 국공합작의 산물로서 개교한 황푸군관학교에 큰 기대를 가졌다. 황푸군관학교 개교식에서 연설한 쑨이셴의 훈화를 장황하게 인용한 것도 이른바 '황푸정신黃埔精神'을 강조하고자 한 것이다. 류자명은 황푸정신을 "죽기를 무서워하지 않고, 돈을 사랑하지 않고, 인부를 끌어들이지 않고, 군량을 몰래 거두지 않고, 민가에 들지 않고, 하나로써 백을 대하는 것不怕死 不愛錢 不拉夫 不隱餉 不住民房 以一敵百的精神!"이라고 요약했다.

계엄령이 선포된 광저우를 비롯하여 중국 각지에서 장제스蔣介石의 국민당군은 공산당원과 노동자를 무자비하게 학살했다. 류자명은 이른바 '청당운동淸黨運動'으로 일컫던 이 행위를 상세히 기록했다. 그는 프랑스대혁명의 사례를 들어 결국 장제스의 운명도 불행해질 것이라고 예상했다.

혁명의 세력이 정당으로써 분할되는 때에, 혁명 그것은 좌절되고 정권을 얻은 정당은 타 세력 앞에서보다도 더욱 참화를 당하는 것은 역사가 가르치는 사실이다. 프랑스대혁명에서 자코뱅당의 단두대는 앞으로 나아가는 민중을 막고 반대당의 목을 모조리 자르고 나서는 최후에는 자당의 목까지 그 칼에 잘리고 적색 테러는 백색 테러로 변하고 말았다. 오늘날 장개석파의 전도는 대개 세 가지가 있다고 보겠다. 하나는 좌파를 철저히 타도하고 그다음에는 연합군벌의 세력에 자기까지 타도를 당하고 마는 것이다. 또 하나는 좌파의 목을 자르고 마는 것이다. 그리고 마지막으로 하나는 제2의 오패부가 되어서 장작림에게 투항을 구걸하는 것이다. 이 중에서 어떤 길을 밟게 되는지는 여러 가지 복잡한 사정이 있어서 쉽게 단언할 수가 없다.

류자명은 장제스가 연합제국주의자들보다 공산주의자들을 더 두려워하고 있으며, 그의 '농공정책'이라는 것은 농민과 노동자에게 기관총을 들이대면서 그들의 이익을 위한다고 하는 기만적 정책이라고 비판했다.

…… 장개석이 대표하는 일계급의 사상은 연합제국주의의 침입보다도 공산주의를 무서워하는 것은 알기 쉬운 일이다. 그래서 그네가 농공정책을 운위하며 농민과 노동자를 지도하려는 것은 농민·노동자 민중의 이익을 위하는 것보다도, 농민·노동자 민중이 과도한 요구를 할까 두려워서 협조적 태도로 진압하려고 하는 것이다. 농민군·노동자군에게 기관총을 들이대면서 농민·노동자 민중의 이익을 위한다는 농민 노동자 정책이다. ……

1927년 5월 4일, 류자명은 김원봉과 함께 광저우에서 배를 타고 상하이로 향했다. 다음 날 배가 산터우汕頭 부근에 다다랐을 때 해적들이 배로 뛰어올라 권총으로 선장을 위협해 배를 해변으로 끌고 갔다. 불과 그 며칠 전 그는 『조선일보』에 투고한 「광주를 떠나면서(5)」라는 글에서 '광둥廣東의 명물'인 '토비土匪'에 의해 광동과 상하이 사이를 운행하는 배가 바다 위에서 해적 행위에 당하는 일을 소개했다. 공교롭게도 그 글이 채 게재되기도 전에 이런 일을 당한 것이다.

배가 해변에 닿자 해적들이 배로 올라와 금품을 강탈하기 시작했다.

류자명이 기고한
「광저우를 떠나면서」
(『조선일보』, 1927. 6. 3)

류자명은 선창 침실에 누워 있다가 해적이 발사한 권총에 맞아 왼쪽 무릎 아래에 총상을 입었다. 부상에도 불구하고 그는 솜이불만 덮은 채로 꼼짝도 할 수 없었다. 노략질을 마친 해적이 다 물러간 뒤에서야 다른 선창에 있던 김원봉과 광저우에서 혁명운동에 참가했다가 우한으로 가던 중국 청년들이 달려왔다. 중국 청년들은 선장에게 자기 나라의 독립을 위해 투쟁하던 중에 부상당한 그를 샤먼廈門의 병원으로 후송해 치료해줄 것을 요구했다. 선장의 주선으로 김원봉은 류자명을 미국 교회에서 설립한 구세병원에 입원시켰다. 치료비는 전액 선장이 부담했다.

김원봉은 류자명을 입원시킨 후 바로 상하이로 출발했고, 류자명은 병원에서 보름여간 치료를 받았다. 치료가 끝난 후에는 샤먼대학에 재학하던 조선 유학생의 도움을 받아 상하이로 돌아왔다. 김원봉은 이미 상하이를 거쳐 우한으로 이동한 후였다. 그는 이동녕의 집으로 찾아가 한 달가량 머물다가 우한으로 갔다.

의열단원들은 우한에서 다시 결집했다. 그 무렵 우한에 있던 조선민족혁명당 동지는 김원봉·이검운李劍云·권준權俊·안동만安東晩·최원·최승년·양금 등이었는데, 이검운은 제6군 포병 영장, 권준은 부영장, 안동만은 부관이었다.

북벌전쟁이 순조롭게 진행되던 무렵, 우한에서는 동방피압박연합회가 성립되었고, 중국·인도·조선의 대표가 참가했다. 류자명은 김규식·이검운과 함께 조선 대표로 참가했고, 인도 대표로 샤두신沙渡辛·간타신甘大辛·비샨신備善辛 등이 참가했으며, 중국 대표로 왕디전王滌塵·지광루吜光錄·루관이盧貫一 등이 참가했다. 동방피압박민족연합회의 인도 대표들은 영국 조계를 회수하기 전 영국 조계에서 순포巡捕를 직업으로 하던 이들이었는데, 영국 조계가 회수된 뒤로는 실업자가 되었다.

북벌 시기의 국민정부는 동방피압박민족연합회의 경비로 매월 2,000원씩 원조해주었고, 인도 대표들은 이 돈을 생활비로 사용했다. 류자명을 비롯하여 북벌 대오에 참가하지 않은 10여 명의 의열단 동지들도 동방피압박민족연합회에서 임시로 거주하고 있었다. 동방피압박민족연합회는 얼마 되지 않아 난징으로 옮겨갔다.

우한도 정치적 공기가 불안하기는 광저우와 마찬가지였다. 7월 15일, 왕징웨이汪精衛는 '국민정부 주석' 신분으로 공산당과 분열하는 회의[分共會議]를 열고 공산당원을 하나도 남기지 말고 모조리 잡아야 한다고 말했다. 공산당원뿐 아니라 일반 청년까지 위수사령부와 공안국을 총동원해 모조리 잡아다가 마구 죽이기 시작했다.

북벌전쟁에 참가했던 조선 청년들도 제2군 예팅부대葉挺部隊를 따라 난창으로 이동했다. 그는 부두에서 난창으로 떠나는 김원봉을 전송했다. 8월 1일 난창기의南昌起義가 발발했다. 저우언라이·주더朱德·허룽賀龍·예팅·류보청劉伯承 등은 북벌군 3만여 명을 거느리고 장쑤성의 난창에서 국민당군을 향하여 공격을 개시했다. 그들은 5시간의 격전을 벌인 끝에 1만여 명의 적을 전멸시켰다. 김원봉은 성현원成玄園 등의 의열단 동지들과 함께 이 전투에 참가했다. 12월 11일의 '광저우기의'에도 최용건崔鏞健·김규광金奎光·박건웅朴建雄·장지락張志樂(김산) 등 200명의 조선 청년들이 참가했다.

1928년 2월 하순, 류자명이 한커우漢口로 건너가서 의열단 동지들과 함께 3·1운동 기념식을 준비하던 때였다. 2월 28일 난데없이 주한커우일본영사관駐漢口日本領事館 소속 특무와 우한시 공안국 경찰이 들이닥쳐 류자명과 동지들을 체포했다. 세 군데에서 체포된 사람들이 동시에 공안국에 여행되어 왔는데, 이날 붙잡힌 조선 사람은 여성 한 명을 포함하여 10명이었다. 일본영사관이 간교한 술책으로 류자명 등 의열단원들을 공산당원이라고 중국 공안에 밀고하여 체포하도록 교사한 것이다.

체포된 류자명 등은 우한武漢의 위수사령부衛戍司令部로 압송되어 유치장에 갇혔다. 일본영사관은 류자명 등을 자기들에게 인도할 것을 위수사령부에 집요하게 요구했다. 심지어 일본영사관은 "조선공산당 10명이 우한시 공안국에 피체되었다"는 조작 날조한 신문기사를 『후난일보』 등 중국 언론에 보도하게 하고, 이를 근거로 류자명 등을 공산주의자로 몰아가며 탄압을 가했다. 중국 위수사령부도 일본영사관이 증거를 조작하도록 방치하며 석방해주지 않았다. 류자명은 훗날 이를 "우한 군경 당국에서 공산당을 진압하기 위하여 일본 제국주의와 결탁한 구체적인 사례"라고 지적했다.

일제는 류자명 등을 체포하기 위해 인도인 밀정까지 동원했다. 동방피압박민족연합회의 인도 회원인 나란신邢蘭辛이 일제의 정탐이었다. 동방피압박민족연합회에서 류자명을 만난 나란신은 요릿집으로 그를 초청해 음식을 대접하고 배웅하는 척하며 숙소를 알아낸 다음 일본영사관에 밀고했다.

류자명은 동지들과 꼭 6개월 만인 8월 28일에야 석방되었다. 그들의 피체 소식을 들은 대한민국임시정부에서 공문과 함께 박건웅을 우한 위수사령부로 보내 교섭하도록 한 결과였다. 감옥에서 병을 얻어 치료 중 사망한 이관해와 특별한 사고로 함께 석방되지 못한 이지선을 제외한 전원이 석방되었다.

일제는 그들을 체포하기 위해 또다시 밀정을 이용했다. 일본영사관은 이들의 석방 소식을 듣자, 즉각 조선인 밀정을 통해 마수를 뻗쳐왔다. 석방되던 날 어떤 조선인이 그들을 찾아와 도와주겠다는 뜻을 표했다. 호의로 여긴 최원과 최승년이 상하이로 가는 여비를 도와달라고 했다.

그 조선인은 돈을 가지고 와서 부두까지 따라가 이들을 배웅하고는 곧바로 일본영사관에 밀고했다. 한커우 일본영사관은 즉각 상하이 일본영사관에 전보를 쳤고, 두 사람은 상하이에 도착하자마자 황푸탄 부두에서 대기하던 일제 경찰에게 붙잡히고 말았다. 동지들의 체포 소식에 류자명은 더욱 조심스럽게 행동했으며, 상하이로는 가지 않았다. 그는 안동만과 함께 우창의 여관에 머물다가 난징으로 이동했다.

그런데 우한 위수사령부에 갇혀 있는 동안 류자명은 통렬한 비보를 접하게 되었다. 『조선일보』에 '가장 경애'하던 신채호가 이지영·린빙원과 함께 피체되어 다롄감옥에 갇혔다는 기사가 실린 것이다. 당시 류자명은 함께 붙잡혔던 한창렬韓昌烈의 부인이 운영하는 박애의원을 통신처로 삼아 각지에 있는 동지들과 연락도 하고 국내에서 발행하는 신문도 받아볼 수 있었다.

그는 『회억록』에서 신채호의 피체 소식과 관련하여 다음과 같이 서술했다.

또 한 가지 나를 비통하게 한 것은 나의 가장 경애하는 신채호 선생이 이지영·임병문과 같이 일본 경찰에게 잡혀서 대련 일본 감옥에 갇혀 있다는 소식이 조선일보에 발표된 것이다. 나는 1924년에 대만 사람인 범본량范本樑을 알게 되었으며 그들과 나는 무정부주의의 동지로 되어 서로 친밀하게 지냈었다. 임병문은 그때 북평 우정국에서 일하고 있었고 전문외前門外 천주회관泉州會館에 기숙하고 있었다. 그때 생활이 곤란하여 임병문과의 관계로 나도 천주회관에서 한동안 같이 있었기 때문에 단재 선생과 임병문도 서로 친하게 되었던 것이다. 이지영은 그때 서울에서 같이 북평으로 온 청년이었는데 나는 북평에서 그를 만나보았고 나를 통하여 신 선생과 임병문도 알게 되었다. 그들은 천진에서 활동하다가 천진 일본 조계에 있는 일본 영사관 경찰에게 잡혀서 대련 일본 감옥으로 압송되었던 것이다.

신채호는 1928년 4월 톈진에서 한인 아나키스트 회의를 소집했다. 전년도에 열린 동방연맹 회의의 결정사항을 실천에 옮기기 위해 소집한 회의였다. 이 회의는 회원들을 성명이 아닌 번호로 호칭할 정도로 비밀리에 진행되어 회의를 주관한 단재 자신도 누가 참석했는지 모른다고 답변한 바 있다.

회원들은 연맹의 선전 기관을 설치할 것, 러시아와 독일의 폭탄 제조 기술자를 고빙하여 베이징 교외에 폭탄 제조공장을 설치할 것을 결의했다. 선전기관에서 인쇄한 선전물은 세계 각국에 발송할 계획이었고, 제조한 폭탄은 동방연맹 가맹 국가에 보내 대관 암살과 내선물을 파괴하는 데 사용하고자 했다.

단재는 회의에서 자신이 기초한 「선언」이 채택되자, 동방연맹의 행동을 실천하기 위한 자금 조달에 나섰다. 베이징 우무관리국 외국위체계에 근무하던 린빙원과 협의하여 액면가 6만 4,000원에 달하는 외국 위체 200매를 위조 인쇄했다. 위조 위체는 일본·타이완·조선·관동주 등 중요한 32개 우편국에 유치위체留置爲替로 발송되었다. 단재는 위체를 현금화하기 위해 동지들과 함께 지역을 분담했다.

단재는 타이완, 이필현은 일본, 린빙원은 관동주와 조선을 담당하기

신채호가 외국환 위체를 찾으려다 붙잡힌 타이완 지룽우편국

로 했다. 4월 25일 린빙원이 다롄은행에서 화베이물산공사華北物産公司 장동화張同華라는 가명으로 위체 2,000원을 찾아 베이징의 이필현에게 보냈다. 일본 고베로 가서 다시 일본은행에서 같은 방법으로 2,000원을 찾으려던 린빙원은 사실이 발각되어 일본 경찰에 체포되었다. 린빙원의 체포로 계획이 발각된 것도 모른 채 타이완으로 가서 돈을 찾으려던 단재는 5월 8일 지룽우편국基隆郵便局에서 붙잡혔다.

위체 사건으로 인해 단재가 피체되는 과정과 단재의 피체지는 지금껏 잘못 알려져왔다. 이러한 오류는 당시 국내 언론 보도의 오보로 인한 것이다. 당시의 정황은 실상을 정확히 파악할 수 있었던 타이완 현지 언론 『타이완일일신보臺灣日日申報』에 의해 단재 피체의 전말이 자세하게 보도되었다.

신채호가 일본에서 타이완으로 타고 간 고슌마루

4월 23일, 타이베이우편국에 베이징 화베이물산공사 구좌에서 유문상劉文祥 명의로 위조 위체 400원권 5매를 보내왔다. 이것이 위조된 위체임을 확인한 타이베이우편국은 타이베이 남서에 급보하고 엄숭한 성계를 펼쳤다. 24일에는 신주우편국에 역시 유맹원劉孟源 명의로 위조 위체 2,000이 들어왔고, 그 후 지룽·타이중·타이난·가오슝 등 각 우편국에서도 계속하여 화베이물산공사 명의의 위조 위체가 발견되었다. 또한 린빙원 구좌에서도 위조 위체가 들어와 그 액면가는 1만 원에 달했다. 타이완 당국에서는 이 사실을 공개하지 않고 비밀리에 수사에 들어갔다.

5월 8일, 이러한 사실을 알지 못한 신채호가 지룽우편국에 나타났다. 단재는 일본 모지門司를 거쳐 '고슌마루恒春丸'라는 배를 타고 왔는데 선객 명부에 '유문상 호 맹원'이라고 썼고, 명함도 그렇게 인쇄해서 지니

外国史学家介绍

朝鲜爱国史学家申采浩

柳子明

（一）

申采浩先生，别号丹斋，于1880年在忠清北道清州郡诞生。当时朝鲜的教育制度是：乡里有"私书"，邑里有"书院"，首都（汉城）有"成均馆"。丹斋先生在13岁时，读完了汉文四书五经，那时乡里的人由于他聪颖过人，都称他"神童"。

丹斋先生20岁时，在"成均馆"毕业，得到博士学位。从这时起，他就走上了救国运动的道路。他先在"皇城新闻社"与张志渊、南宫忆、朴殷植等一起以笔杆子作武器，与日本侵略者和卖国贼进行战斗。这时，朝鲜已处于亡国前夕，奸臣当道，日帝魔爪深入京城等各地。丹斋先生激于爱国义愤，以其犀利的笔锋，无情揭露和痛斥日帝和卖国贼的罪行。

1905年11月，日本侵略者迫使朝鲜政府签订《保护条约》，并指使亲日派走狗宗峻为首的"一进会"发表要求日本保护的宣言。当时参政大臣韩奎浩对此拒绝。但是以亲日走狗李完用为首的朴济纯、李知用、李根泽、权重显等"乙巳五贼"，以天人共怒的叛变行为，终于强行缔结了《乙巳保护条约》。朝鲜从此沦为日本的殖民地。

"皇城新闻"首先发难。丹斋先生以"是日也，放声大哭，以警告全国人民！"为题，发表社论。由于文章充满了爱国激情和鼓动性，读者无不声泪俱下，义愤填膺。此文披露后，日帝及卖国贼惊慌失措，他们出动军警没收"皇城新闻"，并强迫封闭该新闻社。

"皇城新闻"被迫停刊后，以丹斋为首的言论界战士，仍以不屈不挠的斗志，继续在"大韩每日申报"上发表鼓励人民积极战斗的文章。全国人民，激于爱国热情，纷纷揭竿而起，誓死抗击侵略者。丹斋先生始终站在爱国人民的前列，坚决斗争。

（二）

丹斋先生研究历史的目的，是为了唤起朝鲜人民的爱国思想。他认为研究历史是提高爱国主义觉悟的一个重要途径。1908年"大韩协会会报"杂志第一卷2～3号上，连载了先生的"历史与爱国心的关系"一文，其中有这样的论述："我国人民是具有悠久灿烂的文化传统和对外来侵略者决不妥协的光辉斗争历史的人民，又是通过这样的斗争过程，产生了乙支文德、盖苏文、杨万春、娄耶赞、徐熙、李舜臣等爱国英雄，……"他强调，一个人只有认识自己祖国光明灿烂的历史，才能发扬爱国主义思想。他举欧洲各国重视爱国主义教育为例说："在小儿开始学话时，其母亲抱在膝上，讲开国英雄的故事，在开始行走的时候，其父亲带到公园，瞻拜建国伟人的铜像，在学校讲课，说明某次战争胜利凯旋的盛况时，满堂学生为之雀跃，讲台上对割让某某土地之国耻加以痛论时，环厅皆为之流泪。如此在胸中抱有一利一害，脑里刻着一荣一辱……没有历史，从何产生一国人民的爱国心？"这些论点是值得每一个政治家、教育学家、历史学家深思的。

고 있었다. 일본 경찰은 위조 위체의 수취인이 유문상, 유맹원으로 되어 있던 터에 동일한 이름이 선객 명부에서 확인되자, 지룽항에서부터 단재를 계속 미행했다. 이를 알 리 없는 단재는 우편국 위체계 창구에서 유문상 명의로 지급청구서에 서명 날인하고 현금을 수령하려고 기다리던 중 지룽수상파출소 위스산與世山 형사에게 피체되었다. 단재는 유치장에 갇히며 일본 경찰에게 맹렬하게 반항했다. 자신을 신문하는 일본인 경찰에게 자신은 중국인이고 베이징어 외에 일본어나 조선어는 할 줄 모른다며 말을 하지 않고 버텼다. 그러나 일본 경찰이 곧 베이징어를 사용하는 중국인을 불러 신문하게 하자, 이튿날에는 결국 일본어로 사실을 말하지 않을 수 없었다.

류자명은 자신이 가장 존경했던 신채호가 피체된 사실을 "형용할 수 없는 지경"이라고 표현했다. 아나키스트 동지로서 자기가 단재에게 연결해준 린빙원과 이지영이 단재와 함께 체포되었다는 것 역시 매우 비통한 소식이었다. 훗날(1981년) 류자명은 『세계사연구동태世界史硏究動態』에 「조선애국사학가신채호朝鮮愛國史學家申采浩」라는 글을 게재한 적이 있다. 이 글에는 단재의 체포시기를 1926년이라고 하는 등 일부 기억의 오류를 보이기도 하나, 단재를 진정으로 존경하는 그의 절절한 정이 넘쳐 흐른다.

리다학원 농촌교육과에 몸담다

우한 위수사령부에서 석방된 류자명은 추석을 지내고 안동만과 함께 난징으로 갔다. 그는 자신이 우한감옥에 수감되어 있을 때 난징으로 옮긴 동방피압박민족연합회를 찾아가 이전의 동지들을 만나 그곳에서 함께 활동을 시작했다. 그는 곧 상하이로 가서 의열단 동지들을 찾았다. 김원봉도 난창기의에 참가한 후 상하이로 돌아왔다. 의열단원들은 베이징으로 이동할 계획이었으나, 류자명은 의열단과 동행하지 않고 난징으로 돌아왔다.

당시 난징은 중국국민당의 수도였고, 상하이와도 가까워서 중국의 명사는 물론 조선 사람들도 많았다. 그는 난징에서 박찬익朴贊翊·조소앙·이관용李寬容·이성용李星容·주요한朱耀翰 등을 만났으며 쾅후성匡互生 등 중국 명사들도 만났다. 그는 난징에서 만난 중국인 친구 가운데 위안사오셴袁紹先·예정수葉正叔·천광궈陳光國 등 세 명과의 만남에 특히 의미를 부여했다. 난징에서 만난 중국 인사들은 향후 그의 활동에 큰 영향을 끼쳤다.

난징에 머물던 시기의 류자명은 생계를 위해 여기저기를 다니며 이일 저일 가리지 않고 일했다. 그해 겨울, 박찬익이 동방피압박민족연합회로 그를 찾아와 쑨원이 저술한 『쑨원학설孫文學說』의 우리말 번역을 부탁했다. 이듬해 3월까지 쑨원의 저술을 번역하던 류자명은 번역 과정에서 삼민주의를 접하고 큰 감명을 받았다. 그는 『회억록』에서 삼민주의에 대해 다음과 같이 서술했다.

삼민주의는 민족주의·민권주의·민생주의의 3대 주의를 포괄한 것인데 민족주의는 이민족의 침략을 반대하고 민족의 자주독립을 주장하는 것이고, 민권주의는 봉건주의적 독재정치를 반대하고 인민의 평등 권리를 보장하는 현대적 국가를 이룩하자는 것이며, 민생주의는 정치와 경제 방면에서 전체 인민이 다 평등한 권리를 가진 국가 사회를 실현하자는 것이다. 간단하게 말하면 삼민주의는 손중산의 시대에 중국의 실지 조건을 기초로 하고 계속적으로 투쟁해서 사회주의와 공산주의 국가 사회를 이룩하자는 것이다.

번역을 마치자, 박찬익은 중국국민당 중앙당부 선전부장 예추창葉楚傖에게 그를 소개하는 편지를 써주며 원고를 전하도록 했다. 예추창은 그에게 원고료로 150원을 주었다.

난징에 머물던 시기는 류자명의 인생에서 중요한 전기가 마련된 시기였다. 농장과 교육계에 발을 디디게 된 것이다. 이는 류자명이 해방 이후에도 중국에 머물며 농학자로 일생을 보내게 되는 중요한 계기가 되었다.

1929년 봄, 류자명은 한푸옌열사기념합작농장韓復炎烈士記念合作農場에서 일하게 되었다. 이 농장은 위안사오셴이 난징 중산문 밖 샤오링웨이孝陵園 남쪽에 신해혁명 시기에 희생당한 한푸옌 열사를 기념하기 위해 친구와 합작으로 세운 농장이었다. 위안사오셴은 류자명에게 농업생산을 지도해달라고 요청했다. 류자명은 유명한 수박 주산지였던 난징에서 중국 농민들과 열심히 수박을 재배하여 풍작을 거뒀다.

그해 여름, 유명한 교육가인 타오싱즈陶行知가 난징 인근 농촌인 샤오좡曉莊에 설립한 농촌사범학교를 안동만과 함께 참관한 적이 있었다. 그는 『회억록』에 이때 받은 인상을 매우 생생하게 기록했다. 그는 이 학교에서 시행하는 교학과 노동의 결합, 이론과 실천의 결합, 주입식 교학이 아닌 계발식 교학 방법에 깊은 감명을 받았다. 비록 독립운동을 하던 시기였으나, 교육자와 농학자로서의 본능은 어찌할 수 없었던 것 같다. 이때 받은 강렬한 인상을 『조선일보』에 투고하여 게재하자, 조선일보 기자였던 주요한이 이 기사를 보고 그가 난징에 있다는 것을 알게 되어 난징을 방문했을 때 그를 찾아오기도 했다.

박찬익

한푸옌열사기념합작농장에서의 수박 수확이 끝나자, 취안저우泉州 리밍중학교黎明中學校 교원인 천판위陳范子가 편지를 보내왔다. 자기는 리밍중학에서 생물학을 가르치고 있는데 병 치료를 위해 집으로 가니 대신 리밍중학으로 와서 생물학을 가르쳐달라는 내용이었다. 천판위는 류자명이 조선의 명문인 수원농림학교 출신임을 알고 있었던 것이다. 제의를 수락한 그는 난징을 떠나 상하이와 샤먼을 거쳐 배편으로 취안저우로 향했다.

류자명은 취안저우의 리밍중학에서 한 학기 동안 생물학을 가르치며, 한편으로는 취안저우 일대에서 생산되는 열대식물의 조사와 연구도 같이 진행했다. 취안저우는 여지荔支와 용안龍眼의 특산지로 중국에서도 유명했다. 다른 과수와 화훼도 풍성하여 취안저우에 머문 기간은 생물학

유기석

의 새로운 지식을 습득할 좋은 기회가 되었다. 더군다나 리밍중학의 교장인 량룽광梁龍光과 교무주임 우커강吳克剛은 중국의 유명한 아나키스트였다. 그는 이 학교에서 유기석柳基石·허열추許烈秋 등과 함께 교사생활을 했다.

1930년 1월, 류자명은 위안사오셴의 동생 위안즈이袁志伊의 소개로 취안저우를 떠나 상하이에 있는 리다학원立達學園으로 갔다. 리다학원은 쾅후성이 창립한 신형 중학교였다. 학교 본부는 상하이 장만江灣에 있었고, 고중부 농촌교육과는 징후선京滬線 난샹역南翔站 부근 농촌인 차이탕柴塘에 있었다. 고중부의 공식 명칭은 '사립리다학원중학부'였지만, 보통 리다학원이라 불렀다. 당시 중국의 많은 지식인들은 농촌부흥운동의 중심이 되어 향촌건설운동을 전개했다. 학식 있는 청년을 교육시켜 졸업 후에는 농촌 개량에 필요한 중견요원으로 만들기 위해서였다.

이 학교의 농촌교육과에서는 류자명 같은 전문성 있는 교육자가 필요했다. 이전부터 친교가 있던 교장 쾅후성이 적극 추천하자, 이사회의 동의를 거쳐 그는 외국인 교사로서 근무하게 되었다. 류자명은 이사회와 행정위원회가 개최한 환영회에 참석하며 다년간 학교에서 근무한 경험을 살려 농촌교육과의 운영 방침을 설명하기도 했다.

이후 그는 1935년 5월까지 5년여를 리다학원에서 근무하며 농업과 일본어를 가르쳤다. 일본을 타도의 대상으로 여기면서도 일본어 교육을 맡은 것은 일본어를 잘했다는 이유도 있으나, 일본의 근대 농업과학 방면의 성과를 소개하고자 한 것이다. 그는 후일 발표한 「항일전쟁과 원예」라는 논문에서도 항일전쟁과 그들의 선진문물을 수용하는 것을 별개로 구분하여 설명한 바 있다.

리다학원에 재직하는 동안 그는 남화한인청년연맹을 결성했고, 난징 시 인근 칭룽산靑龍山에서 훈련 중인 김원봉과도 만나 의열단과의 관계를 지속했다. 류자명 역시 1934년 봄부터 1년여를 칭룽

류자명이 발표한 논문 「항일전쟁과 원예」

산의 농장에서 학생들과 실습히며 지냈는데, 이때 김원봉을 다시 만났다. 이 농장은 국민군 제1사장 후쭝난胡宗南의 참모장 장싱보張性伯가 군인들을 동원하여 산지를 개간해 만든 제1사 농장이었다. 제1사가 시안으로 이동하게 되어 농장을 관리할 수 없게 되자, 쾅후성의 친구였던 장싱

보는 농장을 리다학원에 넘겨주었고 류자명은 이 농장을 3학년 학생들의 실습농장으로 사용했다.

> …… 1934년 봄에 나는 3학년 학생들인 김언金言·평지성平智盛·방시선方施先·이육화李毓華·곽득경郭得慶과 더불어 남경 청룡산으로 가서 그들과 함께 생활하면서 노동을 하였다. 당시에 조선민족혁명당의 책임자인 김약산은 청룡산 남쪽에서 군사훈련반을 열어놓고 조선 청년들에게 군사훈련을 시키고 있었다. 하루는 김약산이 나를 찾아와서 나는 그를 따라서 군사훈련반을 방문하고 또 학생들에게 조선의열단과 조선민족혁명당의 혁명투쟁 과정을 설명해 주었다. 전에 의열단에서 같이 활동하던 윤석주·이경수李敬守·이춘암李春岩 등이 군사훈련반에서 일하고 있었다. 나는 나라와 민족을 위하여 손에 무기를 잡고 무장력을 키우고 있는 그들의 행동에 대하여 심각한 고무를 받았으며 머지않은 장래에 또 다시 굳게 손잡고 투쟁할 날이 꼭 오리라고 굳게 믿었다. 나는 농촌교육과 학생늘과 1년 동인 청룡산 농깅에서 실습올 마치고 학생들이 졸업하게 되자 다시 농촌교육과로 돌아왔다. ……

회고록에서 말하는 군사훈련반은 조선혁명군사정치간부학교를 말한다. 그는 청룡산에 있는 동안 김원봉을 다시 만나 군사 간부 훈련을 받고 있는 학생들에게 강의도 하며 또다시 이들과 손잡고 투쟁할 날을 맹세했다.

방학이 시작되면 상하이로 가서 정화암·이하유李何有 등의 아나키스

트들과 함께 생활했다. 자신의 봉급을 동지들의 생활비로 내놓기도 했다. 그가 리다학원에 근무했다고 해서 아나키스트로서의 독립운동을 그만둔 것이 아니었다. 오히려 중국인 아나키스트들과의 교류를 강화하며, 노동과 학문이 결합해야 한다는 교육과 혁명일치론에 공감하고 이를 수행해나간 과정이었다. 리다학원은 교사

난징 칭룽산 조선혁명군사정치간부학교 터와 머리가 센 류자명

진 구성은 물론, 교육목표 역시 전형적인 아나키즘 교육사상에 입각해 있었다. 류자명의 리다학원 근무는 독립운동의 한 형태로 이해되고 평가받아야 한다. 더구나 그의 한·중 연대투쟁론을 형성하는 인적 기반을

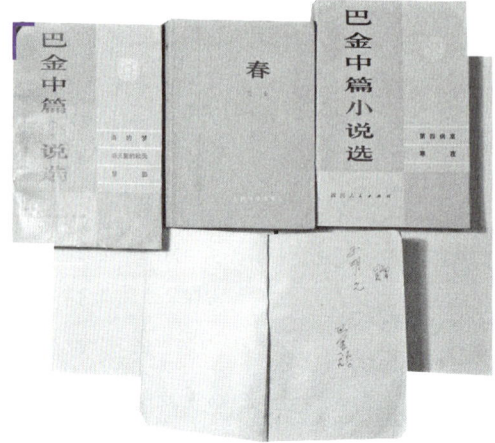

바진이 류자명에게 서명하여 준 자신의 전집

넓히는 기회가 되었다는 점에서도 그 의의는 지대하다.

　류자명은 상하이 프랑스 조계지 안에 있던 화광병원華光病院을 거점으로 중국인 아나키스트들과도 교유했다. 이 병원은 쓰촨 출신의 덩멍셴鄧夢仙이 개업한 곳으로, 그는 일본 유학 시절 일본의 아나키스트들과 교유하며 아나키즘을 수용한 인물이었다. 이 병원을 왕래하는 동안 덩멍셴은 물론, 바진巴金·마오이보毛一波·루젠보盧劍波 등과도 친교를 맺게 되었다. 바진의 본명은 리야오탕李堯棠이며, 쓰촨성 청두成都 출신으로 중국 현대의 대문호로 평가되는 인물이다. 그는 항일투쟁을 소재로 한 여러 편의 소설을 썼는데, 그 가운데 류자명을 주제로 한 것도 몇 편 있다. 「난징에서 상하이로 돌아오며從南京回上海」(1932), 「머리카락 이야기髮的故事」(1936), 「민부도상民富渡上」(1938), 「불에 관하여關於火」(1980) 등이 대표적 작품이다.

1930년대 초반부터 아나키즘을 매개로 시작된 류자명과 바진의 교유는 50여 년간 지속되었다. 두 사람은 서로 호형호제했는데, 바진은 자신의 전집을 류자명에게 선사하며 '자명형子明兄'이라고 써서 줄 정도였다. 그가 류자명에게 『회억록』을 쓰도록 권유하고 중국어 초고를 교열해준 것은 둘 사이의 친교를 알려주는 유명한 일화다.

	쾅후성은 후난성 사오양邵陽 출신으로 베이징사범대학에서 천문학을 전공하던 중 1919년 5·4운동을 주도한 인물이다. 그는 아나키즘을 신봉했는데 베이징사범대학을 졸업한 후 창사長沙로 가서 제일사범학교를 세웠다. 그는 교무주임의 책임을 지고 혁명적 사상으로 청년 학생들을 가르쳤다. 류자명은 이러한 쾅후성의 사상과 교육방법에 깊이 공감하고 있었다. 당시 마오쩌둥毛澤東도 제일사범학교에서 공부했는데 후일 쾅후성은 마오쩌둥을 사범학교 실험소학 교장으로 임명하는 등 매우 가까운 사이로 지냈다.

	리다학원의 운영경비는 국민당 중앙위원회 위원이자 쾅후성을 지지하는 아나키스트 우즈후이吳稚暉와 리스청李石曾이 중앙교육부에서 지원하도록 해주었다. 리다학원 농촌교육과 교사진은 이처럼 모두 아나키스트들로 채워졌고, 이 같은 특수성 때문에 이곳은 아나키스트들의 집회 장소가 되기도 했다. 농촌교육과 교무주임 천판위와 마쭝룽馬宗融·뤄스미羅世弥·탄쭈인潭祖蔭·장샤오톈張曉天 등 교사도 모두 아나키스트였다. 유명한 생물학자 주시朱洗도 여기에 와서 생물학을 강의했다. 그는 농촌교육과의 교학방식에 대해 다음과 같이 설명했다.

…… 입달학원 농촌교육과에서는 교육과 생산 노동을 서로 결합시키는 방법으로 학생을 교육하였다. 교육과 생산 노동을 서로 결합시키는 것은 맑스주의 교육학의 기본원칙인데, 농촌교육과에서 구체적으로 이 원칙에 의하여 학생을 교육했다. …… 학생이 입학해서 학교의 주인으로 되어서 각 부분의 업무를 책임지고 한편으로 학습하면서 한편으로 생산하였던 것이다. 교원들은 자기가 맡은 과목에 따라 학생들에게 과학지식을 가르쳐 주면서 학생들과 함께 생활하고 노동하고 한 침실에서 자고 한 부엌에서 같이 밥을 지어 먹었다. 그리고 당지의 농민들에게도 농업생산의 경험을 배웠다. 이와 같은 교육방법은 광호생의 정치사상과 교육이론에 근거하여 제정된 것이었다. ……

광후성은 류자명을 매우 신뢰했다. 리다학원의 교육과정은 류자명의 주장을 받아들여 기초교학·농업학교·교육학과의 세 분야로 분리했다. 그는 광후성과 협의하며 교육과정을 만들고 실전해나갔다. 훗날 광우성의 딸 쾅지에런(邝介人)은 류자명과 자기 아버지와의 관계에 대해 다음과 같이 말했다.

…… 류자명 선생님이 저희 아버지에게 주신 영향이 컸는데요. 아버지는 그때 당시 농업대학을 세우셨는데 난징에서 자료 수집을 많이 하셨고, 농장에서 실습할 수 있는 실습 농장도 만드셨습니다. 난징에서 자료 수집을 할 때 류자명 선생을 만났고, 두 분이 아주 흥미진진하게 얘기하며 의기투합이 되었는데, 학습방법에 대한 사상이나 혁명사상이 일치했습니다.

조선 독립운동가들은 여기저기 떠돌아 다녔는데 자리 잡아야 할 곳이 있어야 했습니다. 그리하여 우리 학교 농업기술 담당을 해달라고 하셨고, 그래서 류자명 선생이 농업전문가였기 때문에 학원의 주임으로 있어 달라고 했습니다. ……

1932년 1월 28일, 일본군이 상하이를 침공했다. 류자명 등이 피땀 흘려 일궈놓은 리다학원 시당 농촌교육과는 일본군의 포격으로 무참하게 파괴되었다. 학교 건물은 물론 귀중한 자료들도 이때 대부분 소실되었다. 류자명은 크게 낙심했으나, 교사와 학생들이 혼연일체가 되어 2년 동안 학교 복원에 힘을 쏟았다. 그러나 학교가 받은 타격은 너무 커 쉽사리 회복되지 않았다. 더군다나 상하이시 교육국에서 농촌교육과가 사범학교도 농업학교도 아니라고 규정해 문을 닫을 처지에 이르렀다. 류자명과 쾅후성의 노력으로 학교는 겨우 유지될 수 있었으나, 류자명의 활동은 점차 위축되었고, 결국 리다학원을 떠나게 되었다.

류자명의 리다학원 활동이 위축된 까닭은 1932년 4월 29일 발발한 윤봉길尹奉吉 의사의 훙커우공원虹口公園 의거 때문이었다. 훙커우공원 의거는 김구가 특무조직인 한인애국단 소속 윤봉길을 통해 결행한 일대 쾌거였다. 이날 일제는 훙커우공원에서 일왕의 생일인 천장절天長節과 상하이 전승기념식을 성대히 개최했다. 윤봉길이 던진 폭탄은 단상에 정확히 명중했다. 이 의거로 일본 상하이파견군 사령관 시라카와 요시노리白川義則, 일본 거류민단장 가와바타河端 등이 죽었고, 일본 제3함대 사령관 노무라 기치사부로野村吉三郎, 제9사단장 우에다 겐키치植田謙吉, 주중

상하이 윤봉길 의거 현장 기념비

일본공사 시게미쓰 마모루重光葵 등이 중상을 입었다.

윤봉길 의거는 한국 독립운동의 변곡점으로 평가될 만큼 통쾌한 쾌사였다. 특히 그간 우리 독립운동에 비협조적이던 중국 국민당 장제스의 인정과 지원을 받게 된 것은 큰 결실이었다. 그러나 임시정부 요인과 독립운동가 색출에 혈안이 된 일제의 대대적 탄압으로 말미암아 임시정부는 상하이를 떠날 수밖에 없었고, 대부분의 독립운동가도 피신해야 했다. 상하이 인근에서 활동하던 류자명도 몸을 피할 수밖에 없는 상황이었다.

무엇보다도 류자명이 리다학원을 떠나게 된 결정적 계기는 쾅후성의 죽음이었다. 1933년 봄 위암으로 상하이 중난병원中南病院에서 치료를 받던 쾅후성이 끝내 그해 5월 사망한 것이다. 류자명은 교학 방법이나 사상적으로 쾅후성과 상통했고 10여 년간 막역한 사이였다. 그러나 쾅후성이 죽고 난 뒤 새로 부임한 후임 교장과는 그러지 못했다. 가깝게 지내던 선중주와 천판위까지 학교를 떠나고 농촌교육과의 유지가 어려워지자 류자명도 그만두고 난징으로 갔다.

중국인 아내 류쩌충

류자명은 리다학원에 있던 1933년, 중국 여인 류쩌충劉則忠과 재혼했다. 현재 그의 아들 류전휘 집에는 그녀가 56세 되던 해에 류자명이 작성한 것으로 보이는 그녀의 「간력簡歷」과 1968년에 작성한 「류쩌충자전劉則忠自傳」이 남아 있다. 이 기록에 의하면 그녀의 부친은 광둥 출신으로 한커우에서 회계원으로 근무했으나, 번번이 실직하여 경제적으로 어려웠다. 그녀와 두 자매는 현대식 학교 교육을 받지 못했고, 그녀는 11세까지 광저우 사숙에서 몇 권의 고전을 읽는 정도의 교육밖에 받지 못했다. 14세 때인 1925년, 부모를 따라 한커우로 옮겨왔으나, 부친의 실직으로 그나마 더 이상의 교육도 받지 못하고, 1930년 한커우시 특별구 제8공인工人 자제 학교의 직원으로 근무했다. 그녀를 부호의 딸로 서술한 일부 저술은 오류다.

류자명은 「자전自傳」에서 그녀를 1910년 6월 4일생으로 기록하고 있으나, 1985년 병원에서 발행한 그녀의 「사망통지단死亡通知單」에는 74세로 되어 있고, 그녀의 「이력표履歷表」에도 1911년생으로 되어 있는 것을

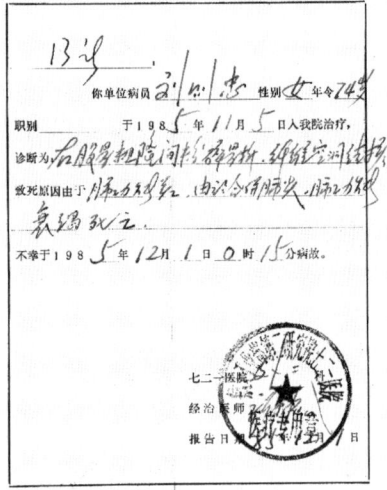

류자명이 정리한 류쩌충 자전(좌)과 그녀의 「사망통지단」(우)

보면, 1911년생이 맞다. 그렇다면 류자명보다 17년 연하인 셈이다.

류자명은 우창에 있을 때 그녀를 만난 적이 있었다. 당시 류쩌충은 국민당 장교인 공군비행사의 애인이었으나 버림받고 상하이에 와 있었다. 거리에서 우연히 마주친 안동만이 그녀를 리다학원으로 데려왔다. 안동만은 우창에 있을 때 음식점을 운영했는데, 류쩌충은 그 식당의 단골손님이었다. 그런 그녀를 상하이 길가에서 알아보았고 도움을 요청하는 그녀를 데려온 것이다. 당시 그 식당을 드나들었던 류자명도 그녀를 잘 알고 있었다. 류자명은 만삭의 몸으로 오갈 데 없는 그녀에게 자기 숙소를 내주고 숙직실에서 잠을 잤다.

　얼마 되지 않아 해산한 류쩌충은 아이를 고아원에 맡긴 뒤 다시 리다학원으로 류자명을 찾아왔다. 정화암이 나서서 두 사람의 혼인 중매를 섰다. 결국 류자명도 그녀를 아내로 받아들였다. 그녀는 어려운 생활을 하는 한국 독립운동가의 동반자로 평생을 함께했다. 둘 사이에는 딸 득로(1934년생)와 아들 전휘(1942년생)가 있다. 그녀는 류자명이 사거한 1985년 12월 1일 곧바로 남편의 뒤를 따라 세상을 떴다.

남화한인청년연맹 결성과 활동

리다학원 재임 초기인 1930년 4월경 류자명은 상하이에서 조직된 아나키스트 단체인 남화한인청년연맹南華韓人靑年聯盟(이하 '남화연맹'으로 약칭)에 참가했다. 그는 이 단체를 자신이 조직한 조선무정부주의연맹朝鮮無政府主義聯盟의 표면단체라고 했다. 정화암도 남화연맹을 '무련'의 산하기구라고 표현하고 있는 것을 보면, 양자 간의 연관성은 분명하다.

　류자명은 조선무정부주의자연맹을 1931년 일제의 만주침략 이후 상하이에서 조직했다고 기록했다. '무련'은 전술한 것처럼 류자명과 정화암 등 6인이 1924년 6월 베이징에서 창립했다가 경제난 등으로 5개월 만에 해산한 단체다. 1931년이면 류자명이 상하이에 있을 때이므로 조선무정부주의자연맹은 베이징의 '무련'이 아니다.

　1920년대 후반에 들어서자, 상하이 거주 한인 아나키스트들이 조직을 새롭게 정비해나가기 시작했다. 1927년 10월에는 유기석 등이 베이징 거주 한인 아나키스트들을 중심으로 '재중국조선무정부주의공산주의자연맹'을 만들었고, 이듬해 3월에는 상하이지부를 설립했다. 1928년 6월에는 화광병원에서 7개국 대표자들이 모여 동방무정부주의자연맹을 결성했다. 류자명은 이 두 단체에 모두 가입하지 않은 것으로 보인다. 그렇다면 같은 시기 상하이에서 조직했다는 조선무정부주의자연맹이 실재한 남화연맹의 비밀단체였을 가능성을 배제할 수 없다.

남화연맹은 창립대회에서 「선언문」을 채택했다. 선언문은 "우리의 자유는 영원히 소멸되지 않았고, 민족의 자유와 해방을 위해 제국주의와 투쟁하고 있는 수많은 지사를 가지고 있다"고 자신하는 내용으로 민중의 분기를 촉구했다.

…… 민중 제군! 전사가 되려는 형제자매 여러분! 우리들의 치열한 불요불굴의 직접적인 행동으로 반드시 멀지 않은 장래에 자유를 탈환할 것이라는 것을 우리들은 잘 알고 있다. 따라서 이 광녕의 기치를 필히라고 할 때에 즈음하여 항상 우리들은 우리 민족의 손으로서 조선 전토에 진실한 자유해방과 평등의 사회를 건설해야 하는 촌락의 농민과 도시의 노동자가 자유로이 연합해서 그것을 유지하는 사회를 건설해야 하는 현대 사회의 모든 불행의 원인을 동시에 일소하여 인류해방의 사회혁명을 수행해야 한다. …… 제군이여! 사유재산은 실로 만악의 원천이다. 신 사회에서 만일 사유재산을 박멸할 수 없다면 자유·평등·우애 등은 완전히 거짓말이 된다. …… 우리 조선의 민중이 조선에 건설해야 하는 사회는 이러한 사회적 병의 근원, 사유재산, 국가 정부의 거짓 도덕을 완전히 없애버

린 후에 비로소 건설할 수 있을 것이다. 누구도 만물을 내 소유라고 주장할 권리가 없다. 각 개인이 자기의 필요에 따라 얻고 자기의 능력에 따라 일하는 절대적인 공산사회여야 한다. ……

친애하는 민중 제군! 우리들은 하루라도 빨리 일본제국주의를 조선 땅에서 몰아내고 이러한 신 사회를 건설하려는 우리 전 민중의 직접적인 불굴의 행동으로 전체적인 봉기로서 일거에 그들을 축출하자. 압박에서 주는 자치나 참정권을 승인하는 것은 우리들 자신을 그들에게 팔아넘기는 방법이다. …… 자유는 우리 손으로 쟁취해야 한다. 빵을 만드는 사람이 아니라면 먹을 수도 없다. 용감한 우리 청년 남녀 제군! 우리 무정부공산주의자는 이러한 천지를 창조해야 하는 전 민중에게 제의하고 함께 싸워 그 길을 열기 위해 노력해야 하는 것이다. 만일 제군이 진정한 해방을 조선 민중에게 주길 원한다면 우리들과 함께 제국주의자 기타 모든 야심가, 권력자 무리들을 지상에서 말살시켜야 한다. 이 운동에 적극적으로 참가해야 한다. 압박을 가하는 자를 모두 타도하고 무정부 공산의 신 사회를 건설하기 위해 모이자! 무산청년 아나키스트 연맹의 기치 하로 모이자!

선언문이 발표된 것은 1923년 신채호의 「조선혁명선언」 발표 후 꼭 10년 만의 일이다. 이 선언문은 그 후 10년간 우리 독립운동의 진전 상황, 특히 아나키즘 사상의 발전과 진전을 잘 보여준다. 남화한인연맹은 선언을 통해 민중이 직접적인 불굴의 행동으로 일본제국주의를 몰아내고 조선에 무정부주의와 공산주의 사상이 하나가 된 신 사회를 건설하자고 호소했다.

민중의 직접 혁명이나 일제로부터의 자치·참정권 거부 등의 내용은 「조선혁명선언」과 기본적으로 상통한다. 그러나 이 선언문은 개인적 폭력행위를 수단으로 한 것이 아니라, 자유·평등의 공산 농촌을 파괴하려는 군대에 대항하기 위한 상호부조의 방위와 각 농촌의 연합 무장을 주장하고 있다. 이러한 주장들은 10년 전의 선언보다 진일보한 사상체계로서 1930년대 독립운동사에서 크게 주목해야 할 선언문이다.

남화연맹은 5개항의 강령과 10개항의 규약을 채택했다. 그 내용은 다음과 같다.

강령

① 우리들의 모든 조직은 자유연합의 원리에 기초함
② 일체의 정치적 행동과 노동조합 지상운동을 부인함
③ 사유재산제도를 부인함
④ 위僞 도덕적 종교와 가족제도를 부인함
⑤ 우리들은 절대 자유 평등의 이상적 새로운 사회를 건설함

규약

① 본 연맹은 강령에 의해 사회혁명을 수행할 목적으로 함
② 본 연맹은 강령의 목적을 수행하기 위하여 연맹 전체가 승인하는 모든 방법을 채용하고, 다만 강령에 저촉 안 되는 본 연맹 각 개인의 자유발의 및 자유합의에 의한 행동은 설령 본 연맹에 직접 관여 안 되는 것일지라도 그것에 대해서는 하등의 간섭을 안 한다

③ 본 연맹은 자유의지에 의하여 강령에 찬동하고 전 맹원의 승인을 얻은 남녀로서 조직함
④ 본 연맹 일체의 비용은 맹원이 부담함
⑤ 본 연맹의 집회는 연회, 월회, 임시회로 하고, 다만 소집은 서기부에서 담당함
⑥ 본 연맹의 사무를 처리하기 위하여 서기부를 둠. 단 맹원 전체의 호선에 의해서 선거한 서기 약간 인을 두고 그 임기는 각 1년으로 한다
⑦ 연맹원으로서 강령을 어기고 규약을 파괴하는 행동이 있을 때는 전 맹원의 결의를 거쳐 제명함
⑧ 연맹원은 자유로이 탈퇴할 수 있음
⑨ 연맹은 회합시 출석자 전체가 이미 승인할 때에 한해서 결석할 수 있다
⑩ 본 규약은 매년 대회에 있어서 토의하여 만장일치로 통과된 수정안으로부터 정정함을 얻음

1931년 3월 1일 남화연맹은 「3·1절기념선언」을 발표하고, 5월 1일에는 「5월 1일 - 해방을 위해서 투사의 힘을 발휘하자」는 문서를 상하이와 베이징·톈진 등 중국 도시는 물론, 국내와 일본 등지로도 발송했다. 일제의 만주침략을 전후하여 이회영과 원심창元心昌·정화암·백정기·이을규가 가세했다. 일본 유학생 출신으로 중국군에 복무 중이던 나월한·이하유·박기성·이현근 등 젊은 청년들도 가입하여 조직을 정비해나갔다. 한편 베이징에서 활동하던 김원봉 등 의열단원들도 난징으로 돌아왔다. 류자명은 남화연맹과는 별개로 이들과도 새로운 협력관계를 구축

해나갔다.

이회영의 추천으로 남화연맹의 의장 겸 대외책임자로 류자명이 추대되었다. 남화연맹의 조직은 선전부·경제부·실행부·외교부·문서부의 5개 부서를 두고 위원을 배치했다. 회원은 30~50여 명에 이르렀으며, 프랑스 조계지에 있던 백정기의 집에는 여러 동지들이 함께 기숙했다. 남화연맹의 이념 전파는 선전부와 문서부가 주로 담당했다. 류자명은 정화암과 함께 경제부 위원으로 선정되었다. 경제부는 운동자금을 조성하고 동지들의 생활을 담당하는 것을 임무로 했다.

선전부와 문서부원들이 담당하는 남화연맹의 선전활동도 류자명이 주도했다. 1931년 8월 29일에는 국치일을 맞아 동지들과 함께 백정기의 집에서 남화연맹 명의로 "일본 제국주의를 타도하고 조선을 독립하여 무정부주의사회를 건설하자"는 문서 100매를 등사하여 배포했다. 9월 하순경에는 백정기 등과 회합하여 반전투쟁을 고취하는 전단 1,000여 매를 등사하여 배포했다. 1933년 3월 1일에는 조선의 독립과 무정부주의 사회의 필요성을 선전하는 전단 60매를 작성하여 배포하기도 했다. 노동절인 5월 1일에는 국가권력과 사유재산제도를 부정하고 무정부주의사회를 건설하자는 전단 500매를 작성하여 배포했다.

남화연맹은 활동을 위장하기 위해 '남화구락부'라는 친교와 교육단체의 성격을 지닌 외곽단체를 내세웠다. 이달·김성수·엄형순嚴亨淳(엄순봉)·이규창·오면직吳冕稙 등은 1931년 12월부터 이듬해 3월 하순까지 리다학원 부근에 독립가옥을 얻어 거주하면서 아나키즘 연구회를 열었다. 류자명은 백정기와 함께 이들에게 크로포트킨과 바쿠닌 전집, 『흑색신문黑色新聞』 등을 교재로 사상교육을 했다. 남화연맹의 살림살이는 물론 선전과 회원의 사상 교육까지 류자명이 주도적으로 담당한 것이다.

남화연맹은 의열투쟁에도 직접 나섰다. 1931년 10월에는 국제적 의열단체인 항일구국연맹의 결성을 남화연맹이 주도했다. 항일구국연맹은 중국 항일단체의 지원을 받았으며, 일제의 기관 파괴와 요인 암살, 친일분자의 숙청, 선전활동 등을 목표로 조직되었다. 동방무정부주의자연맹의 세력이 약해지자 이를 대신하기 위해 백정기가 왕야챠오王亞樵 등 중국인 아나키스트의 제안에 응하여 조직했다.

항일구국연맹의 행동대로 극비 결사체인 흑색공포단黑色恐怖團(BTP: Black Terrorist Party)이 결성되었다. 흑색공포단은 혁명적 수단으로 일체의 권력과 사유재산제도를 배격하고 아나키스트 사회 건설을 목적으로 했으며, 일제 요인 암살과 친일분자 숙청을 수단으로 삼았다. 흑색공포단의 실존 여부에 대해서는 일제의 기록과 참가자들의 증언이 엇갈린다. 이강훈李康勳은 흑색공포단을 육삼정 의거 직전에 일제에게 공포심을 주기 위해 내세운 가공의 단체라고 증언했으나, 정화암의 증언과 일제 측 기록은 실재한 단체로 설명하고 있다. 여기에서는 좀 더 구체적인 후자의 견해에 따라 서술하기로 한다.

흑색공포단에는 남화연맹 소속 청년들이 다수 참여했다. 한국인뿐만 아니라, 중국인과 일본인까지 참여한 국제단체였다. 조직은 경제부·정보부·선전부·기획부·재정부로 구성되었다. 5개 부서로 조직을 나눈 것이나 부서의 명칭 등은 남화연맹과 유사하지만 흑색공포단의 성격은 정보부의 존재로 확연해진다. 특히, 남화연맹 소속원이 대부분 정보부 소속이었다는 것은 흑색공포단과 남화연맹과의 관계를 시사한다. 남화연맹과 흑색공포단의 활동은 엄격하게 구분되지 않고 서로 뒤섞여 있다. 이런 점에서 두 단체를 사실상 같은 조직체로 보는 것도 무리는 아닌 듯하다.

흑색공포단의 행동대에는 백정기를 비롯하여 박기성·이용준李容俊·김성수·오면직·이달·이강훈 및 타이완인 린청차이林成才, 미국인 존슨Johnson 등이 참여했다. 초기에는 이회영이 이들을 지휘했고, 이회영이 붙잡힌 이후에는 정화암이 지휘했다. 중국인 왕야챠오는 무기와 재정 조달을 담당했다. 류자명은 동지들과 인쇄소를 경영하며 항일구국연맹의 기관지 『자유自由』의 주필로서 아나키즘의 선전활동을 주도했다.

연맹의 조직원들은 여러 차례에 걸쳐 의열투쟁을 계획하고 실행에 옮겼다. 그중 잘 알려지지 않은 활동이 1932년 훙커우공원 의거 계획이다. 윤봉길 의거일과 같은 날, 남화연맹에서도 의거를 계획한 것이다. 훙커우공원 행사 소식을 접한 류자명은 이회영·백정기·정화암 등과 회합했다. 회합 결과, 백정기가 단독으로 상하이 파견 일본군 총사령관 시라카와를 처단하기로 결의했다. 계획의 일환으로 4월 27일 '상해청년항일동맹' 명의의 중국어 격문을 대량 인쇄했다. 내용은 일제의 침략 야욕을 폭로하고 국민당 정부의 무저항주의와 매국 협정을 규탄하며 민중의 궐기를 호소하는 것이었다.

백정기는 사전에 공원을 답사하며 만반의 준비를 마쳤다. 그런데 일본총영사관의 지인을 통해 행사장 출입증을 얻어주기로 약속한 왕야챠오가 당일 이회영의 처소에 나타나지 않았다. 결국 거사 계획이 불발로 끝나게 되어 좌절하던 차에 윤봉길의 거사 소식을 듣게 되었다. 한 일본인 종군기자가 윤봉길 의거가 그들의 의거인 줄 알고 뛰어와 정화암에게 거사 소식을 알려준 것이다. 남화구락부 청년들은 물론 백범의 아들조차 훙커우공원 의거가 남화연맹의 활동인 줄 알았다고 한다.

1932년 12월에는 이회영을 죽음으로 몰고 간 연충렬延忠烈과 이규서李圭瑞를 응징 처단했다. 이회영은 류자명 등 동지들의 만류를 뿌리치고 1932년 11월 초 만주행을 결행했다. 그의 만주행은 만주에 조속히 연락 근거지를 만들 것, 주변 정세를 세밀히 관찰하고 정보를 수집할 것, 장기준莊麒俊(장해평)을 앞세워 지하조직을 계획할 것, 무토 노부요시武藤信義 관동군 사령관을 암살할 것 등 자신이 세운 계획을 진행하기 위해서였다. 류자명은 이회영의 뜻을 꺾지 못하자, 난징으로 가서 중국 인사들과 협의하여 만주의 독립운동을 지원하겠다고 했다. 단신으로 황푸강에서 배를 타고 다롄으로 간 이회영은 하선하자마자 다롄 수상경찰서로 잡혀갔다.

이회영의 피체와 사망에 관한 구체적 사실은 아직 밝혀지지 않았다. 현재까지 밝혀진 사실은 이회영이 상하이를 떠나기 전 형 이석영의 집에 작별인사를 갔으며, 마침 그곳에 있던 연충렬과 이규서가 이 사실을 알고 밀정 이용로李容魯에게 전하자, 그가 상하이 일본영사관에 밀고했다는 것이다. 연충렬은 엄항섭嚴恒燮의 처남으로 연미당延薇堂의 동생이자 연병환延秉煥(연병호의 형)의 아들이다. 독립운동가 집안 출신이며, 한동안 상하이에서 독립운동을 하기도 했던 그가 엄청난 일을 저지른 것이다. 이규서(일명 이태공) 역시 이석영의 둘째 아들이면서도 숙부를 죽음으로 몰아넣었다.

　이회영의 순국 소식이 알려지자 동지들은 곧 밀고자 색출에 나섰고, 연충렬과 이규서를 지목했다. 백정기·엄형순·오면직·이달이 두 사람을 리다학원 근처로 유인하여 자백을 받아내고 교살한 후 매장했다. 이 처단 활동으로 이회영의 아들 이규창은 13년형을 선고받고 해방될 때까지 서대문형무소에서 모진 고문을 당하고 옥고를 치러야 했다. 이회영 집안의 비극적인 가족사다.

　남화연맹원들이 밀고자 처단을 결행할 장소로 리다학원 근방을 선택한 것은 주변이 한적하기도 했지만, 류자명이 리다학원에 있었기 때문이다. 이와 관련해서는 정화암의 증언이 매우 구체적이다.

…… 입달학원 얘기가 나와서 하는 말인데, 이곳은 주위에 인가가 적어 한적하고 해서 우리 남화연맹 행동대원들이 누구를 처단한다고 할 때 이용을 많이 한 곳입니다. …… 이 두 놈을 바로 입달학원으로 끌고 가서 자백을 받았고 입달학원과 정거장 사이에서 처치했던 것입니다. 간단히 말하면 남화연맹은 입달학원을 활동의 근거지로 삼았던 것인데, 중국 사람들이 운영하는 농업학교를 류자명이 주재했기 때문에 가능했던 것입니다. 우리 아나 계통의 학교였던 셈입니다. ……

　홍커우공원 의거 계획이 불발되자, 남화연맹과 흑색공포단은 새로운 활동 대상을 찾았다. 한인애국단원인 윤봉길의 의거 성공은 독립운동계의 사기를 충천시켰으나, 한편으로는 한인애국단과 경쟁관계에 있던 남화연맹을 다소 초조하게 만들었다. 이들은 제2의 훙커우공원 의거를 계획하기 시작했다. 때마침 주중 일본공사 아리요시 아키라有吉明가 중국과 일본의 고위 관료들과 연회를 개최한다는 정보가 입수되었다. 연회는 1933년 3월 17일 저녁, 장소는 공동조계에 있는 음식점 육삼정六三亭으로 예정되었다.

이 정보를 제공한 사람은 자칭 아나키스트라고 하며 접근한 일본인 통신사 직원 오키玉崎였다. 원심창의 보고로 정보를 접한 류자명은 정화암·원심창 등과 함께 오키를 만나 정보를 재차 확인했다. 오키의 언행은 다소 의심스러웠으나, 워낙 달변이었고 열성적인 태도에 그의 말을 믿기로 했다. 남화연맹 동지들은 3월 5일, 연맹원의 합숙소인 정해리鄭海理의 집에 모여 거의 방안을 협의했다. 정해리의 집은 프랑스 조계지에 있는 정원방亭元坊 6호 2층에 있었는데, 20여 명의 연맹원이 공동생활을 하고 있었다.

당시 일본 정계의 실권자였던 육군대신 아라키 사다오荒木貞夫는 심복인 아리요시에게 일화 4,000만 엔(미화 2,000만 달러)의 공작금을 주고 국민당의 장제스 등 요인들을 매수하여 만주를 포기하도록 만들라는 지시를 내렸다. 그들의 계략대로 진행된다면 괴뢰국인 만주국은 더 강력해질 것이고, 조선의 독립은 불가능해질 수도 있었다. 남화연맹 동지들은 아리요시를 처단하기로 결정했다.

위험하기 짝이 없는 이 거사에 여덟 명의 연맹원은 서로 자신이 하겠다고 나섰다. 이때 이강훈이 소리를 지르며 자신이 결행하겠다고 자청했다. 그는 만주에서 활동하다가 일제의 만주침략 이후 베이징을 거쳐

1933년 1월 상하이로 와서 남화연맹에 정식 가입한 인물이다. 이강훈은 마침내 자신이 죽을 자리를 얻었다고 생각하고, "깨끗하게 죽어 핏값을 하자"고 결심하고는 단독 결행을 자청했다. 윤봉길 의사가 사용한 것과 같은 대형 폭탄이 있으니 이를 이용하여 거사를 하겠다고 말했다. 그 폭탄은 백범이 윤봉길 의거 직후 자싱嘉興으로 피신하면서 오면직에게 맡겨둔 것이었다. 백정기도 같이 나섰다. 어차피 자신은 폐병으로 죽을 몸이니 잘됐다고 하면서 이강훈에게 같이 거행하자고 했다.

정화암은 추첨으로 결정하자는 중재안을 제시했다. 사실은 이강훈과 백정기가 당첨되도록 하기 위해 조작한 제비뽑기였다. 이튿날의 회의와 제비뽑기에서 두 사람은 거사의 실행자로 당첨되었고, 현장 안내는 원심창이 맡기로 결정되었다. 원심창은 오랜 일본 생활로 일본어가 유창했기 때문에 아리요시의 사진 확보와 현장 안내를 맡았다. 세 명은 제2의 윤봉길이 되어 대한 남아의 기개를 세계만방에 떨치기로 약속하고 술을 한잔씩 나눴다.

이 대목에서 다른 증언도 있다. 사실 정화암은 백정기가 동지들의 살림을 맡고 있어서 그를 보내지 않으려고 제비뽑기를 제안했다는 것이다. 그래서 열한 개의 제비를 만들어 그 가운데 하나에만 '유有' 자를 쓰고 나머지는 아무것도 쓰지 않은 것이었는데, 공교롭게 맨 마지막으로 뽑은 백정기가 그것을 뽑고는 쾌재를 부르며 이강훈의 손을 덥석 잡으며 함께하자고 했다는 것이다.

이 부분은 육삼정 의거를 총괄했고 매우 구체적으로 상황을 설명하고 있는 정화암의 증언을 믿어도 좋지 않을까 한다. 류자명은 거사 후 보도

육삼정 의거 터

용으로 쓸 선언문을 작성하여 베이징·톈진·난징 등지의 각 신문사에 보내기로 했다. 최고의 아나키즘 이론가인 류자명이 거사의 선언문을 작성키로 한 것이다.

이강훈과 백정기는 상하이 교외에서 투탄연습을 하는 등 거사 준비에 만전을 기했다. 이강훈이 먼저 폭탄을 투척하고, 뒤이어 백정기가 수류탄을 던지고 권총을 쏘기로 임무를 분담했다. 아리요시의 사진과 전용 차량의 번호판도 확보해 익혔다. 3월 14일 밤, 이강훈·백정기·원심창 3인은 육삼정을 답사하고, 맞은편 식당인 송강춘松江春을 잠복 장소로 정했다. 이들은 거사 하루 전인 3월 16일 최종 실행 계획을 세웠다. 일제 측 기록에 의하면 이들의 실행 계획은 다음과 같다.

3월 17일 당일, 문남사로 육삼정 맞은편의 고토工藤 자동차점 앞에 다니다베가 잠복해 있다가 연회 종료 후 아리요시가 출발하려 하면 골목길을 통해 무창로에 있는 송강춘으로 달려와 백정기와 이강훈에게 알려준다. 그러면 양인이 출동하여 아리요시의 자동차에 투탄하며, 원심창이 무창로와 작포로의 직각 교차점에 피신용 자동차를 대고 있으면서 폭음 후 3분까지 3인을 기다린다.

류자명은 정화암과 함께 이들이 사용할 권총과 수류탄을 준비해주고 매일 아침 이들을 찾아가 함께 식사를 하며 격려했다. 거사 당일인 3월 17일 저녁, 다니다베에게서 아리요시가 9시 20분경 육삼정을 떠날 것이라는 통보가 왔다. 동지들과 송별식을 마친 후 류자명은 이규창이 전세 내온 택시에 백정기·이강훈·원심창·오면직과 동승하여 공동조계 경계인 난시南市 진진다점津津茶店까지 같이 갔다.

류자명과 오면직은 "죽어서 지하에서 다시 만나자"며 거사에 참여하는 동지들과 굳은 악수로 마지막 작별인사를 나눴다. 나시 나니나메글 대운 동지들은 공동조계로 들어가 현장 부근에서 하차했다 이때가 저녁 8시경이었다. 이강훈은 허름한 중국인 옷으로 변장하고 절름발이로 가장하여 다리를 절며 큰 폭탄을 끼고 있었고, 백정기는 작은 폭탄을 지니고 있었다. 그들은 다니다베를 잠복처로 보내고 송강춘에 도착하여 2층으로 조심스럽게 올라갔다. 원심창도 망을 보면서 신호를 보냈다.

그런데 잠복해 있던 일본영사관 경찰 10여 명과 형사들이 고함을 지르고 총을 겨누며 달려들어 그들을 체포하고 무기를 빼앗았다. 순식간에 일어난 일이라 자폭할 틈도 없었고, 중과부적이라 제대로 대항하지

육삼정 의거의 주역(왼쪽부터 원심창·백정기·이강훈)

도 못했다. 송강춘 앞에서 육삼정 방향으로 접근하다가 미행자가 있는 것을 알아챈 다니다베만 재빨리 도주하여 붙잡히지 않았다. 정화암과 이강훈은 실패한 원인을 일본인 오키의 배신으로 확신했다. 일본영사관 첩자였던 오키가 일제와 공모하여 육삼정 회합 정보를 일부러 남화연맹에 흘렸고, 현장에도 나타나지 않았다는 것이다.

피체된 3인은 상하이 주재 일본영사관 구치소에 감금되어 4개월 동안 모진 고문을 당하며 수사를 받았다. 그 후 일본 나가사키長崎 지방재판소로 옮겨졌는데, 그해 11월 24일 백정기와 원심창은 무기징역, 이강훈은 15년형의 판결을 받았다. 재판 과정에서 3인은 당당하게 법정투쟁을 벌였다. 이강훈은 선고 공판 때 "우리의 불공대천의 원수 놈들인 너희에게 무엇을 호소하겠느냐? 너희를 죽이지 않으면 내가 죽는 것이다"라고 소리친 뒤 "이 재판을 하느라고 수고했다. 우리들이 할 말은 많으나 야수 같은 그대들에게 무슨 말을 하겠느냐"는 말로 매듭지었다. 이강훈은 백정기의 공판 태도에 대해 다음과 같이 증언했다.

…… 지금 생각해도 백 의사는 의리가 대단한 분이었습니다. 재판 과정에서 모든 것은 자기가 주도했다고 강조하곤 했습니다. 자기는 폐가 나빠 어차피 오래 살 수 없는 몸이니 모든 죄를 자기가 뒤집어쓰겠다는 태도였습니다. 몸 건강한 동지들이 가벼운 벌을 받고 출옥해야 다시 독립운동을 할 수 있다는 생각이었나 봐요. 결국 백 의사는 나보다도 중형을 받았습니다. ……

이들은 이사하야諫早 형무소로 이감되어 옥고를 치렀는데, 백정기는 이듬해 5월 옥중에서 순국했다. 이렇게 육삼정 의거는 실패로 끝났다. 그러나 그 의의와 영향력은 자못 지대했다. 이들이 붙잡힌 이튿날, 상하이·베이징·난징 등지의 많은 신문들은 일제히 의거 계획을 상세히 보도했다. 이 사건으로 일본과 장제스의 밀약이 세상에 드러나게 되었고, 중국 민중의 반대에 부딪혀 결국 일제의 공작은 실패하고 말았다. 또한, 한인들의 불굴의 투쟁의지를 중국인과 국내의 민족에게 알려 항일투쟁의 의지를 다잡게 하는 중요한 계기가 되었다.

1983년 8월 5일, 이강훈은 국내 신문 보도를 통해 류자명이 중국에 생존해 있다는 사실을 접하고 감격에 겨운 편지를 보냈다. 그는 이 편지에서 자신을 '노제老弟'라 칭하고 류자명을 '선생'으로 부르며, 50년 전 육삼정 의거 당시 류자명과 진진다점 앞에서 악수를 나누며 작별인사를 하던 당시를 회상하며 류자명의 만수무강을 축원했다.

1983년에 이강훈이 류자명의 생존 소식을 듣고 육삼정 의거를 회고하며 중국으로 보낸 편지

    남화연맹은 김구와 공조하여 밀정을 처단하기도 했다. 1932년 5월, 김구·정화암·안공근安恭根 3인이 회합하여 '서간단鋤奸團'이라는 비밀결사를 조직했다. 윤봉길 의거 직후, 임시정부와 한인애국단은 장제스 등의 지원금으로 돈은 있었으나 사람이 없었다. 반면 남화연맹은 사람은 있었으나 자금이 부족했다. 두 단체는 상호보완적 관계로서 민족반역자를 처단한다는 뜻으로 서간단을 조직하여 활동에 나섰다. 일설에는 서간단이 남화연맹의 산하조직이라는 주장도 있으나, 김구와의 연합조직으로 이해하는 것이 타당할 듯하다.

이 과정에서 류자명이 어떤 역할을 했는지는 확인되지 않는다. 리다학원에 재직하고 있던 시기였기 때문에 적극적으로 참여하기는 어려운 상황이었을 것이다. 김구와 정화암은 훗날 이와 관련한 여러 가지 증언과 기록을 남겼으나, 류자명은 자신에 관한 적지 않은 기록을 남겼음에도 불구하고 의열투쟁에 관해서는 전혀 기록하지 않았다. 노년이 된 후 직접 사람을 죽이는 사건에 관여한 도덕적인 마음과 중국공산당 지배 아래에서 살아야 했던 '조교朝僑'로서의 기휘忌諱 때문은 아니었을까 짐작해본다.

1933년 8월 1일, 남화연맹과 한인애국단은 밀정 옥관빈玉觀彬을 처단했다. 옥관빈의 처단은 김구가 먼저 정화암에게 제안하여 진행되었다. 옥관빈은 105인 사건으로 옥고를 겪은 후 상하이로 망명하여 한때 안창호를 통해 인성학교에 자금을 지원하는 등 독립운동에 참여한 인물이다. 그러나 수백 명의 직원을 거느린 제약회사를 운영하는 실업가로 성장하면서 재계·언론계·불교계에 막강한 영향력을 행사하며, 독립운동가를 비방하고 다니는 등 횡포가 점차 극심해졌다. 중국의 군사와 정치를 정탐하는 일제의 밀정이라는 소문도 그치지 않았다.

김구·정화암·안공근 3인은 옥관빈을 제거하기로 결정했다. 계획의 실행은 남화연맹이 맡기로 하여 엄형순과 오면직이 나섰고, 자금은 한인애국단이 제공하기로 했다. 오면직은 옥관빈이 사촌형 옥성빈玉成彬의 집에 들락거린다는 정보를 입수하고 잠복해 있었다. 8월 1일 밤 12시경 오면직이 옥관빈을 발견해 엄형순에게 통보하자, 그 집을 나서는 옥관빈을 사살했다. 한밤중의 총성에 놀란 중국 경찰과 주민이 달려 나오자,

엄형순은 "강도가 저쪽으로 뛰어갔다"고 말하고는 유유히 현장을 빠져 나왔다.

옥관빈 처단 직후 김구와 정화암 사이에 틈이 벌어지는 일이 생겼다. 김구는 안공근을 통해 옥관빈 처단을 남화연맹과 한인애국단의 공동 활동으로 성명서를 내자는 제안을 했으나 정화암은 이를 거절했다. 정화암은 서간단의 독자 활동으로 대외에 선전했다. 김구는 한인애국단 소속이었다가 남화연맹에 참여한 오면직을 다시 한인애국단으로 복귀하도록 하는 등 한동안 양자의 관계가 소원했다.

옥관빈 처단 직후, 그의 행적을 둘러싼 논란이 중국 신문지면에 전개되었다. 먼저 8월 9일, 상하이에서 최대 발행부수를 자랑하는 『신보申報』의 '한인제간단韓人除奸團'에 장문의 9개항 '가살可殺' 죄상이 게재되었다. 이를 요약하면 ① 이미 국내에서 귀순하여 밀정으로 상하이로 옴 ② 무역상을 개설하여 중·한 양국 사정을 정탐함 ③ 합자를 명목으로 중국인으로부터 1만여 원을 편취 ④ 신문과 전단을 통해 한국의 독립운동가를 이간질하고 적에게 귀순케 함 ⑤ 김창숙 등 한국 혁명자의 체포를 계획함 ⑥ 중국 군정을 일제에 넘김 ⑦ 일제에 군용품 헌납과 장려금 수급 ⑧ 폭력단을 조직하여 한국 혁명자를 암살하려 함 ⑨ 일제의 비호를 받으면서도 부끄러움을 모름 등이다.

한편, 3일 후인 『신보』 8월 12일 지에는 '중국 국민당 상해시 제2구區 21분부分部' 명의로 옥관빈의 무고를 변증하는 장문의 글이 대응 게재되었다. 여기에서는 ① 한말 혁명당에 투신하여 5년간 옥살이 함 ② 1919년 상하이에서 한국혁명당과 연계를 도모하고 광둥의 쑨원과 중국

혁명을 원조 ③ 중국불교회 상무위원에 피선되고 중국 국민당에 가입하여 각종 당직 역임 ④ 9·18사변 이후 시민의용군에 가입하여 군사훈련을 받음 ⑤ 일제의 상하이 침공 때 2만금의 재정 손실 ⑥ 공을 먼저 내세우고 의를 좋아하여 사람들이 이구동성으로 찬미함 등을 강조했다.

한 연구에서는 옥관빈 암살에 대해 독립운동 자금 제공 요구를 거부하고 자신들의 과격한 직접혁명 노선을 노골적으로 비판한 상대에 대한 '만들어진 밀정' 처단이며, 상하이 한인사회와 독립운동계의 복잡다단한 내부 상황을 보여주는 것이라고 평가했다. 그러나 여전히 밀정으로 보는 견해가 우세한 듯하다. 단정하기는 어려우나, 남화연맹과 한인애국단의 합작으로 옥관빈의 처단이 결행되었다는 것은 암살의 성격을 규정하는 중요한 관건이 될 것으로 생각한다.

남화연맹은 1933년 12월 18일 옥성빈도 처단했다. 옥성빈은 프랑스 조계지 공무국 형사인 점을 이용하여 동생 옥관빈의 범인 수사에 분주했을 뿐만 아니라, 독립운동을 방해한 인물이었다. 그를 저격 처단한 범인은 밝혀지지 않았으나, 옥관빈 처단의 연장선상에서 진행된 사안으로 볼 수 있다.

1935년 3월 25일에는 이회영 밀고사건과 연관된 것으로 알려진 이용로도 처단했다. 이용로는 상하이조선인거류민회 부회장이 된 이후, 일본영사관과 결탁하여 교민들을 민회에 가입하도록 압력을 행사한다는 소문이 있었다. 독립운동가들의 행동, 특히 이회영의 행선지를 일본영사관에 밀고했다는 의심을 받던 인물이다. 대원인 엄형순은 중국어에 능한 이규창과 함께 이날 아침 이용로를 찾아갔다. 이용로의 처소는 공

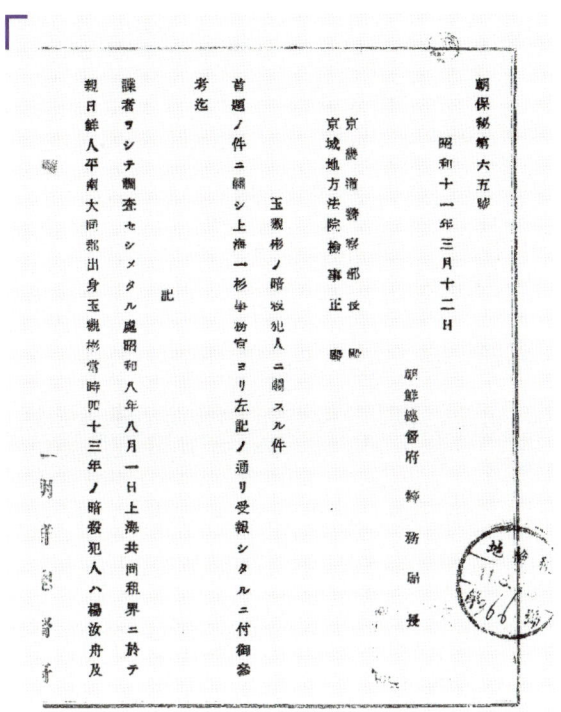

옥관빈 암살사건을 보고한 일제 문서

동조계지 내 교민단 사무실 2층에 있었다. 엄형순이 권총으로 이용로를 처단하자 그의 처가 엄형순을 붙잡고 칼로 후려쳐 부상을 입히고 고성을 지르며 반항했다. 이 소란에 중국 경찰이 출동했고 두 사람은 도주했으나 붙잡혔다. 국내로 압송되어 받은 재판에서 엄형순은 사형을 신고 받아 순국했고, 이회영의 아들 이규창은 13년형을 선고받고 광복 때까지 옥고를 치렀다.

안공근의 처조카이면서 고급 밀정이던 이종홍도 처단되었다. 그의 밀정 혐의가 드러나자 엄형순·이달·오면직 등이 그를 리다학원으로 유인하여 처단했다.

남화연맹은 1936년 1월부터 기관지 『남화통신南華通訊』을 발행했다. 월간으로 발행된 『남화통신』은 중국 관내 도시와 만주는 물론 국내에도 발송되어 영향을 미쳤다. 그러나 현재는 1936년 1월·6월·10월·11월·12월호 등 5호의 일부 내용만이 전해진다. 『남화통신』의 필진은 류자명을 비롯하여 이하유·오면직·김야봉·엄형순·나월환羅月煥·이달 등이었고, 이밖에 정해리·김광주金光州도 집필에 참여했던 것 같다.

필자들은 자신의 이름 중에서 한 글자를 필명으로 사용했는데, 류자명은 근瑾과 명明을 사용했다. 현재 남아 있는 그의 기고문은 「민족전선 문제에 대한 냉심군冷心君의 의문에 답한다」와 「농촌문제 편담片談」이다. 한편, 「민족전선 문제에 대한 냉심군의 의문에 답한다」의 내용에는 10월호에 두 차례에 걸쳐 필자불명으로 게재한 『조선민족전선의 숭심문제』를 인용하고 있다. 류자명이 이 두 글을 인용하며 자신의 입론을 전개하고 있는 것을 보면 이 두 편 역시 그가 쓴 논설로 보인다. 「민족전선 문제에 대한 냉심군의 의문에 답한다」는 한국국민당 소속 '냉심군'의 비판에 대한 반론이며, 농촌문제를 다룬 「농촌문제 편담」은 『남화통신』에서는 보기 드문 주제로 농촌전문가답게 5회 연속 게재했다. 류자명이 『남화통신』에 기고한 글을 보고 공산주의 단체인 해방동맹을 조직하고 있던 김규광金奎光과 박건웅朴建雄이 리다학원으로 찾아와 찬성의 뜻을 표하기도 했다.

조선혁명자연맹과 조선민족전선연맹 주도

중일전쟁 발발과 통일전선 구축

1935년 5월, 그는 상하이 리다학원을 떠나 난징으로 가서 국민당 건설위원회가 설립한 둥류실험농장東流實驗農場에서 원예생산을 지도하는 일을 맡았다. 당시 국민당은 건설위원회를 만들어놓고 우즈후이·리스청·장징장張靜江 등 국민당 중앙위원회 위원이 건설위원회의 위원을 맡고 있었다. 건설위원회 밑에는 농촌부흥과를 두었는데, 궈송밍郭頌銘이 과장으로 임명되었다. 농촌부흥과 밑에는 둥류실험농장과 허우자탕실험농장侯家塘實驗農場이 있었는데, 둥류농장 농장장은 궈송밍이 겸임하고, 허우자탕농장장은 장징추章警秋가 담당했다.

그가 이 농장에서 일하게 된 것은 장징추의 소개에 의해서였다. 궈송밍은 프랑스에 유학할 때 양잠을 전공했으며, 세계적으로 유명한 포도

민족혁명당 인사들이 거주했던 난징 후자화위안

의 나라에서 포도 생산에 대해서도 흥미를 가지게 되었다. 궈송밍은 둥류농장에 양잠실을 만들어놓고 뽕나무를 많이 재배하는 한편 포도도 많이 심었다. 둥류농장에서는 원예생산을 확장하기 위해 일본으로부터 화훼와 관상식물을 사다가 재배하며 연구했다. 그가 리다학원에서 가르친 학생 리위화李毓華도 이곳으로 와 그와 함께 일했다. 류자명이 후일 창사 후난농업대학에서 농학자로서 화훼와 포도농업 등에서 큰 업적을 낼 수 있었던 기초는 이곳 농장에서 다듬어진 것이라 할 수 있다.

1937년 7월 7일 이른바 '루거우차오사변蘆溝橋事件'을 계기로 중일전쟁이 발발했다. 일제는 10월에 상하이로 대거 진공해왔다. 점차 난징도 전운이 감돌았고, 그가 근무하던 둥류농장의 상공에도 일본 군용기가 출몰했다. 둥류농장 관계자들은 서둘러 방공호를 파놓고, 난징 시내에서 공습경보 사이렌 소리가 울리면 사람들을 방공호로 대피하게 했다. 난징이 위험해지자 그는 리위화에게 부탁하여 가족들을 후난성 샤오양에 있는 친구 종타오룽鍾濤龍의 집으로 피난을 보냈다.

당시 난징에 있던 독립운동세력들은 중일전쟁 발발이라는 커다란 국제정세의 변화를 맞이하여 조직을 정비하고 통일전선의 구축을 모색했다. 그들은 중국의 승전이 우리의 독립을 담보해줄 것으로 기대했다. 당시 난징에는 김원봉이 이끄는 조선민족혁명당, 김성숙이 이끄는 조선민족해방동맹, 최창익이 이끄는 전위동맹 등의 독립운동세력들이 있었다. 류자명은 이들 대표들과 함께 일주일에 한 번씩 난징 시내에서 만나 통일문제를 협의했다.

남화연맹은 이미 1936년부터 민족전선 구축을 추진했는데, 그 중심인물은 류자명이었다. 이는 『남화통신』에 게재된 기사를 통해 잘 알 수 있다. 그들은 1936년을 사실상 자본주의의 비상시국으로 보았다. 따라서 대외적으로는 제2차 세계대전이 불가피하고, 대내적으로는 파시즘에 핍박받는 민중의 봉기가 격화될 것이라고 예견했다. 결국 이 같은 내우외환에 의해 제국주의 경제는 몰락할 것이고, 피압박 민중의 새로운 사회조직이 싹틀 것이라고 전망했다.

또한 남화연맹은 프랑스와 러시아 혁명에서 민중이 봉건세력과 제정을 타도하기 위해 각 파의 사회주의자와 민중이 연합했음을 강조했다. 또한 유럽 각지에서 인민전선이 출현하고 있고 중국에서도 이린 운동이 일어나고 있다고 상기시켰다. 그러나 민족전선은 단순히 이 같은 세계정세와 국제조류에 우리가 따라야 한다는 것이 아니라, 조선혁명을 위해 "민족전선적으로 투쟁"하지 않으면 안 되기 때문에 주장하는 것임을 강조했다.

「민족전선 결성을 촉구한다」(1936. 12)는 글은 '주州'라는 필명으로 게재한 글인데, 이를 류자명의 글로 추정하는 견해도 있으나 정확하지는 않다. 이 글은 남화연맹의 민족전선 결성의 필요성에 대한 입장을 대변하는데, 일부를 인용하면 다음과 같다.

> 우리가 현금 조선 민족의 독립운동을 위하면서도 정치적·경제적·사회적 자유 평등을 탈환해서 만인 공영의 이상적 사회를 건설함에 있어서 우선 최대의 적 일본제국주의를 타도하지 않고서는 여하한 운동도 전개할 수 없다는 것은 누구도 부인하지 않는 것이 명료한 사실이다. …… 이 점에서 우리는 과거에 있어서처럼 적 앞에 스스로 멸하는 것과 같이 분열·대립 또는 단독 행위를 배척해서 주의 파벌을 묻지 않고 적을 타도하기 위해서 조선 민중의 해방을 위해 민족전선을 결성하는 것을 제창해 왔다. 그것은 우리의 창견은 아니고 여하한 혁명기에도 공동의 적 앞에서는 일치단결해 싸워온 것이므로 현금 누구도 이것이 필요성은 느끼고 있다.

이 같은 그들의 민족전선 결성 요구는 당시 독립운동계에 대한 엄중한 평가와 신랄한 비판에서 비롯했다. 그들은 극소수의 혁명가들이 운 좋게 해외로 망명했으나, 무능한 정치운동으로 민중과 적 앞에서 파쟁만 일삼고 있다고 질타했다. 그들은 선배들이 착오를 범해 독립운동계를 침체시킨 대표적 사례로서 다음의 두 가지를 들었다.

…… 해방과 혁명을 위해 투쟁을 하고 있는 선배들의 착오를 열거한다면 조선이 식민지라는 특수한 상황을 망각하고 적 앞에서 기성 국가의 정당 정치처럼 사분오열하여 서로 자기의 세력 기반을 쌓고 각자가 영수라는 것에 급급하여 자기 멸망의 투쟁을 계속하고 공허한 정치운동으로 해방운동을 하려 한다는 것 등이다. 동시에 그것이 오늘날 조선운동계를 침체시키는 최고의 원인이라고 할 수 있다. 다음으로 좌익 운동가들의 인식 부족인 공식적 운동이 두 번째 원인이다.

즉 그들은 우익 계열의 운동을 "공허한 정치운동"으로, 좌익 계열의 운동을 "공식적 운동"으로 규정하며, 내부의 세력 대립이 아닌 일치단결로 연합전선을 구축하여 외부의 적인 일본제국주의를 타도할 것을 주장했다.

류자명의 통일전선에 대한 인식은 「민족전선 문제에 대한 냉심군의 의문에 답한다」는 글에서 잘 드러난다. 남화연맹의 민족전선 결성 요구에 대해 한국국민당은 이의를 제기하며 반대했다. 반대의 논리는 "만일 진실로 민족전선을 촉성하고자 하는 결심이 있다면 공산당도 무정부당도 우리들 광복단체들도 먼저 자기의 몸을 강화하고 정리하는 것에 노력하지 않으면 안 된다. 자기 몸을 통제하는 힘도 없이 자기 몸을 파악하는 혁명 이론을 통일시키지 않고 대립하는 단체와 연합하는 것은 불가능하다"는 것이었다.

이 글은 한국국민당으로 대표되는 우파의 민족통일전선을 부정적이고 비판적으로 보는 시각에 대한 류자명의 반론이다. 그는 '냉심군'의 글에 나타난 민족혁명당과 무정부주의자에 대한 비판의 문제점을 조목조목 재비판하며 민족전선의 결성을 옹호하고 촉구했다. 특히 '냉심군'이 인민전선운동이 코민테른의 책동에 의해 진전되는 듯이 단정한 것을 "3·1운동이 윌슨의 민족자결주의 주장에 의해서 일어난 것이라고 하는 것과 마찬가지로 피상론"이라고 비판했다. 그는 좌경소아병左傾小兒病을 일종의 고질병이라고 인정한다면, 복고적이고 수구적인 우경병右傾病도 일종의 장애라고 인식할 것을 주장했다. 한국국민당의 비판을 "객관적이고 이지적인 것이 아니라, 감정적이며 시기하고 의심하는 것"이라고 비판했다. 나아가 "조잡하고 허영심 많은 맹종자를 낳는 것은 주의와 사상의 죄가 아니라, 그 민족의 수준과 혁명 역사의 깊고 얕음이 결정하는 것"이며, "민족전선 결성의 예비조건은 각 당파의 인식문제와 성의 문제로 귀결"됨을 믿는다며 글을 맺었다.

류자명은 1936년 여름부터 민족전선론을 제기했고, 이후에도 조선민족전선연맹 창립에 대한 글 등에서 민족통일전선론을 수차 강조했다. 『남화통신』 12일호에 게재된 「민족전선의 행동강령 초안」은 7간 논의된 민족전선의 구체적 양상을 보여준다.

① 현하의 조선 민족은 민족적 존망의 추秋에 처하여 우리들에게 유리하게 전개되고 있는 국제정세를 인식하고 민족해방의 목적을 신속하게 달성하기 위해서 각당 각파의 혁명 세력 연합진선 결성의 필요성을 통절하게 느낀다.
② 조선 민족의 자유해방을 위해서 일본제국주의에 대항하는 자는 단체

이건 개인이건 가리지 않고 민족진선民族陣線 구성에 참가해야 한다.

③ 민족진선은 그것을 구성하는 각 단체의 해체를 요구하지 않지만 혁명공작에서 보취步驟의 일치와 국호의 통일을 요구한다.

④ 민족진선은 대다수의 근로 민중을 기본대오로 삼는다.

⑤ 민족진선은 오로지 반일투쟁 시기의 전략적 결합에만 그치는 것이 아니라 장래의 건설시기에도 협동 노력해야 하는 것을 약속한다.

⑥ 독재정치를 거부하고 철저한 전 민족적 민주주의를 지지한다.

⑦ 경제기구의 독점권을 폐제廢除하고 만인 평등의 경제제도를 건설한다.

⑧ 일체의 봉건적 세력을 배제하고 과학적 신문화를 건설한다.

⑨ 일본제국주의를 타도함과 동시에 공유·사유를 가리지 않고 일본제국주의에 침점侵占되었던 일체의 토지를 몰수하고 농민의 공동 경영제도를 설립한다.

⑩ 매국적의 일체 사유재산을 몰수하여 건설 사업에 충용한다.

⑪ 조선 내에 있는 일본인이 소유한 일체의 금융기관 및 상공업기관을 몰수한다.

⑫ 일본인이 소유한 광산·어장·산림을 일체 몰수한다.

⑬ 조선 내에 설치되어 있는 일체의 해륙 교통기관을 몰수한다.

⑭ 생산본위의 교육제도를 건립한다.

⑮ 의무 노동 제도를 건립한다.

⑯ 공업의 도시집중을 방지하고 농촌의 공업화, 기계화에 주중注重한다.

⑰ 동아東亞의 일체의 항일 혁명세력과 연합한다.

남화연맹이 이 초안을 마련한 시기는 중일전쟁 이전이었으나, 이들은 당시를 "우리에게 유리하게 돌아가고 있는 국제정세"로 인식하여 머지않아 기회가 도래할 것을 예견했다. 그래서 1항에서 먼저 민족해방 달성을 위해 각 당파의 혁명세력들이 연합진선을 결성할 필요를 제기한 것이다. 2항에서는 이를 '민족진선'이라고 표현하고, 단체나 개인을 가리지 않고 모두 참가할 것을 강조했다. 다만, 참가 단체의 해체를 요구하지 않은 것은 주목된다. 특히 5항은 연합활동의 시기를 '반일투쟁시기'의 전략적 결합이 아닌 '미래의 건설시기', 즉 독립 이후의 시기까지 설정하고 있다. 이 조항 이후 6항부터는 사실상 독립 이후의 활동 목표와 과제를 제시한 것이다. 이 행동강령은 초안임을 감안하더라도 다소 정비되지 못한 조항이 산재해 있다. 그러나 당장의 투쟁보다는 장래의 과제를 제시하고, 나아가 독립 이후의 청사진까지 제시하고 있다는 점에서는 사실상 「건국강령」의 예비적 모습이라 해도 과언은 아니다.

민족전선의 결성과 활동 목표는 민족해방을 1차로 설정하고 녹립 이후 민족적 민주주의 국가 수립을 2차로 설정하고 있다. 이것은 단계혁명론적 사고에서 비롯된 것으로 보인다. 물론 당시 우파나 좌파 계열을 불문하고 독립운동계가 처한 최대의 당면 과제는 일제로부터의 독립이었다. 그러나 남화연맹을 비롯한 아나키스트들의 시선은 거기에만 고정되지 않았다. 그들은 독립 이후의 '전 민족적 민주주의' 형태의 정부와 국가수립을 목표로 했다.

이 행동강령의 기저를 관통하는 사상은 당연히 아나키즘이다. 그러나 국호의 통일을 요구하지 않는다고 하여 정부와 국가를 인정하고 있다.

매국적의 사유재산을 몰수한다고는 했으나, 사유재산제도를 완전히 부정하지 않고 있다는 점에서도 이전과는 다른 정부관과 국가관을 보이는 것은 주목할 만하다. 이러한 변화는 이후 일부 아나키스트들이 임시정부로 합류하는 사상적 전회의 바탕이 된 것으로 해석할 수 있다. 류자명이 이후 임시정부에 참여한 것도 이러한 면에서 이해할 수 있다.

조선민족전선연맹 결성

1937년 중일전쟁이 발발하자 남화연맹은 조직을 재정비할 필요성을 느끼고 명칭을 조선혁명자연맹으로 개칭했다. 중국국민당을 이끌고 있던 장제스도 전쟁 발발 직후인 7월 10일 류자명을 비롯하여 김구와 김원봉 등 한국 독립운동 지도자들을 초치하여 한·중 합작과 공동투쟁의 필요성을 역설하고 자금을 지원했다. 독립운동세력끼리의 통합은 물론 한·중 간의 통합도 새로운 시대적 과제로 제기된 것이다.

류자명은 조선혁명자연맹의 위원장으로 추대되었다. 그 이외에 주요 인물은 유기석·정화암·나월환羅月煥·박기성·이승래 등이었는데, 참여자는 모두 20여 명이었다.

중일전쟁 직후 독립운동세력 간에 통합 논의가 진행되는 가운데, 민족주의 우파세력의 연합이 먼저 성사되었다. 1937년 8월, 우파 단체로서 김구가 주도하던 한국국민당과 조소앙이 이끌던 조선혁명당, 이청천이 이끌던 조선혁명당 및 미주의 대한인국민회 등 5개 단체가 연합을 성사시켜 한국광복운동단체연합회(이하 '광복진선'으로 약칭)를 조직했다. 중

조선민족전선연맹 본부 터

국국민당 장제스는 이들을 지원하면서 김원봉 계열과도 통합할 것을 종용했다.

좌파 계열도 3개월간의 토의와 '예비공작' 끝에 난징을 떠나기 직전인 1937년 12월 연합에 성공했다. 그가 주도하던 조선혁명자연맹, 김원봉이 이끌던 조선민족혁명당, 의열단 출신의 김성숙과 박건웅 등이 조직한 조선민족해방운동자연맹의 3개 단체가 민족연합전선론에 따라 연합하여 조선민족전선연맹(이하 '민족전선'으로 약칭)을 결성한 것이다.

민족전선이 정식으로 창립된 것은 난징을 탈출한 직후인 12월 우한에서였다. 민족전선은 3개 단체 명의의 「창립 선언문」을 발표했다. 여기에서는 '조선 민족의 자유해방'을 위해 투쟁할 것을 결의하며 자신들이 취해야 할 '태도와 결심'으로 5개항을 제시했는데, 이를 요약하면 다음과 같다.

① 조선 민족이 나아갈 유일한 길은 전 민족의 역량을 단결하여 일본제국주의를 타도하는 것이고, 조선 민족의 자주독립을 완성하는 것이다. 조선혁명은 민족혁명이고, 우리들의 전선은 민족전선이다. 이는 계급전선도 아니고 인민전선도 아니다. 우리는 민족 내부에서 발생하는 대립과 분화적 현상을 부정하고 이런 현상을 극복하는 데 노력한다. 민족전선은 이미 이론적 과정을 넘어섰고, 실천적 단계에 도달하였다. 이에 중국 민족과 함께 강도 일본의 야만적 침략에 대해 전면적으로 용감하고 영웅스런 항전을 전개한다.

② 우리의 혁명 목적은 조선 민족의 자유평등을 실현시키는 일뿐만 아니라, 전 민족의 역량을 집중시켜 일본제국주의를 타도하는 일이다. 조선 민족의 자주독립을 완성하고 전 민족이 안락과 행복을 향유할 수 있는 정치기구와 경제제도를 건립해야 한다. 민족생존의 자주권을 보장받고, 민족의 유구한 번영과 발전을 기하며, 세계의 평화를 보장받기 위해 국제적으로 민족의 자주독립을 요구해야 하고 정치적으로는 전 민족의 평등한 권리를 요구해야 하며, 경제적으로는 대중생활의 안정과 향상을 위해야 한다.

③ 조선의 혁명은 특수성이 있으나 국제적인 공통성도 있다. 중국 민족도 우리 민족처럼 같은 요구에 도달하기 위해 투쟁하며 민권주의의 정치를 실현하도록 요구하고, 민생주의를 획득하고자 하는 것이다. 이것이 바로 한·중 양 민족 혁명의 공통성이고, 또한 피압박 민족혁명 이론의 공통성이다. 그렇기 때문에 모든 피압박 민족의 연합전선이 필요한 필연적인 것이다. 우리는 중국 민족과 연합하는 것이 한층 절

실하고, 그런 후에 일본제국주의를 타도하여 진정한 동아시아의 평화를 실현시켜야 한다. 이는 세계 평화와 인류의 행복을 실천하게 되는 것이기도 하다.

④ 조선 민족에게는 혁명의 자각이 있고, 우리들의 사명의 중대함도 알고 있다. 국내의 혁명 대중은 내부 분열과 대립의 이유가 완전히 존재하지 않는 것은 아니지만, 남만주의 다수 조선 혁명 군중에게 분열과 대립은 이미 과거의 문제에 속하는 일이 되었다. 그러나 중국 남부지역의 조선 혁명 진영은 아직 당파 간 대립적 현상을 소멸시키지 못하고 있다. 우리들의 혁명운동이 진일보한다면 이런 현상은 자연히 극복될 것이지만, 이런 과도적 현상은 혁명운동에 악영향을 줄 것이고 그 영향 또한 적지 않을 것임을 알고 있다. 따라서 그 극복의 시간을 축소하고 단축시키는 데 계속하여 노력해야 한다.

⑤ 현재 일본제국주의는 육해공군의 모든 역량을 발동하여 중국 침략전쟁을 진행시키고 있으며, 독일·이탈리아와 연합하여 침략선선을 실상하고 있으니, 우리들은 반드시 중국과 연합하여 항일전선을 강화하여야 한다. 이것은 역사가 우리에게 준 결정적이고 필연적인 하나의 노선이고 또한 세계에서 벌어지고 있는 침략전선과 대립하는 민주평화전선을 지지하는 일이다. 이는 하나의 자연적인 추세이다. 일본제국주의가 현재 발악을 하고 있으나, 그 자체 모순도 극점에 달해 있다. 따라서 그들의 미치광이 같은 포악함도 결국은 마지막 발악에 불과할 것이다.

하나, 조선 민족이여 단결하여 우리의 민족전선을 공고히 하자!

둘, 중·한 양 민족을 연합하여 일어나 우리들의 항일 역량을 집중시키자!
셋, 세계의 모든 반일세력을 연합하여 일본제국주의를 타도하자!

민족전선은 자신들의 최종 목표를 일본제국주의의 타도, 그 이후 전 민족의 평등한 권리와 대중생활의 안정과 향상을 위한 정치기구와 경제제도의 건립으로 설정했다. 그리고 단계적인 연합론을 전개했다. 첫 번째 단계는 민족 내부의 분열과 대립을 해소하고 전 민족적 역량을 단결시키는 일이었다. 두 번째 단계는 공동의 적인 일본의 침략을 받고 있는 중국 민족과의 연합 실현, 세 번째 단계가 모든 피압박 민족의 연합을 이루는 일이었다.

민족전선은 이 같은 단계적 연합의 실현과 투쟁으로 일본제국주의를 몰아내는 것은 곧 동아시아의 평화 실현이자 세계의 평화와 인류의 행복을 실현시키는 것이며, 이를 필연적인 것이라고 강조했다. 민족전선의 「창립 선언문」은 류자명의 지론과 주장이 강하게 반영되어 있다. 그가 쓴 『조선민족전선』 「창간사」 등의 내용과도 유사하므로 그가 기초한 것으로 보아도 무리는 아닐 듯하다.

민족전선은 이사회를 구성하여 지휘했고, 3부의 체계를 갖췄다. 정치부 약 40명, 경제부 약 10명으로 구성되었으며, 류자명은 이사회의 이시이지 선전부 책임을 맡았다. 또한 그는 반월간으로 발행되는 민족전선의 기관지 『조선민족전선朝鮮民族戰線』의 주필 겸 편집인으로 활동했다.

그는 창간사에서 한·중 양 민족이 공동의 적인 일본제국주의를 타도하고 동아시아의 평화를 정립시켜야 하는 공통적 사명을 지니고 있다고

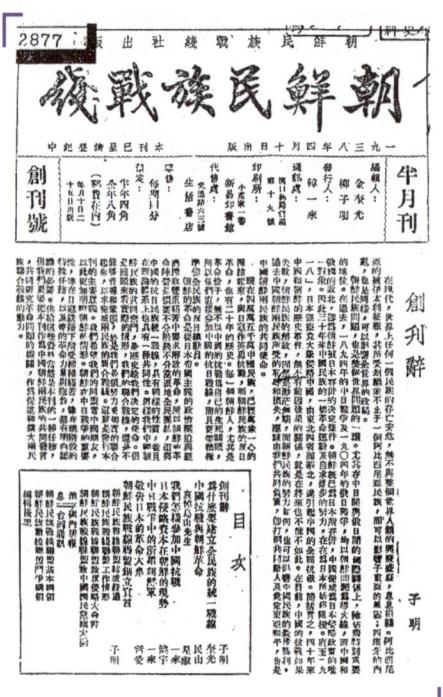

『조선민족전선』 창간호

강조했다. 또한, 중국의 대일 항전이 실패한다면 조선민족의 해방은 기대할 수 없지만, 반대로 조선 민족이 중국 민족의 최후 승리에 영향을 줄 수 있는 존재임을 강조하며 연대론의 당위성을 주장했다. 그는 『조선민족전선』의 발간 목표와 의의를 다음과 같이 정리했다.

…… 조선의 혁명은 일본 제국주의의 정치 압박과 경제 착취로 인해 받는 심각한 고통 속에서 해방을 위한 혁명을 요구하고 있다. 그래서 조선의 혁명 진영은 계급과 당파를 가리지 않고 전 민족이 단결하는 것이 필요하며, 이것과 중국의 항일민족통일전선은 같은 성질을 갖는 것이며, 동시에 이론 체계상에서도 일종의 공통성을 갖고 있는 것이다. 이렇게 중국과 조선 민족의 공동적인 분투는 역사가 우리에게 준 결정적인 사명이다. 다만 실제적인 상황을 되돌아보면, 우리들의 연합전선은 아직 보편화되지 못하고 있고 공고히 되어 있지 않다. 그리하여 우리들은 반드시 노력하여 양 민족의 연합전선을 완성하도록 요구해야 한다. 이것이 바로 이 책을 출간하는 주요한 의의이다. ……

조선혁명자연맹은 민족전선 결성 이후에도 독자적인 투쟁을 벌여나 갔다. 그들은 1938년부터 안후이성과 후베이성 일대에서 중국군과 연합하여 유격전을 펼쳤다. 유격대는 2개 계열로 편성하여 투쟁했다. 하나는 한국청년전지공작대로서, 1939년 11월 11일 충칭에서 김구의 승인과 지원 하에 나월환을 대장으로 부대장 김동수, 정치조장 이하유, 군사조장 박기성, 선전부장 이재현 등이 이끌어나갔다. 조직은 주로 일본에서 유학하고 중국 중앙군관학교를 졸업한 30여 명의 젊은 청년들을 중심으로 구성되었다. 한국청년전지공작대는 조직 후 곧 시안으로 이동하여 장제스 휘하의 후쭝난胡宗南 부대와 연대하여 활동했는데, 주로 독립군 초모招募와 문화선전 활동을 펼쳤다. 처음에는 김구의 지원을 받았으나, 점차 어느 정파에도 속하지 않는 독자적이고 자율적인 군사조직으로 발전했다. 류자명은 이들의 활동을 다음과 같이 기록했다.

…… 그해(1939년 - 필자 주) 가을 다른 무정부주의 청년들이 임시정부 청년들과 연합하여 '전시공작대'를 조직하여 또한 '조선의용대' 산하 별동대의 명의로 단독 활동을 하게 해달라고 요구하였다. 안타깝게도 의용대에서는 그들의 요구를 받아들이지 않았다. 이것은 잘못된 것이다. 결국 '한국청년전시공작대'는 임시정부의 도움 하에 서안西安에 가서 적후 공작을 진행하게 되었다. ……

또 하나는 그가 정화암·정현섭·유기석 등과 이끌던 전시공작대였다. 이 단체는 구주퉁顧祝同 군단의 제3전투 지역에서 한간漢奸(친일 중국인) 제거와 학도병 귀순, 연합군 포로 구출 작전 등을 수행했다. 한간 제거 작전은 중국 아나키스트들과 연대하여 진행했고, 포로 구출 작전은 연합군 공군사령관 쇼우와 합작하여 펼쳤다.

좌파 연합 조직인 민족전선 결성 과정은 류자명의 상세한 기록(「조선민족전선연맹 결성의 결성 경과」, 『조선민족전선』 창간호, 1938. 4. 10)이 참고할 만하다. 류자명이 기관지인 『조선민족전선』 창간호에 이 글을 게재했다는 것은 그만큼 민족전선 결성의 이론과 실제에 있어서 그가 주역이었음을 입증하는 것이라 할 수 있다. 이 글에 의하면 민족전선 결성 이전에 '조선민족전선통일촉성회', '재중국조선민족항일동맹', '조선독립운동자동맹' 등이 선행 단체로서 존재했음을 알 수 있다. 사실 이 단체들은 독립운동사에서 그리 잘 알려진 조직은 아니다. 중일전쟁 직후 난징에서 민족전선연맹 결성이 논의될 때, 어느 단체에도 소속되지 않은 손건孫建·김철남金鐵南·이연호李然浩 3인이 개인 자격으로 통일을 추진하기 위해 노력했다. 이들 3인이 같이 서명하여 선언문을 만들자, 세 개 단체도 이 선언문에 동의했다. 이로써 통일문제 논의는 빠르게 진행되었다.

일본 군용기의 난징 공습은 나날이 심해졌다. 공포와 긴장감이 감도는 상황에서 각 방면의 대표 15명이 모여 토론한 결과 먼저 '조선민족전선통일촉성회'를 성립시키고 통일운동에 최선을 다할 것을 선언했다. 그리고 며칠 지나지 않아 남경한족회도 전체 회의를 소집하여 '재중국조선민족항일동맹' 결성을 발표했다.

이 두 단체의 조직 목적은 거의 유사하다. 각각 명칭에서 내건 바와 같이 조선 민족의 전선 통일과 동맹을 촉구한 점에서 일치한다. 이에 따라 두 단체는 협상을 벌여 '조선독립운동자동맹'으로 통합했다. 그러나 명칭의 통합과는 달리 내용면에서는 완전한 통합을 이뤄내지 못했다. 민족전선의 조직을 개인 본위로 할지, 혹은 단체 본위로 할지에 대한 의견이 일치하지 않았고, 정치 강령 등에 대한 이견도 남아 있었기 때문이다. 이를 조정하고 합의에 이르는 데는 3개월이 소요되었다.

드디어 11월 12일, 비로소 정식으로 3개 단체의 대표회의가 소집되었다. 4, 5차의 회의 끝에 명칭·규약·강령·선언 등이 통과되었고, '조선독립운동자동맹'을 해체하고 민족전선을 결성하기에 이르렀다. 그들은 광복진선 측에도 통합을 제안했다. 우파와 좌파는 각각 자파의 연합에는 성공했으나, 좌우파의 연합과 통일에까지는 이르지 못했다.

이때 난징이 일제에게 함락될 위기에 처했다. 난징의 독립운동세력은 우한으로 이동했고, 12월 초 우한에서 선언문을 발표하기에 이른다. 류자명은 민족전선의 결성을 이전의 통일운동과 구별하여 커다란 의미를 부여했다. 즉 이전의 통일운동이 동일한 성질의 정치 단체적 합동운동으로서 성질상 다른 각 당의 민족단일당운동이라면, 민족전선은 주의와 사상이 다른 단체가 각자의 조직을 유지하면서 일정한 공동의 정강 아래에서 연합한 것임을 강조했다. 그는 민족전선의 역사적 사명에 대해 다음과 같이 설명했다.

…… 그러나 우리들은 절대로 이 연맹을 조선 혁명 대중의 상위 영도 단체로 만들려는 것이 아니고 단지 연맹을 가장 완전하고 만족할 만한 통일전선의 한 출발점으로 만들 생각이며, 이로써 장차 전선의 통일운동에 더

욱 노력하고자 하는 것이다. 그리하여 가장 원만한 통일전선을 실현하기를 기대하는 것이다. 다른 하나는 우리는 이러한 통일전선이 일본 제국주의를 타도하는 투쟁 과정 속에서 지지를 얻어낼 수 있다고 깊이 믿을 뿐 아니라 장차 독립·자유·행복한 국가를 건립할 때 또한 각 당 각 파의 공동 노력이 필요하다고 본다. 왜냐하면 이렇게 함으로써 비로소 조선 민족의 진정한 자유와 행복한 생활을 가져올 수 있다고 보기 때문이다. ……

조선의용대 지도위원

난징은 장쑤성江蘇省의 성도로서 중국 7대 고대도시의 하나로 손꼽히는 곳이다. 난징은 1851년 태평천국의 난 이후에는 태평천국군의 수도, 1911년 신해혁명 이후에는 중화민국의 임시 수도, 1927년 이후에는 중국국민당의 수도가 자리한 정치적 요지다.

한편으로 난징은 중국 근현대사에서 파란만장하고 아픈 역사의 현장이기도 하다. 1842년 역사상 가장 부도덕한 전쟁이라 일컬어지는 아편전쟁의 결과, 청淸이 유럽에 굴종한 불평등한 난징조약의 현장이다. 또한 일본군에게 점령당한 1937년 12월부터 이듬해 1월까지 30여만 명의 중국인이 무참하게 학살당한, 이른바 '난징대학살'이 자행된 곳으로서 20세기 제노사이드의 대명사이기도 하다.

한국독립운동사에서 먼저 난징과 인연을 맺은 것은 임시정부 이전의 김원봉 계열이었다. 즉, 1932~1937년간 김원봉의 조선혁명군사정치간부학교와 조선민족혁명당이 이곳에 자리했다. 그런데 2000년대 초까지

난징 중국국민당 총통부

난징대학살기념관

만 해도 의열단 간부학교로 불린 조선혁명군사정치간부학교 훈련 장소가 텐닝쓰天寧寺에, 김원봉 계열 한인특별반 졸업생 거주지가 자오푸잉敎敷營 16호 일원에 흔적이 남아 있었으나, 지금은 그나마도 찾을 수 없다. 조선민족혁명당 거점이던 후자화위안胡家花園도 빈민촌으로 변했다가 급격한 도시 개발로 그마저도 완전히 모습을 잃었다. 이 시기 대한민국임시정부 청사는 전장鎭江에 두었으나, 요인들의 주요 활동지는 난징이었기 때문에 난징에는 여러 계열의 독립운동가들이 함께 있었다.

12월 13일 수도인 난징이 일제에 함락당했다. 독립운동세력은 난징을 탈출해야 했다. 임시정부는 함락 직전인 11월 말 난징을 출발하여 후난성 성도인 창사에 도착했다. 창사가 당초 목적지는 아니었으나, 음식값이 싸고 홍콩을 통해 해외 독립운동세력과의 연계가 용이하다는 이유로 일시 기착지로 선택한 것이다.

류자명은 난징 함락 직전 리위화와 함께 우후蕪湖로 가는 기차를 타고 난징을 탈출했다. 우후에서는 윤선을 타고 한커우로 갔다. 민속선선 통지들은 한커우의 일본 조계지에 큰 집을 한 채 얻어 그곳에서 공동생활을 했다. 이들은 정식으로 연맹을 결성하고 본격적인 활동에 들어갔다. 중요 인물은 그와 김원봉, 김성숙과 두쥔후이杜君慧, 최창익·이춘암·박정애朴正愛·허정숙許貞淑·이영준李英俊·문정일文正一 등이었다. 류자명은 우한에 도착한 후 리위화에게 샤오양에 있는 가족들을 데리고 와달라고 부탁하여 민족전선에서 같이 생활했다.

1937년 8월 13일, 일본 침략군이 상하이를 침공하자 중국의 국민당과 공산당이 서로 협의하여 9월 하순에 제2차 국공합작을 성사시켰다.

이들은 우한에서 정치부를 조직하고 국민당 측에서는 천청陳誠이 정치부의 부장이 되었다. 공산당 측에서는 저우언라이가 부부장이 되었다. 조선민족전선연맹은 정치부 제3청 청장 궈모뤄郭沫若의 지도를 받게 되었다.

1938년 10월 10일, 우한에서 조선의용대가 조직되었다. 조선의용대의 조직 배경은 당시의 국제정세와 밀접한 관련이 있다. 중일전쟁이 발발하자 독립운동세력은 이를 유리한 정세의 변화로 인식하고, 일부 친한 중국인의 도움을 받아 한·중 간 새로운 형태의 합작을 요청했다. 새로운 형태란 중국의 국공합작 방식처럼 평등합작의 원칙 보장이었다. 독립운동세력은 중국 측에 조선의용대 건립을 끈질기게 요구했다. 여기에 국제적인 반파시스트 세력을 이용한 것도 주효했다. 그들은 친한 중국인은 물론, 일본인 공산주의자도 동원했다. 정의를 내세워 국제주의를 실천하고자 한 일본인 아오야마 가즈오靑山和夫에게는 국제의용군 건립안을 작성하여 장제스에게 보고하도록 했다. 이는 조선의용대 창설의 결정적 요인이 된 대표적인 예다.

이날 조선의용대는 성립선언문을 발표했다. 이 선언문은 조선의용대 창립을 "한중 양 민족 해방운동 사상에 획기적 광영의 기록"이라고 커다란 의미를 부여하며, 중국 항전과 조선 민족 해방을 일치시키고 있다. 특히 '중국 형제', '쌍심절', '항일 최고 영수 장개석을 옹호히자' 등의 표현은 조선의용대 창설 과정과 의미를 잘 표현하고 있다.

…… 이러한 시기에 중국에 있는 우리 혁명 동지들이 직접으로 항일전쟁

조선의용대 창립기념식(1938. 10. 10)

조선의용대 창립기념식장 터

에 참가하며 또한 항전 과정 중에 조국 독립을 전취戰取하기 위하여 '조선민족전선연맹'의 기치 하에 일치단결하여 항일 최고 영수 장위원장 통솔 하에 중국혁명 제27주년 기념일인 '쌍십절'을 기하여 '조선의용대'를 조직하니 이는 중한 양 민족 해방운동사상에 획기적 광영의 기록일 것이다. …… 우리는 광영스러운 중국 '쌍십절'에 조선의용대 기치를 높이 달고 중국 형제들과 굳게 손을 잡고 필승의 신념으로 정의의 항일전선을 향하여 용감히 나아가 우리의 신성한 임무를 관철하기 위하여 최후일각까지 분투하자!

중한 양 민족은 연합하자.
일본제국주의를 부숴버리자.
항일 영수 장위원장을 옹호하자.
중국 항전 승리 만세!
조선 민족 해방 만세!

조선의용대의 정식 창설에 앞서 10월 2일 한·중 대표들이 회의를 열어 조선의용대 지도위원회를 선정했다. 중국의 정치부 제1청 청장이자 정치부 비서장이던 허중한賀衷寒이 조선의용대 건립 과정의 실무를 담당했다. 조선의용대 지도위원회는 그의 지침에 따른 것으로, 사실상 장제스의 의중이 반영된 것이다. 지도위원으로는 중국 군사위원회 정치부 인사 네 명, 민족전선 산하단체 대표인 김원봉·류자명·김성숙·김학무 네 명이 선정되어 여덟 명으로 구성되었다. 이로써 지도위원회는 중국과 우리가 절반씩 참여함으로써 실제로 평등합작을 이룬 것이라고 할 수 있다.

그런데 지도위원회 구성에 관한 류자명의 기억은 이와 다르다. 그는 다음과 같이 설명했다.

…… 1938년 10월에 조선민족전선연맹에서는 조선의용대를 조직하고 김약산이 의용대의 대장으로 되었으며, 지도위원 6명을 두었는데 이 지도위원회는 보통 군대의 참모부에 상당한 것이었다. 민족혁명당의 이춘암, 해방동맹의 김규광, 전위동맹의 최창익, 무정부주의연맹의 내가 지도위원으로 되었고, 정치부에서도 두 사람을 지도위원으로 임명했다. ……

여기에는 지도위원이 여섯 명으로 우리가 네 명, 중국인이 두 명으로 되어 있다. 또 다른 그의 기록에는 "대장 산하에 지도위원 일곱 명"으로 되어 있다. 이는 기억의 착오에서 비롯된 오류로 보인다. 여하튼 류자명이 지도위원 중의 한 사람으로 선정된 것은 틀림없는 사실이다. 그는 지도위원회를 군대조직의 '참모부'에 해당한다고 표현했다.

창립 당시 조선의용대의 대장은 김원봉이었고, 조선민족혁명당원들로 구성된 제1구대(43명)의 구대장은 박효삼朴孝三, 전위동맹원으로 구성된 제2구대(41명)의 구대장은 이익성李益星이었다. 조선의용대 대원은 중앙육군군관학교 특별훈련반을 비롯하여 군관학교 출신이 대부분으로 본부 인원까지 총 97명이었는데, 곧 200여 명으로 증가하여 3개 구대 편제를 갖추게 되었다.

조선의용대는 중국군사위원회 → 정치부 → 지도위원회 → 조선의용대 본부로 이어지는 명령과 지휘체계를 지니고 있었다. 따라서 조선의용대는 한·중 연대정신을 구현한 한·중 연합전선의 군사조직 성격을 지닌다. 조선의용대는 중국 입장에서 보면 국제지원군인 셈이지만, 우리 입장에서 본다면 관내지역에서 조직된 최초의 한인 군사조직이라는 의의를 지닌다. 비록 형식적이긴 하나 지도위원회 내에 조선인이 절반인 네 명이 들어 있어 중국과 평등한 합작도 이뤘다. 또한 조선의용대는 민족전선 산하의 통일전선적 군사조직이었고, 그 주력은 김원봉이 이끌던 조선민족혁명당원들이었다.

그러나 조선의용대는 전투부대가 아니라 무장한 정치선전대였다. 중국 측이 군사조직의 성격을 지닌 의용군이 아니라 의용대라는 명칭을 고집한 까닭도 여기에 있다. 조선의용대는 일본군과 중국 인민을 상대로 한 선전 임무를 부여받았다. 이들은 1941년 여름 화베이의 팔로군 근거지로 이동하여 7월 7일, 그곳에서 투쟁하고 있던 조선 청년들과 함께 조선의용대 화베이지대를 창설하고 활동을 벌여나갔다. 그러나 정치 선전부대로서의 성격은 변하지 않았다. 이 같은 활동은 1945년 8월 '조선의용군'으로 개칭하고 전투부대로 재편할 때까지 유지되었다.

조선의용대는 『조선의용대통신朝鮮義勇隊通訊』 등 기관지를 발행했다. 이 또한 정치부의 지시에 따른 것이다. 조선의용대는 본부에 편집위원회를 두고 우리말과 중문 편집위원회를 따로 두었다. 우리말 편집위원회는 윤세주尹世胄를 주임으로 하여 김두봉·이영준·김상덕이 위원으로 있었고, 중문 편집위원회는 한지성을 주임으로 하여 류자명·김성숙·이

『조선의용대통신』

달李達·한일래韓一來(천병림)·거우지자오苟季昭·왕지셴王繼賢·윤위화尹爲和 등이 주임으로 있었다. 류자명은 당시의 상황을 다음과 같이 설명했다.

…… 우리는 정치부의 통일 영도 하에서 중국문·일본문·조선문으로 선전 간행물을 발행하고 표어를 써 붙였다. 그리고 또 각종 군중대회에도 대표를 보내어 참가하였었다. 김규광의 부인 두군혜는 정치부의 직접 영도 하에서 전시고아원戰時孤兒院을 성립하고 전쟁에서 부모를 잃어버리고 집이 없는 고아와 빈아貧兒들을 수용해서 교양하고 있었다. 나는 김규광과 함께 고아원에서 선전 간행물을 편집했다. 일본 침략군이 무한을 점령하기 전에 두군혜는 고아원의 아동들을 데리고 중경으로 갔으며 투쟁에 참가할 수 없는 여성들도 중경으로 갔다. ……

『남화통신』과 『조선민족전선』에 여러 편의 글을 기고한 류자명의 글이 『조선의용대통신』에서는 확인되지 않는다. 그와 함께 이 잡지를 편집한 김성숙(김규광)과 이달의 글은 확인되고 있어 의아한 일이다. 그 자신도 위의 글에서 김성숙과 함께 고아원에서 선전 간행물을 편집했다고 밝힌 바 있다. 그럼에도 불구하고 그가 쓴 기사가 확인되지 않는 것은 『조선의용대통신』 종사 기간이 짧았고, 현재 전해지지 않는 잡지에 게재되었을 가능성 등을 고려해볼 수 있다.

류자명은 조선의용대의 선전활동과 관련하여 특별히 일본인 가지 와타루鹿地亘의 활동을 언급하고 있다. 일본 사회주의자인 그는 조선의용대와 함께 궈모뤄의 지도 아래 일본 포로 사병들을 상대로 선전활동을 펼친 인물로서 조선의용대와도 서로 연락하던 사이였다. 중국 정치부는 후난성 창더지구常德地區에 일본인 포로수용소를 설치하고, 가지 와타루를 파견하여 포로로 잡힌 일본 사병들을 상대로 반전사상을 선전하도록 했다. 일본 사병들은 처음에는 가지 와타루를 적대하고 비웃었으나, 점차 전쟁의 죄악상을 이해하게 되었다. 그들은 자기들이 전쟁 중에 겪은 어려움과 수많은 일본군이 전사하고 있는 전황을 가지 와타루에게 말해주었다고 한다. 류자명이 가지 와타루의 사례를 제시한 것은 허베이 전선에서 일제에 징병당해 일본군을 위해 싸우는 조선 병사들을 상대로 반전사상을 선전할 필요성을 강조하고자 한 것이다.

그런데 조선의용대가 창립되기 전부터 우한에서는 중국군과 일본군의 전투가 시작되었고, 급기아 1938년 10월 우한은 일본군에게 점령당했다. 조선의용대 2대는 우한에서 철수했는데, 제1대는 김원봉 대장의 인솔 하에 후난을 향해 철수하여 구이린桂林에 도착했고, 제2대는 허난河南을 향해 철수하여 옌안延安에 이르렀다. 류자명은 김원봉이 지휘하는

조선의용대의 선전 활동

제1대를 따라 창사를 거쳐 1938년 겨울 구이린에 도착했다. 조선의용대는 우한에서 철수할 때 우한삼진의 거리마다 침략전쟁을 반대하는 표어를 일본어로 써 붙여놓았다. 철수하는 도중에도 도처에서 중국 인민 군중에게 항일전쟁에 대한 선전을 진행했다. 류자명은 우한에서 철수하여 구이린에 도착하는 과정을 생생히 기록했다.

…… 나는 의용대 제1분대를 따라서 장사를 거쳐서 형산에 가서 한동안 머물러 있었는데 그때에 정치부도 무한으로부터 철수하여 남악南岳에서 회의를 열었다. 그때 적기는 날마다 형산을 폭격하였다. 그리하여 장사에서 대화재가 발생한 뒤에 나는 의용대를 따라서 보행으로 형양에 가서 또 한동안 있다가 형양으로부터 목선을 타고 상강湘江을 거슬러 2주일 만에

영릉零陵에 도착하였고 거기에서 또 보행으로 냉수탄冷水灘으로 가서 기차를 타고 그 이튿날 계림에 도착했다. 그날 계림시 동편에 있는 칠성암七星岩 부근에서 민가 두 채를 빌려 가지고 항일 선전사업을 개시했다. 계림의 산수는 천하의 으뜸이라고 일컬었고 그중에서도 칠성암은 거대한 자연암동自然巖洞으로 유명했다. 그래서 상해전쟁이 시작되자 전쟁지구 각 성省의 학교들이 계림에 집중되었었다.

류자명은 1938년 겨울을 구이린에서 지냈다. 구이린에서 함께 지낸 조선의용대 대원은 김원봉·김성숙·박건웅·이춘암·석정·박정애 등이었다. 일본인 가지 와타루도 구이린으로 와서 조선의용대와 함께 회의를 하기도 했다. 중국 친구이자 동지인 바진도 가족들과 함께 구이린의 칠성암 부근에서 살며 문화생활출판사를 운영하고 있었다.

그를 비롯한 조선의용대가 구이린에 머물 당시 임시정부는 항저우에서 창사를 거쳐 류저우柳州에 와서 머무르고 있었다. 1938년 10월 20일, 임시정부 요인과 가족들은 일엽편주와도 같은 자그마한 목선에 의지하여 광저우를 떠나 류저우로 향했다. 그로부터 한 달 열흘 남짓의 위태롭고 힘든 여정 끝에 11월 30일 류저우에 도착할 수 있었다. 그러나 일행이 도착하여 막 짐을 옮기려던 오전 9시경, 여기서도 여지없이 공습경보가 울렸다. 공습경보는 오후 2시가 되어서야 헤제되었고, 그제야 일행은 숙소에 들어갈 수 있었다. 임시정부 요인과 가족들은 공습 대피를 시작으로 류저우의 6개월 생활을 시작한 것이다.

류저우는 중국 서남부에 위치한 광시좡족자치구廣西壯族自治區의 중심

바진과 그가 운영하던
문화생활출판사 터

도시다. 구이린에서 고속도로로 2시간여 달리면 당도할 수 있는 곳이다. 이곳을 '룽청龍城'이라고도 불렀는데, '류장인柳江人'이라 명명된 구석기인이 유저이 발굴되어 일찍이 사람이 살았던 유서 깊은 곳임을 증명하고 있다. 특히 류저우는 구이린과 같이 카르스트karst 지형이 발달하여 자연경관이 매우 빼어난 고장이다. 이 지역의 수석은 세계적으로도 유명하여 '세계기석전시회世界奇石展示會'가 수차 열렸고, 세계 각국에서 수석 애호가의 발길이 끊이지 않는다.

류저우에서도 임시정부 요인과 가족들은 날씨가 맑으면 여지없이 일

조선의용대 본부와 『조선의용대통신』 발행 터

본 폭격기의 공습에 시달려야 했다. 그들이 류저우에 도착한 지 닷새 만인 12월 5일, 일본기의 공습으로 대참사가 발생하기도 했다.

류저우에서의 임시정부 생활은 연일 계속되는 공습과 대피로 힘든 시간이었다. 그러나 한국국민당·한국독립당·조선혁명당 등 민족주의 우파 세력들은 임시정부를 구심으로 통합 노력을 기울이는 등 독립운동의 진로를 모색했다. 이 시기의 활동 중 특기할 것은 한국광복진선청년공작대韓國光復陣線靑年工作隊를 조직하여 중국군을 대상으로 위로활동을 펼친 일이다.

1938년 10월 조직된 공작대는 노태준을 단장으로 했는데, 그는 임시정부 군무부장을 지낸 노백린 장군의 아들이다. 공작대는 중국인을 상

류저우 임시정부활동기념관

대로 선전물 배포, 횃불시위, 가두행진, 연극공연 등의 활동을 벌였다. 단장은 1939년 3월 4일, '위로항적부상장사유예대회慰勞抗敵負傷將士遊藝大會'를 열었는데, 어린이들의 무용과 합창으로 청중이 갈채를 받았다. 송면수宋冕秀가 대본을 쓰고 연출한 '전선의 밤'은 큰 반향을 불러일으켰다. 이들은 공연 수익금을 중국군 부상 장병 위로금으로 기부하여 한·중 공동투쟁의 우의를 다졌다.

류자명은 류저우를 방문하여 김구 등 임시정부 지도자들을 만났다. 그는 민족전선의 대표 자격으로 김구 등을 만나 독립운동계의 통합문제를 논의했다. 당시 독립운동 진영을 통합해야 한다는 것은 누구나 인정하고 필요성을 느끼고 있었으나 어떤 방법으로 할 것인가를 둘러싸고 의견이 대립되어 있었다. 류저우에서의 진영 통합 논의는 결론을 내지 못했고, 결국 치장綦江 회의로 넘어가게 되었다.

치장 통일회의에 참가하다

1939년 초, 그는 동지들과 함께 구이양을 거쳐 충칭으로 갔다. 민족전선 후방 지원부 동지와 가족 100여 명은 충칭 난안南岸 단쯔스弾子石 어궁바오鵝公堡에 있는 쑨자화위안孫家花園에서 공동생활을 하고 있었다.

비슷한 시기에 임시정부 요인들이 쓰촨성 치장에 도착했다. 1939년 4월 30일, 류저우를 떠난 임시정부 요인과 가족 2진이 치장에 도착함으로써 100여 명의 이동이 완료되었다. 선발대로 충칭에 간 김구는 국민당 정부 관계자와 만나 임시정부의 이사 차량과 비용을 지원받는 문제를 협의했다. 중국도 전쟁의 와중이었으나, 버스 5~6대를 지원해주어 100여 명의 대식구와 많은 이삿짐이 수천 리의 험한 길을 무사히 이동할 수 있었다.

치장은 쓰촨성과 구이저우성貴州省의 접경에 위치하고 있는데, 북쪽이 낮고 남쪽이 높아 강이 구이저우에서 이곳으로 흘러 들어오는 독특한 지형을 이루는 곳이다. 또한 치장은 불과 60km 떨어진 충칭으로 들어가는 관문이자, 구이저우 성과 쓰촨성을 연결하는 유일한 통로도시 지정학적으로 중요한 지역이다. 이곳에서 충칭으로 가는 길은 류저우에서 오는 험로에 비하면 매우 순탄하고 교통도 편리하다. 이런 지리적 요건을 갖춘 치장은 임시정부 요인과 가족들이 일시 거처하며 본격적인 충

조선민족혁명당과 조선의용대 거주지

칭 시기를 준비할 수 있는 적격지였다.

김구는 당초부터 임시정부 요인과 가족들을 충칭으로 이전시키지 않고 치장에 머물도록 할 계획이었다. 그가 조성환으로 하여금 먼저 치장으로 가서 집을 장만하고 가구를 준비시킨 데서도 이 사실을 알 수 있다. 김구가 치장을 임시 거처로 정한 것은 단순히 교통 불편에 따른 불가피한 선택이 아니었다. 이는 국민당 정부와의 관계 설정, 조선민족혁명당과의 대립관계, 독립운동세력 내부의 분열문제 등을 종합적으로 고려한 의도적 선택이었다.

치장에 정착한 임시정부 요인들은 린장제臨江街 43호에 있는 중국인 천보쉰陳伯勳의 집에 모여 향후 일을 논의했다. 이곳은 사실상 임시정부

사무실이었으나, 임시정부라는 간판을 달지 않고 '조공관曹公館'이라는 문패를 내걸었다. 당시 치장현 정부가 조사한 「한교조사표韓僑調査表」에는 조성환과 이동녕 등의 주소가 린장제로 되어 있는데, 바로 이곳을 말하는 것이다. 한꺼번에 임시정부 요인과 가족 100여 명이 당도하자 치장현 정부는 놀라서 이들을 '엄밀'히 조사하는 한편, 성 정부에 이 사실을 보고했다. 치장현과 쓰촨성 정부는 갑작스런 한인의 대규모 이주를 경계했으나, 양측의 관계는 비교적 호의적이었다.

선발대로 충칭에 도착한 김구는 독립운동세력의 통합을 당면한 선결 과제로 인식하고 있었다. 여기에는 김원봉과의 연합을 종용하는 중국 국민당 정부의 요청도 강하게 작용했다. 김구는 1939년 5월 충칭에서 김원봉과 연합을 성사하고 「동지·동포에게 보내는 공개통신」을 발표했다. 드디어 좌우익 양대 세력이 통합할 수 있는 여건이 조성된 것이다. 8월 27일 잉산빈관瀛山賓館에서는 역사적인 '한국혁명운동통일 7단체회의'(이하 '7당 통일회의')가 열렸다. 회의장인 잉산빈관은 김구가 치장현장 리바이잉李白英에게 서한을 보내 사용을 허락받은 곳이다.

7당 통일회의에는 한국국민당의 조완구와 엄항섭, 한국독립당(재건)의 홍진과 조소앙, 조선혁명당의 이청천과 최동오, 민족혁명당의 성주식成周寔과 윤세주, 조선혁명자연맹의 류자명과 이하유, 조선민족해방동맹의 김성숙과 박건웅, 조선청년전위동맹의 신익희와 김해악金海岳 등 7개 단체에서 2인씩 총 14명이 참석했다.

회의 초기에는 통합에 대한 공감대가 형성되어 있었으나, 단일당 방식의 조직문제를 둘러싸고 격렬한 논쟁이 일어났다. 논쟁의 결말이 나지 않자 공산주의 단체인 조선민족해방동맹과 조선청년전위동맹이 퇴장해버렸다. 김구는 이 상황을 "별로 놀라거나 이상하게 여길 일은 아니다"라고 생각했다. 그는 공산주의자 단체가 자기 단체를 희생하지는 않을 것이라고 판단하고 있었다. 결국 7당 통일회의는 5당 통일회의가 되었다.

5당 통일회의도 협동전선의 방식과 이념, 임시정부 위상 등의 문제를 둘러싸고 단체 간 입장 차이가 확연하여 또 실패하고 말았다. 한국독립당과 조선혁명당이 단일당 조직에 동의하지 않았고, 반면 좌파는 삼균주의 채택을 반대하고 임시정부와는 별개의 새로운 기구 설립을 주장하는 등 주요 안건마다 좌우파가 대립했다.

치장의 통일회의에 대한 류자명의 기억은 약간 다르다. 그는 통일회의 참여 주체를 임시정부와 민족전선으로만 설명하고 있다.

…… 당시에 한국임시정부와 조선민족전선연맹 사이의 통일문제가 아직 해결되지 못하고 있었다. 그리하여 조선민족전선연맹에서는 석정과 나를 '연맹'의 대표로 위임하고 임시정부에서는 조완구와 엄항섭이 대표로 되어 함께 통일문제를 토의했다. 그때 임시정부의 주장은 임시정부의 영도 밑에서 각 단체가 통일되어야 진정한 통일이라는 것이었고, 조선민족전선연맹 측의 의견은 각 단체 연맹의 형식으로 통일하자는 것이었다. 이렇듯 양측의 의견이 같지 않음으로 인하여 통일회의를 잠시 중지하고 양측에서 다시 더 연구하기로 하였다. ……

7당 통일회의지

　당시 독립운동세력의 통합운동이 결렬된 원인에 대한 국민당 정부의 지적은 통렬하다. 국민당 정부는 통합이 불가능한 원인은 사상문제가 제일 크고 조직문제는 그다음이라고 진단하며, 구체적 요인으로서 ① 민족성에 단결정신의 부족, ② 위대한 영수 인재의 결여, ③ 중심사상의 부족, ④ 각 당파 간 시기가 심하다는 사실을 지적했다.

　결국 통합운동은 이념과 노선이 대동소이했던 한국국민당·한국독립당·조선혁명당의 3당이 각자 해산하고 새로운 정당을 창당히여 합류하는 것으로 결말이 났다. 1940년 5월 8일, '3·1운동의 정맥을 계승한 민족운동의 중심적 대표당'으로서 한국독립당이 창당되었고, 임시정부의 옹호·지지를 선언했다. 치장에서 7당 통일회의로 시작한 독립운동세력

1939년 김구 모친 장례식 후 묘비명 앞에서
(앞줄 맨 오른쪽이 류자명)

의 통합운동은 우파 3당의 통합이라는 절반의 성과에 그쳤다. 그러나 이 과정들은 충칭 시기의 임시정부가 독립국가 건설을 구상할 수 있는 정치적 기반을 만든 것이라고 평가할 수 있다.

비록 통일회의는 결렬되었으나, 류자명은 임시정부를 이끌던 김구를 부형과 같이 존경했고, 임시정부를 옹호하는 입장이었다. 그는 독립운동의 이념과 방법론의 차이로 임시정부 요인들과 오랫동안 떨어져 다른 길을 걸어왔으나, 자신이 한때 임시의정원 의원이었다는 사실을 잊지 않고 있었다. 그는 훗날 김구에 대한 글을 남겨 존경하는 마음을 기렸다(「고풍양절적김구선생高風亮節的金九先生」, 『세계사연구동태』, 1980. 10).

통일회의 후, 류자명은 김구에게서 한 가지 부탁을 받았다. 치장에 건설할 임시정부 청사와 가족들이 거주할 신촌을 설계해달라는 것이었다. 김구는 중국의 항일전쟁 정세가 갈수록 엄중하고 언제 끝날지 알 수 없자, 충칭 등 대도시로부터 떨어져 비교적 안전한 치장에 임시정부를 정착시키고자 했다. 그러나 치장은 자그마한 도시여서 임시정부 청사와 요인과 가족들의 거처를 구하기가 쉽지 않았다.

그러자 김구는 치장 북안의 숲속에 임시정부의 신촌을 건설하고자 했다. 김구의 부탁을 받은 류자명은 평판 측량기를 구하여 엄항섭과 함께 북안으로 가서 신촌 기지를 측량하고 '방옥건축설계서房屋建築設計書'를 작성해서 김구에게 건넨 후 충칭으로 돌아왔다. 김구는 그가 작성한 설계서를 가지고 국민당 정부를 찾아가 건축비 지원을 요청하여 2만 원을 받아냈다. 이듬해 그가 푸젠으로 떠날 때 김구가 여비로 쓰라며 200원을 준 사실에서도 두 사람의 각별한 관계를 알 수 있다.

푸젠과 구이린에서의 농장생활

1940년 3월, 류자명은 아내 류쩌충과 다섯 살 난 아들 소명, 낳은 지 100일 되는 딸과 함께 충칭을 떠나 푸젠으로 갔다. 치장 통일회의가 실패로 돌아가자 김원봉은 다시 구이린으로 돌아가 조선의용대 제1대를 지휘했다. 그는 충칭에 남아 있었는데, 민족전선에는 이렇다 할 일이 없었다. 그가 충칭을 떠난 결정적 원인은 생활고 때문이었다. 당시 충칭에 거주하던 100여 명의 교포들은 중국 정부가 한 달에 1,000원씩 지원하는 경비로 생활했는데, 물가는 점점 오르고 전쟁은 언제 끝날지 알지 못하는 상황에서 생활은 점차 곤란해져갔다.

때마침 푸젠에 있는 천판위陳范子와 쑤퉁粟同이 푸젠에서 함께 일하자는 편지를 보내왔다. 당시 푸젠성 주석은 천이陳儀였고, 류자명과 가까웠던 선중주沈仲九는 성 정부의 고문을 맡고 있었다. 류자명은 푸젠성의 수도인 융안永安으로 가서 성 농업개진처의 농업시험장 원예계의 주임이 되었다. 농업시험장은 융안시 부근 시양반西洋坂에 있었는데, 이 시험장에는 농예학부와 원예학부가 있었다.

류자명은 원예학부에서 쑤퉁·리위화와 함께 일하게 되었다. 그때 농업개진처 처장 쑹쩡취宋增榘가 그의 사업을 지원해주어 원예학부를 원예시험장으로 확대하고 농업시험장은 다후大湖지구로 옮겨다가 새로 세운 푸젠농학원과 병립시켰다. 그는 원예시험장 책임자가 되었고, 시험장의 설비를 보충하고 시험 항목을 늘렸다. 그들은 논을 과수원으로 바꾸고 온실도 만들었다. 푸젠은 아열대기후이고 해안선이 길어서 원예식물이 풍부한 지역이었다. 그러나 원예시험장이 건립되기 전에는 원예식물에 대해 조사 연구한 적이 없었으므로 그들은 원예식물을 조사 연구하는 것을 기본 임무로 삼았다. 그는 쑤퉁에게 장저우漳州 특산인 수선水仙(수선화) 재배기술을 배워오게 했고, 이를 『푸젠농업福建農業』에 발표했다. 그는 이곳에서 본격적으로 중국 고대 농업 관련 노서를 번구하며 원예학자로서의 소양을 길러나갔다.

그러나 류자명은 1940년 여름, 푸젠에서 아들 소양을 악성학질로 잃는 비극을 겪었다. 이미 전년 가을, 충칭에서 세 살짜리 딸을 토사병으로 잃은 데 이어 두 번째 비극이었다. 그는 이를 일본제국주의의 전쟁이 가져온 피해라고 생각했다. 전쟁통에 병원이 파괴되고 의약품이 부족하여 아동들이 사소한 질병에도 죽어나갔기 때문이다.

1941년 여름부터 융안에도 일본 군용기의 폭격이 시작되었다. 원예시험장에도 방공호를 파고 일본기가 올 때면 방공호로 대피하곤 했다.

1941년 가을 푸젠성 정부 주석 천이가 중화민국 중앙정부 행정원 비서장으로 임명되어 충칭으로 가게 되었고 선중주 고문도 푸젠을 떠나게 되었다. 선 고문은 푸젠을 떠나기 전에 한동안 류자명의 숙소에서 함께 지내기도 했다.

얼마 후 푸젠성 정부 신임 주석 류지앤쉬劉建緖와 비서장 정싱링程星齡이 융안에 도착했다. 정싱링은 선중주를 찾아 류자명의 숙소로 와서 업무 인수인계를 했다. 이때 류자명은 해방 후 그가 후난농업대학에 근무할 수 있도록 주선해준 정싱링을 알게 되었다. 정싱링은 훗날 중국정치협상회의 후난성위원회 주석으로서, 랴오닝인민출판사가 1983년 류자명의 수기를 『나의 회억』이라는 한글판으로 발행할 때 「머리말」을 써서 이를 축하했다.

…… 호남농학원 류자명 교수는 내가 잘 아는 국제우호인사이다. 우리는 1941년 복건에서 사업할 때 서로 알게 되었다. 그는 탁월한 성취를 거둔 농학자일뿐더러 또한 조선의 정치 활동가이며 혁명가이다. 최근 그가 쓴 『나의 회억』을 읽고 나는 설레는 가슴을 진정할 수 없었다. 이 책은 혁명가인 류자명 교수가 몇십 년래 조국의 해방과 중조 친선을 위해 쉬임 없이 벌여온 투쟁의 진실한 기록이며 교육가, 과학자로서 얼마나 많은 훌륭한 제자들을 배양했고 수많은 과학의 보루를 이떻게 돌파했는가 하는 네 대한 력사적 회억이기도 하다. 사료적 가치가 높을뿐더러 감정이 진지하고 문필이 생동한 이 책은 읽을수록 가슴이 들먹거린다. 그러므로 나는 이 책의 출판을 진심으로 기뻐 마지않는다. ……

이 무렵 류자명은 당시 충칭에 있는 푸단대학復旦大學 교수 마쭝룽馬宗融의 편지를 받았다. 편지에는 회교구국협회回敎救國協會가 푸단대학에서 농업기술원 10명을 배양해 구이린의 산지를 개간하여 농사를 하게 되었다는 내용이 들어 있었다. 마쭝룽은 류자명에게 구이린으로 가서 그들의 농업생산 기술을 지도해달라고 부탁하며, 여비 200원도 함께 보내왔다. 그는 류자명이 리다학원 농촌교육과에 있을 때 알게 된 학자로 부인 뤄스미羅世彌와 함께 프랑스에서 유학했다. 귀국 후 뤄스미는 농촌교육과에서 사회문제에 관한 과목을 담임했으며, 마쭝룽은 상하이 푸단대학의 교수가 되었다. 당시 그는 일주일에 한 번씩 리다학원 농촌교육과 학생들에게 사회문제에 관한 강연을 했다. 류자명이 리다학원에 근무할 때 마쭝룽 부부는 류자명 부부와 함께 생활하기도 했다. 류자명과 마쭝룽, 뤄스미의 관계는 다른 사람들의 우정을 초월했다. 그들은 사상이 같고 투쟁 목표도 같은 동지였다. 바진은 류자명과 뤄스미의 '동지적 우정'에 대해 다음과 같이 썼다.

> 그는 많은 벗들을 자기의 곁으로 끄는 흡인력을 가지고 있었으며 그들 간에 서로 근접하고 요해하게 하였다. 한 조선 벗은 일본인의 추격이 심할 때 상해로 와서 언제나 그와 그의 남편의 환대를 받았고 그들의 집에 주숙하거나 그 대신 연락을 해주었다. 그 벗은 또한 나의 친구였다. 간고한 환경 속에서 그의 머리는 몇 달 사이에 몽땅 희어졌으나 그의 정신만은 쇠퇴하지 않았었다.

회교구국협회는 중일전쟁이 시작된 후 회교 민족을 단합시켜 항전 역량을 강화하기 위해 조직된 단체였다. 협회의 위원장은 바이충시白崇禧였고, 마쭝룽·마쑹팅馬松亭 등이 위원으로 있었다. 협회에서는 회교 청년들을 푸단대학 농업전수반에서 농업기술을 훈련시켜 구이린으로 보내 황무지를 개간하고 농업생산을 발전시키기로 계획했다.

류자명은 1942년 1월 가족들과 함께 푸젠을 떠나 구이린으로 향했다. 그로서는 1938년 조선의용대와 함께 온 이후 두 번째 구이린행이었다. 이때 류자명이 구이린으로 간 중요한 목적은 충칭과 연락을 취하기 위함이었다. 즉 농장 경영도 중요한 일이었으나, 임시정부와 민족전선 동지들이 있는 충칭과 좀 더 가까운 곳에 있고자 한 것이다.

그가 구이린에 도착하자 마위잉馬毓英·마캉롄馬康廉·가오윈청高云程·양밍뤼楊明睿 등 10여 명의 회교 청년이 구이린으로 왔다. 그들은 바이충시 위원장의 지시에 따라 구이장桂江강 연안에 있는 다쉬大圩 대안 쳰징춘潛經村에 농장을 세우고 농장의 이름을 '링짜오농장靈棗農場'이라고 했다. 쳰징춘은 바이 위원장의 고향이자 바이 씨의 집성촌이었으며 모두 회교를 신앙했다. 그들은 한 집안 사람같이 친밀하게 지냈으며 바이충시 위원장을 자기들의 진정한 수령으로 여기고, 링짜오농장을 자신의 농장으로 생각하여 친밀하게 협조했다. 류자명은 먼저 그들과 함께 초가를 지어 전체 인원이 한 집에서 공동생활을 했다. 그리고는 경험 있는 현시 농민 두 명을 초청하여 새로 일군 밭에 수박과 옥수수 등을 심어 풍작을 거뒀다.

1943년 여름, 류자명이 회교구국협회에 링짜오농장 관련 사업 정황

링짜오농장 터

을 보고하기 위해 충칭으로 갔을 때였다. 회교구국협회는 충칭시 량루커우兩路口에 있었는데, 그곳에서 마쫑룽을 만났다. 눌은 얼싸안고 울었다. 재회의 반가움보다 슬픔이 더 컸다. 마쫑룽의 동지이자 아내인 뤄스미가 5년 전에 청두成都에서 해산하고 산후 열병으로 불행히도 35세의 젊은 나이에 죽었기 때문이다. 류자명은 마쫑룽에게 회교구국협회 링짜오농장에 대한 설명을 하고, 바이충시 위원장도 만나 농장사업에 대해 보고했다. 충칭에 간 김에 선중주도 만났고, 난안으로 가서 민족전선 동지들도 만난 후 구이린으로 돌아왔다. 그러고는 가족들을 데리고 쫑타오룽과 쑤바오차오蘇抱樵가 칠성암 북쪽에 만든 감귤묘목 농장으로 가서 기술 지도를 했다.

류자명은 독립운동을 하던 시기, 적지 않은 시간을 리다학원 농촌교육과를 비롯하여 푸젠성 농업시험장과 구이린 링짜오농장 등에 근무했다. 농학자로서도 오랜 시간 농업과 원예방면에서 이론과 실무를 익혀 나간 것이다. 이는 단순히 경제적 문제 해결을 위한 농장 근무가 아니었다. 그에게는 이 시간들이 농촌문제 해결을 위한 독립운동과 혁명사업의 일환이었다. 그뿐만 아니라, 농학 전공자로서 후일 농학자로서 대성할 기초를 다진 중요한 과정이었다.

대한민국임시정부에
다시 합류하다

임시의정원 의원과 학무부 차장에 피선

류자명은 1942년 7월 충칭으로 와서 허핑루和平路 우스예샹吳師爺巷 1호에 주소를 두고 독립운동 진영의 통일운동을 활발하게 펼쳤다. 우스예샹 1호는 당시 임시정부 청사였다. 그가 충칭으로 다시 온 것은 조선의용대가 한국광복군으로 편입된 군사통일과 관련이 깊다. 임시정부는 1942년 4월 16일 국무회의를 열어 좌익 진영의 무장 조직인 조선의용대를 한국광복군 제1지대로 개편하고, 5월 21일 김원봉을 제1지대장 겸 총사령부 부사령으로 임명했다. 이로써 조선의용대는 중국군사위원회의 명령에 의해 한국광복군으로 흡수 통합되었다.

조선의용대는 1941년 3월 중순부터 5월 하순에 걸쳐 김원봉과 본부 대원 등을 제외한 대원 80%가 황허강을 건너 중국공산당 지역인 허베

임시정부 청사로 사용했던 우스예샹 1호

복원된 충칭 연화지 임시정부 청사

이의 옌안으로 진출했다. 이는 중국 관내의 독립운동세력이 임시정부를 중심으로 통합되는 계기를 이뤘다. 1941년 12월 1일 김성숙이 주도하던 조선민족해방동맹이 먼저 임시정부 옹호를 선언하고 나섰다. 12월 10일에는 김원봉이 이끄는 조선민족혁명당도 임시정부를 최고 통일기구로 존중할 것을 천명하며 합류를 선언했다. 1942년 7월 조선의용대는 한국광복군 동지와 "정성 단결하여 진정한 일심동체가 되도록 노력"한다는 것을 골자로 하는 「조선의용대 개편 선언」을 발표했다.

이 같은 군사통일에 이어 좌파 진영 인사들이 임시의정원에 선출되어 정치통일도 병행되었다. 1942년 10월 개최된 제34회 임시의정원 회의에서 조선민족혁명당·조선민족해방동맹·조선혁명자연맹 등 민족전선 계열 인사 16명이 새롭게 의원으로 선출되었다. 드디어 통일의회가 성립된 것이다. 류자명은 독립운동 진영이 임시정부로 통일된 것을 "역사적 의의를 지니는 대사"로 평가하며 커다란 의미를 부여했다.

…… 조선 혁명 각 당 각 파가 임시정부의 영도 밑에 통일된 것은 조선혁명운동 과정에서 역사적 의의를 지니는 대사였다. 중국 항일전쟁 시기의 전시 수도인 중경에서 수십 년을 하루와 같이 투쟁해 오던 조선 혁명 각 당 각 파가 한자리에 모여 앉아서 통일 단결을 이룩하게 된 데는 중국 정부 당국의 원조도 있었으며 중국 항일전쟁에 대하여 서로 유리한 영향을 주었던 것이다. ……

류자명은 1942년 10월 21일 충청도의원으로 당선되어 24일 의원 당선증서를 받았다. 25일 개원한 제34회 임시의정원에도 참여하여 활발하게 활동했다. 개원 이튿날에는 21명의 새 의원들과 함께 의원 당선증을 제출하고 의원 자격심사에 통과하여 본격적인 의정활동을 시작했다.

임시의정원은 새롭게 조직을 정비하여 의장에 홍진, 부의장에 최동오를 선출하고 각 분과 위원회를 구성했다. 30일 개최된 회의에서 차

류자명의 임시의정원 의원 당선증

리석·조소앙·엄항섭이 분과위원회 전형위원으로서 4개 분과 위원들을 추천한 바, 그는 최동오·차리석·김상덕·박찬익 등 5인과 함께 법제·청원·징계 업무를 담당하는 제1과 위원으로 선출되었다. 임시의정원의 분과위원회는 오늘날 국회의 상임위원회와 같은 기구다.

류자명은 4건의 안건을 공동 제안했다. 그가 제안한 의안은 다음 쪽의 표와 같다.

1941년 11월 15일 중국군사위원회는 한국광복군을 통할 지휘한다는 것을 골자로 한 '한국광복군행동9개준승韓國光復軍行動九個準繩'을 요구했다. 이는 광복군의 위상과 진로에 결정적 영향을 미친 것으로서, 매우 굴욕

제34회 의정원 의원 일동(1942. 10. 25, 왼쪽 3열 5번째 흰머리가 류자명)

류자명의 공동 제안

연번	제안일	의안명	제안자	비고
1	10. 28	광복군에 관한 건	류자명 등 17인	제의안
2	10. 28	현행 약헌 개정에 관한 건	류자명 등 27인	제안 제1호
3	10. 28	임시정부 승인에 관한 건	류자명 등 27인	제의안
4	10. 30	건국기원절 경축일 교정에 관한 건	류자명 등 11인	제안

적인 것이었다. 이 준승은 임시정부의 통수권을 완전히 박탈함은 물론, 광복군이 한국 영토 안으로 진입한 이후에도 중국군사위원회의 군령을 받아야 한다는 내용이었다. 따라서 중국이 광복군의 창설은 인준하되, 임시정부와 단절시키고 중국군사위원회에 예속시켜 중국의 지원군으로

만들어 광복 이후까지 예속 하에 두겠다는 것으로 광복군의 자주성을 크게 해치는 것이었다.

중국군사위원회의 준승이 통보되자, 임시정부는 수용 여부를 둘러싸고 격론을 벌였다. 결국, 11월 19일 개최된 제18차 국무회의에서 중국 측의 제의를 수락하기로 결정했다. 임시정부로서는 분통이 터지는 일이었으나, 중국의 승인과 협조 없이 광복군의 조직과 운영은 불가능했기 때문에 어찌할 수 없었다. 아픔을 참으면서 접수한다는 의미의 '인통접수忍痛接受'는 당시 임시정부의 9개 준승 수용에 대한 심경을 잘 대변해 준다.

그가 제의한 「광복군에 관한 건」은 9개준승을 취소하고 "절대적으로 국제 간 평등적 입장"에서 우호적으로 적극 원조를 요구한다는 내용이었다. 이에 임시의정원은 제33회 회기 기간 중인 1942년 11월 3일 9개 준승 문제를 논의했고, 의장 지명으로 '수정위원', '특종위원'으로서 그를 비롯하여 김상덕·손두환·안훈·공진원 등 5인을 선정했다. 류자명은 제안자의 자격으로 의장에게 지명되어 수정안의 기초 작업에 참여했다. 이 안건은 11월 9일 회의에서 통과되었다.

임시정부는 임시의정원의 후원을 받아 9개 준승의 취소를 위한 교섭에 나섰다. 여러 차례의 교섭 끝에 1944년 8월 10일, 중국은 김구 주석에게 공함을 보내 9개 준승을 취소하고 한국광복군을 임시정부에 직속케 한다고 통보해왔다. 그로부터 8개월 후인 1945년 5월 1일 새로운 군사협정인 '원조한국광복군판법援助韓國光復軍辦法'이 성립되었다.

이로써 임시정부와 한국광복군은 자주성을 회복하게 되었다. 광복을 불과 3개월 남긴 시점이라는 점에서 아쉬움이 크지만, 대중국 외교의 중요한 성과라는 점에서 의의가 적지 않다. 류자명이 이처럼 중요한 의안을 공동 발의하고, 또한 5인 수정위원으로 선임되어 활동한 것은 임시정부로 복귀한 후의 활동 중에서 대표적인 업적으로 평가할 수 있을 것이다.

「현행 약헌 개정에 관한 건」은 현행 약헌이 제정된 지 어느 정도 시간이 지나 일부 현실과 맞지 않는 조항이 있으니 9인 의원을 선발하여 연구를 통해 기초하게 하여 차기 회의에 제출케 하자는 내용이다. 이 의안을 놓고 여당과 야당, 야당과 정부 사이에 격렬한 논란이 있었다. 「약헌수개위원회회의록約憲修改委員會議錄」(1942. 11~1943. 6)에는 그 논쟁점이 잘 드러나 있다. 11월 28일 조소앙을 위원장으로 하는 9인의 약헌 개정위원이 선출되었다. 각 정파 간 이해관계가 첨예하게 얽혀 있는 의안이기 때문에 위원은 정파별로 안배하여 한국독립당 네 명, 민족혁명당 세 명, 조선민족해방동맹 한 명, 조선혁명자연맹 한 명으로 한 바, 그는 소신혁명자연맹 대표로서 개정위인에 선임되었다.

그는 후에 차리석을 대신하여 비서로 선임되는 등 이 위원회의 중요한 위치에 있었다. 개정위원회는 이듬해 6월까지 22차에 걸친 회의를 했고, 1944년 4월에 개최된 제36회 임시의정원 회의에서 의안이 통과되기에 이르렀다. 그런데 류자명은 11월 27일 개최된 제1차 회의에만 참석하여 기록 임무를 맡았으나, 그 이후는 전혀 참석하지 않았다. 이는 아마도 구이린 링짜오농장의 원예기술 지도를 위해 임시의정원을 떠나 있었기 때문으로 보인다. 한편, 임시의정원은 11월 13일 회의에서 「고

동포서告同胞書」를 발표하기로 결의했는데, 류자명은 김상덕·이연호와 함께 3인 기초위원으로 선정되었다.

「임시정부 승인에 관한 건」은 임시정부가 성립된 지 20여 년이 넘었으나 국제사회로부터 승인을 받지 못하고 있으니 최단 기간 내에 중·미·영·소 등 연합국 각 정부에 정식으로 임시정부를 승인할 것을 요구하자고 제안한 것이다. 이 제의안에서 주목되는 것은 그 「이유」에 당시 임시정부의 활동을 "모든 행동이 자연인의 활동뿐이었고 법인法人의 활동을 경시한 감感이 불무不無"하다고 자평하고, 당당하게 각 동맹국 정부에 법적으로 임시정부를 승인할 것을 요구한 것이다.

당시 임시정부는 중국과 미국을 상대로 국제적 승인을 받기 위해 노력하던 중이었는데, 뜻밖에도 연합국 열강들이 합의에 의해 한국을 '국제 공동 관리'한다는 소식이 전해졌다. 국제사회가 한국을 공동 관리한다는 것은 즉각 독립을 열망하는 임시정부의 의도와는 배치되는 결정이었다. 이에 류자명 등 의원들은 연합국 열강에 임시정부의 승인을 요구하도록 제안했다.

「건국기원절 경축일 교정에 관한 건」은 그간 임시정부에서 상하이 시기부터 음력 10월 3일을 건국기원절로 기념해오던 것을 양력 10월 29일로 개정하자는 안이다. 그 이유는 국내에서 양력으로 환산하여 경축일을 봉행하니 국내와 보조를 같이하사는 내용이나, 이에 대한 찬반양론이 격돌했다. 국경일에 대한 양·음력 논의는 이전에도 있었으나 결론짓지 못한 사안이었다.

류자명은 11월 4일 회의에서 이와 관련한 발언을 했다. 발언의 요지

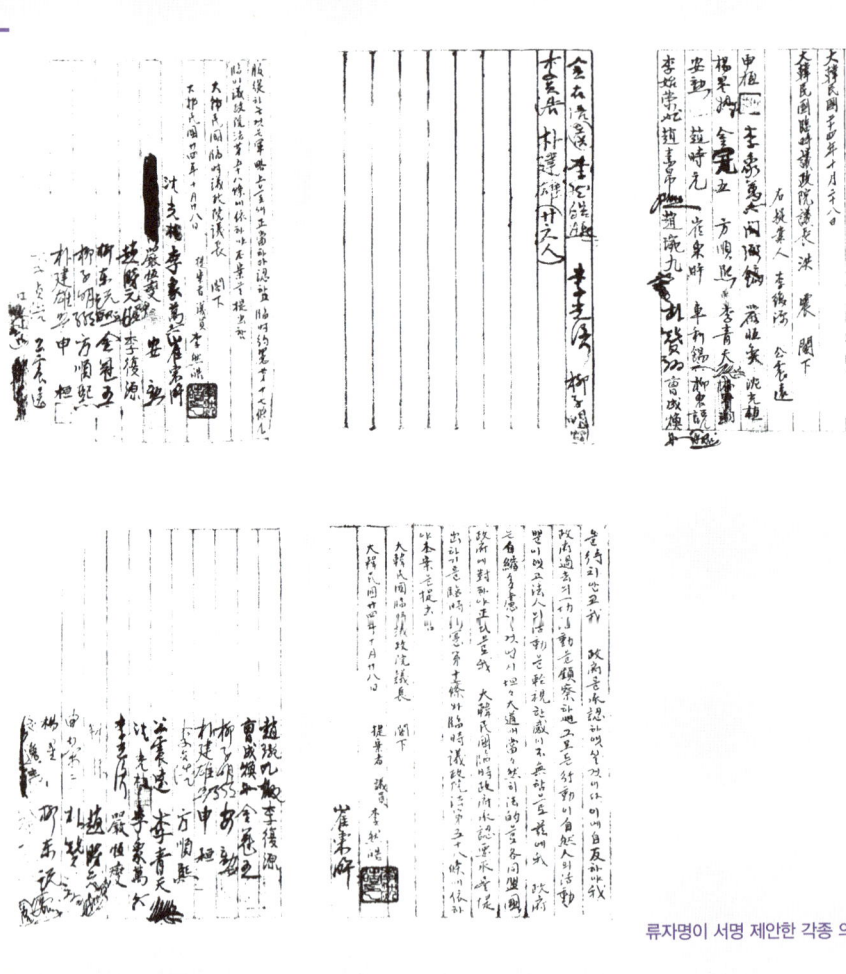

류자명이 서명 제안한 각종 의안

는 중대한 국경일을 국제화하여 양력으로 사용해야 하나, 음력 10월 3일이 양력 10월 29일이라는 충분한 근거가 없다는 것이다. 그러므로 차라리 음력 10월 3일을 양력 10월 3일로 고쳐 지정하자고 수정 제안한 것이다. 그의 발언에 대해 공진원의 동조 발언도 있었으나, 결국 이 의안은 무기 보류로 결론 났다. 류자명의 이 발언은 임시의정원 회의록에서 확인되는 유일한 것이다.

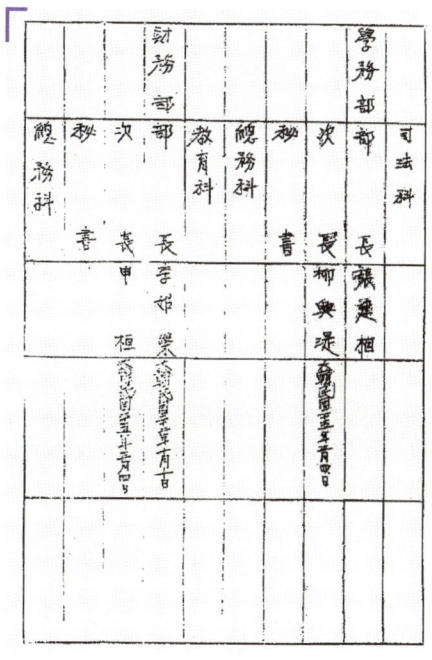

『대한민국임시정부직원록』에 기재된 학무부 차장 류자명(류흥식으로 기재)

　류자명은 임시의정원 의원으로서 의정활동 외에 정부의 직책을 맡기도 했다. 그는 1943년 3월 4일 열린 국무회의에서 학무부 차장에 선임되었다. 이날 각 부장의 추천에 의해 차장을 임명했는데, 그를 포함하여 내무부 김성숙, 외무부 신익희, 군무부 윤기섭, 법무부 이현수, 재무부 신환, 교통부 김철남 등이 차장으로 임명되었다. 『대한민국임시정부공보』제77호(1943. 4. 15)에 발표된 인선안에 보면 그는 '류흥식'으로 표기되어 있다. 학무부장은 장건상이었다. 그런데 그는 5월 4일 개최된 국무위원회에서 의원면직되었다.

그의 후임으로 김상덕이 선임되었다. 그가 불과 2개월의 짧은 기간만 학무부 차장으로 재임하고 의원면직한 것은 역시 구이린 링짜오농장 업무 때문으로 보인다.

중한문화협회 한국 측 이사 선임

한편 그는 충칭에 머무는 동안 중한문화협회中韓文化協會의 성립에도 참가하여 한국 측 이사로 선임되었다. 그는 중한문화협회의 창립을 중국이 임시정부를 공식 승인하는 기쁜 일이라고 평가했다.

> …… 중한문화협회가 창립되었다. 중한문화협회는 중국 측에서 손과孫科 선생이 이사장으로 되었고, 한국 측에서는 조소앙 선생이 부이사장으로 되었으며 중한문화협회 창립대회에는 손중산 선생의 부인 송경령宋慶齡과 기타 저명인사들이 참가하였으며 한국 측에서 각 단체의 대표늘이 참가하였다. 중한문화협회의 창립은 중국 정부에서 한국임시정부를 공개적으로 승인하는 것으로 되었다. 이와 같은 기쁨 속에서 ……

중한문화협회는 1942년 10월 11일 충칭에서 성립식을 갖고 발족했다. 이날 오전 열린 성립식은 한국에서 류자명을 비롯하여 김구·조소앙·이청천·김원봉 등, 중국에서 쑨커孫科·우티예청吳鐵城·바이충시·펑위샹馬玉祥·저우언라이·위빈于斌 등 양국 인사 400여 명이 참석하여 성황을 이뤘다. 성립식은 양국의 국가 연주에 이어 전사 장병에 대한 묵념, 쑨커의 개회사 경과보고 등에 이어 한국을 대표하여 조소앙, 중국을 대표하여 펑위샹이 연설을 했다. 장제스는 직접 참석하지 않았지만 훈사訓詞를 보내 축하했다. 장제스는 훈사에서 일제를 한·중 양국의 '공적公敵'으로 규정하고, 항일투쟁을 벌이고 있는 한국의 지사를 도울 것이라고 했다. 또한 양국은 문화를 지키고 독립과 자유를 회복하여 민족부흥의 기본을 마련하는 데 함께 노력하자고 말했다.

중한문화협회는 한국과 중국 인사가 함께 대규모로 조직한 최초의 민간단체로서, 오랜 역사적 관계에서 맺어온 우호의 상징이었다. 이 협회를 조직하는 데 핵심적 역할을 한 인물은 조소앙과 쑨커였다. 이 협회는 한·중 문화를 발양하여 영구 합작을 굳건히 하고 한·중 호조互助를 촉진하여 동양의 영구 평화를 수립함을 목표로 삼았다. 또한 협회의 임무로 다음을 결정했다.

① 중한 양 민족의 연락 호조에 관한 상황
② 중한 양 민족문화의 연구 발양에 관한 사항
③ 일본제국주의 침략에 대한 반항과 소멸에 관한 사항
④ 중한 양 민족의 문화 복리 및 동아 평화에 관한 사항

성립식에는 한·중의 주요 인사들이 대부분 참석했다. 한국에서는 임시정부 외무부장 조소앙, 임시의정원 의장 홍진, 한국광복군 총사령관 이청천 등 당·정·군 요인을 비롯하여 류자명·김규식·김성숙 등 충칭에서 활동하고 있던 모든 계열의 요인들이 참석했다. 중국에서는 국민

중한문화협회 터

당, 군사위원회, 중국공산당 중앙위원회 및 당과 군의 유력 인사들이 대거 참석했다.

성립식과 더불어 이날 간부 선임이 있었다. 간부는 명예이사와 이사, 감사로 구성되었는데, 류자명은 박찬익·김규식·신익희·김성숙·김원봉·엄항섭과 함께 한국 이사로 선임되었다. 충칭 독립운동계에서 그의 위상을 확인할 수 있는 인선이었다. 이사장은 중국의 쑨커가 맡았고, 부이사장은 한국의 김규식이 맡았다. 류자명이 회고에서 부이사장을 조소앙으로 기록한 것은 그가 협회 조직의 산파 역할을 했기 때문에 착각했던 것으로 보인다.

중한문화협회는 다과회·강연회·좌담회 등을 통해 한국의 독립운동을 지원하는 한편, 문화교류를 위한 활동을 펼쳤다. 특히 강연회 등을 통해 대한민국임시정부 승인의 필요성과 당위성에 대한 여론을 조성했고, 중국 당국에 임시정부 승인을 촉구했다. 중국의 국민참정회國民參政會가 임시정부 승인안을 통과시킨 것은 중요한 결실이었다. 류자명이 이 협회의 창립으로 임시정부가 중국 정부로부터 공식 승인되었다고 평가한 것은 이 때문이다. 그러나 협회 성립 이후 류자명의 별다른 활동은 확인되지 않는다. 이는 그가 당시 충칭을 떠나 구이린에서 농장 일을 하고 있었기 때문이다.

해방 이후의 활동과
두 차례 귀국의 좌절

해방과 타이완행

대한민국임시정부 학무국 차장을 사임한 류자명은 구이린으로 돌아와 1944년 8월 일본군에 함락당할 때까지 머물며 샤밍강夏明剛·쑹타오퉁·쑤바오차오·장쉐즈蔣学知 등 중국 동지들과 함께 종묘농장을 조성하고 운영했다.

1944년 8월, 구이린이 일제의 침공으로 위험에 빠졌다. 다행히 그는 푸젠성 정싱링 비서장의 도움으로 가족과 함께 융안으로 무사히 탈출할 수 있었다. 그해 9월 정싱링은 그에게 캉러신촌康樂新村 제2촌 건설의 준비사업을 맡겼다. 비서장 정싱링은 수백만 근의 양곡을 저축해두었는데, 이를 바탕으로 전시에 부모를 잃은 아동들을 돌보는 신촌을 건설하도록 했다. 캉러신촌은 제1촌과 제2촌으로 나누어 제1촌은 푸젠성 서쪽에 있는 젠닝현建寧縣에, 제2촌은 동쪽에 있는 푸안현福安縣에 설립하기로 했다. 총관리처는 융안에 두고 정싱링이 직접 지도했다.

캉러신촌 제2촌 주비처 주임에 임명된 그는 푸안현 시빙향溪柄鄉의 과수원을 신촌 건설 기지로 삼았다. 그가 시빙향에 도착하자 그곳 대표와 주민이 도로까지 나와 반갑게 맞이했다. 그는 시빙소학교를 아동교양원으로 개조하고, 신촌 사무실과 간부 숙소를 건설했다. 그의 가족은 융안에 있다가 이듬해 봄에 시빙향으로 와서 합류했다. 캉러신촌은 인근 각 현에서 아동을 모집하여 1년 후에는 60여 명의 아동을 수용하여 교양했다. 이곳에는 과수원과 목장도 있었는데, 모두 그가 관리했다.

1945년 8월, 그는 캉러신촌에서 해방을 맞이했다. 비록 동지들과 함께 해방의 기쁨을 나누지는 못했으나, 그 기쁨과 감격은 매우 컸다. 충칭의 임시정부 요인을 비롯한 독립운동세력은 환국에 나섰으나, 그는 푸안에 있었기 때문에 충칭과 제대로 연락이 닿지 않았다. 그는 해방의 기쁨을 다음과 같이 기술했다.

…… 나는 36년 동안이나 일본 제국주의의 식민지 노예로 있던 우리 조선 인민이 끝끝내 해방을 맞고 50년 동안이나 일본 제국주의에 강점되었던 대만이 중국의 품으로 돌아오게 된 것을 생각하고 커다란 고무를 느꼈다. 나는 비록 동포들과 한 자리에서 해방의 기쁨을 나누지 못하였지만 서울에서, 나의 고향에서 해방의 기쁨을 이기지 못하여 감격의 눈물을 흘릴 나의 동지들, 나의 동포 형제들을 생각하면 가슴이 뜨거웠다. ……

항일전쟁에 승리하자, 푸젠성 정부는 시빙향의 아동들을 융안에 있는 캉러신촌 관리처로 보내라고 명령했다. 장제스는 국민당 행정원 비서장 천이를 타이완 행정장관으로 임명했다. 천이는 이전에 함께 근무한 적이 있던 선중주를 함께 데려가서 장관 공서의 고문에 임명했다. 그는 장제스에게 특별히 부탁하여 충칭감옥에 투옥된 정싱링도 타이완으로 데려갔다. 천이는 타이완을 접수할 많은 인원도 함께 데리고 갔다. 이때 그가 리다학원에서 가르친 쑤퉁·리위화 등도 타이완으로 갔다.

그는 1946년 3월 캉러신촌 일을 다른 사람에게 인계하고 타이완으로 향했다. 그가 타이완행을 선택한 것은 그와 특별한 친분이 있었던 선중주와의 관계 때문이었다. 그는 도착하자마자 선중주를 찾아갔다.

류자명은 농림처農林処에 소속되어 일부 일본인 기술자들과 함께 타이완척식회사가 소유한 삼림 관련 자료를 정리하는 일을 맡았다. 타이완 장관 공서는 척식회사가 소유한 20만 헥타르의 공유지를 접수했다. 선중주 고문은 이 방대한 공유지로 농민들이 공동 경영에 참여하는 합작농장을 건설하자고 제안하고, 류자명에게 그 방안을 연구하도록 했다.

류자명은 덴마크·이탈리아·체코슬로바키아·소련 등의 합작농장 사례를 연구하여 타이완 실정에 적합한 「합작농장 실시방안」을 완성하여 농림처 국장의 승인을 받았다. 이 방안은 먼저 200개의 합작농장을 만들고, 5년 후에 500개의 합작농장을 설립한 후 각 현에 '합작농장연합회'를 조직하는 동시에 각 현 합작농장연합회에서 대표를 뽑아서 '전성 합작농장연합회'를 조직하고자 한 것이다.

그는 『타이완일보』 1947년 2월 24일과 25일 자에 「농업건설과 합작농장의 사명」이라는 글을 발표했고, 또 『타이완농림臺灣農林』 잡지에 「합작농장과 농업 합작의 여러 가지 형식」이라는 논문을 발표했다. 이후 합작농장 건설을 위한 관리소가 설치되었고, 그는 주임을 맡아 이 일을 추진했다.

한편 그는 정싱링이 장제스의 지시에 의해 타이완 경무처 감옥에 수감되자, 그를 찾아가 면회하고 위로했다. 그는 정싱링이 보석으로 풀려나 민가에 머물 때도 찾아가 만

타이완 농림처 근무시절의 류자명

나는 의리를 보였다. 이것이 훗날 그가 다시 정싱링의 도움을 받아 창사의 후난농학원 교수로 부임하고 그와 계속 교유할 수 있는 인간적 바탕이 되었다.

1947년 천이가 타이완을 떠나 저장성 정부 주석으로 전임했고, 이어 정싱링은 후난으로 돌아갔다. 당시 농림처는 농림청으로 직제가 바뀌있는데, 그는 농림청 기술실에서 『타이완농림』 잡지 편집을 담당하며 「대만 농업 기계화의 시험 및 현실 제 문제」, 「농업 기계화 문제를 재차 논함」, 「대만의 향화香花 식물」, 「기술 생산, 농업 건설」 등의 논문을 써서

타이완 근무시절 발표한 논문

발표했다. 한편 타이완대학 교수 왕쥐밍王厥明·탕원퉁湯文通, 난징 신닝대학金陵大學(현 난징대학) 교수 후창즈胡昌植 등과 더불어 서로 학술문제를 교류했다. 이후 그는 기술실 주임과 타이완농사시험소 부소장을 맡아서 타이완대학 등과 연계하며 연구와 실험을 함께 진행했다.

제1차 귀국의 좌절

1949년 10월 1일 중화인민공화국이 창건되었고, 장제스는 타이완으로 축출되었다. 국민당과 공산당의 전쟁 과정에서 장제스는 저장성 정부

주석 천이를 체포하여 타이완으로 압송했고, 1950년 5월 타이베이에서 처형했다. 그의 처형 후 천이와 가까웠던 사람들은 저마다 신변의 위협을 느끼지 않을 수 없었다.

1949년 8월 15일 타이베이에 대한민국 영사관이 개설되었고, 초대 영사로 민필호가 부임했다. 독립운동의 동지로서 가까웠던 그는 타이완 정부 주석 천청陳誠이 베푼 민필호 환영회에 참석했고, 민필호는 부인과 함께 그의 집으로 와서 담소를 나누기도 했다.

1950년 1월 1일 대한민국 대사 신석우가 타이완 거주 동포들에게 신년 축하 모임을 열어주었다. 그는 당시 타이완에 함께 있던 정화암 등과 이 모임에 참가했다. 이 자리에서 신석우는 타이완의 형세가 급박하여 미국과 영국 대사관은 자기네 국민에게 귀국할 것을 통지했으니 우리 국민도 빨리 타이완을 떠나는 것이 좋겠다고 말했다.

그는 정화암과 같이 그 자리에서 영사관에 귀국 신청을 했다. 당시 타이완에서 귀국하는 항로는 두 갈래였다. 하나는 지룽에서 배를 타고 일본 나가사키를 거쳐 부산으로 오는 길이었고, 다른 하나는 지룽에서 배를 타고 홍콩을 거쳐 부산으로 오는 길이었다. 그는 정화암과 함께 두 번째 노선을 택하기로 했다. 당시는 홍콩을 경유하려면 우리 영사관에서 비준한 여행허가증을 가지고 영국 영사관으로 가서 홍콩을 경유하는 허가를 받아야 했다.

그런데 문제가 생겼다. 그는 타이완으로 온 후, 호적 등기를 하는 과정에서 원적을 난징으로 적었던 것이다. 즉, 법적으로 그는 중국 국민이었다. 타이완 경무처에서는 그에게 귀국하려면 중국 국적을 취소해야 하고, 그렇지 않으면 타이완을 떠날 수 없다고 했다. 타이완과 대륙의 교통이 완전히 단절되었으니 중국인은 타이완을 떠날 수 없었다. 그는 중국 국적을 취소하기 위해 국민당 정부의 내정부와 외교부를 들락거렸는데, 그것이 반년이나 걸렸다.

당시 타이완의 경제사정은 매우 힘들었다. 그는 한 달에 200원의 봉급을 받았는데, 5개월분의 봉급을 가지고 한 달 먹을 식량조차 살 수 없었다. 다행히 리다학원 제자 량쭈휘梁祖輝가 옷감 장사를 하여 매달 생활비를 보태줘서 큰 곤란을 겪지 않았다. 량쭈휘는 그가 타이완을 떠날 때 1,000달러나 되는 큰돈을 여비로 도와주었다. 그는 량쭈휘의 도움이 아니었다면 가족이 타이완을 떠날 수 없었을 것이라며 고마워했다. 그가 타이완을 떠날 때 농림청 청장 쉬칭중徐慶重은 환송연을 열어주었으며, 리다학원 시기의 친구이자 제자인 쑤퉁·쑤바오궈粟寶國·리위화·왕학명·영소심 등과 함께 기념사진도 찍었다.

1950년 6월 24일, 그의 가족은 정화암 가족과 함께 타이완 지룽항에서 영국 배를 타고 출발하여 배에서 하룻밤을 보내고 이튿날 홍콩에 당도했다. 25일 오후 5시경이었다. 그들은 홍콩의 큰 거리에 있는 둥팡여관에 투숙했다. 그러나 그날 저녁 여관 종업원으로부터 청천벽력 같은 소식을 들었다. 한국에서 그날 새벽 전쟁이 일어났다는 소식이었다. 이튿날 아침, 그는 큰 거리로 나가 신문을 사서 고국의 전쟁 소식을 확인했다.

그가 타이완에서 홍콩으로 온 것은 분명히 고향으로 돌아가기 위함이었다. 당시 8세였던 아들 류전휘도 홍콩 다음의 목적지는 한국의 부산이었다고 회고했다. 고향에 대한 그의 향수는 매우 절절했다고 한다. 특히 고향에 두고 온 아내 이난영에 대한 그리움이 사무쳤다고 한다. 회고록을 집필할 당시 자신의 원고를 교열하기 위해 창사에 온 김형직에게 "이 세상에 달은 두 개"라고 말했다. 그는 생전에 자신이 해방 직후 귀국하지 못한 것은 중국에서 재혼한 중국인 아내 류쩌충과 자식들을 저버릴 수 없었기 때문이라고 회술한 바도 있다. 그런데 또 다른 『회억록』에서는 한국전쟁이 일어나지 않았더라도 자신은 귀국하지 않고 대륙에 머물렀을 것이라고 했다. 말년의 그는 창밖을 응시하고 눈물을 흘리며 〈아리랑〉을 부르곤 했다. 그토록 간절히 귀국을 원했던 그가 6·25전쟁이 발발하지 않았더라도 귀국하지 않고 대륙으로 가려고 했다는 것은 진심이었을까? 공산국가인 중국 땅에서 머물러 살 수밖에 없었던 처지에서 자신의 진심이나 본의와는 다르게 한 기술이라 할 것이다.

농학자로서의 생활

6·25전쟁 발발로 귀국이 불가능해지자, 그는 아내 류쩌충에게 광저우 아이췬반점愛群飯店의 전화원으로 근무하던 언니 류창즈劉尚志에게 전화를 하도록 하고, 언니에게 처자를 광저우로 데려가게 했다. 그리고 자신은 상하이 리다학원에 있을 때 알게 된 자오구추趙谷初가 주임으로 있는 주룽九龍의 전광화학공장眞光化學工場으로 가서 기숙하며 후난성 부성장으로 있던 정싱링에게 편지를 보내 자신이 홍콩에 왔음을 알렸다.

  8월 초, 정싱링은 그에게 창사의 후난대학 교수로 와달라는 초빙서와 함께 친필 편지를 보내왔다. 그는 처자가 있는 광저우 아이췬반점으로 가서 한 달 동안 머무르며 천훙유陳洪友·예페이잉葉非英·류수런柳樹人 등 아나키스트 동지들과 만났다. 그들은 류자명이 '신중국'으로 돌아온 것을 축하해주었다. 이들은 사상적으로 공산주의자로 변해 중국공산당의 영도 하에 중화인민공화국의 발전을 위해 노력 분투할 결심을 밝혔다. 류자명은 한 달 후 광저우를 떠나 창사로 가서 후난대학 교수로 부임했다.

후난대학은 창사 서쪽에 있는 웨루산岳麓山의 동편에 자리 잡고 있어서 뒤에는 산림이 우거져 있고 앞에는 샹장수湘江水가 북으로 흘러가고 있었다. 후난대학 본부는 기원 976년 북송 시대에 창립한 웨루학원을 기초로 하여 1924년에 새로 건립된 신형 대학이었다. 후난대학에는 공정학원工程學院·농학원農學院·자연과학원自然科學院 등이 있었다. 교장은 중국공산당 창시자의 한 명인 리다李達였다. 농학원은 농예학부·농정학부·곤충학부가 있었는데, 그는 농예학부의 주임을 맡아 과수재배학을 가르쳤다.

1951년 2월, 후난대학은 농학원을 옮기기 위해 '농학원천이위원회農學院遷移委員會'를 구성하고 그를 위원으로 임명했다. 교내 조림사업을 위해 조직한 '교구조림위원회校區造林委員會'도 그에게 책임을 맡겼다. 그는 학생들과 함께 웨루산으로 가서 자연적으로 생장한 묘목을 옮겨다가 필요한 곳에 심었다. 조림공작이 끝난 뒤 농학원을 옮기는 작업이 본격화되었고, 후난성입수업농림전과학교湖南省立修業農林專科學校와 합병하여 국립후난농학원이 되었다.

후난대학 교수 초빙서(1950)

후난농학원은 농예학부·임업학부·축목학부·식물보호학부·농정학부·토양비료학부의 6개 학부와 농업전수과를 두었는데, 류자명은 농예학부의 주임을 계속 담임했다. 이후 농예학부에서 원예학부가 별도로 설립되자, 원예학부 주임을 맡았다. 원예학부에 재직할 당시 마오쩌둥의 지시에 의해 사상개조를 위한 자아비판이 있었다. 그는 자신이 젊은 시절 적극적으로 수용하고 연구했던 아나키즘을 비판했다. 자신의 사상개조문을 작성하기 위해 여러 날 밤을 지새우기도 했다. 그는 자신이 신봉했던 아나키즘의 '반동적 본질'을 극렬히게 비판했다. 자신이 1927년에 쓴 「적색의 비통」은 공산주의의 입장에서 쓴 것이라고 말하며 자신은 일찍이 아나키즘을 버리고 공산주의를 수용했음을 강조했다. 나아가 아나키즘이 "제1국제운동에서 시작하여 역대 국제적 무산계급 혁명운

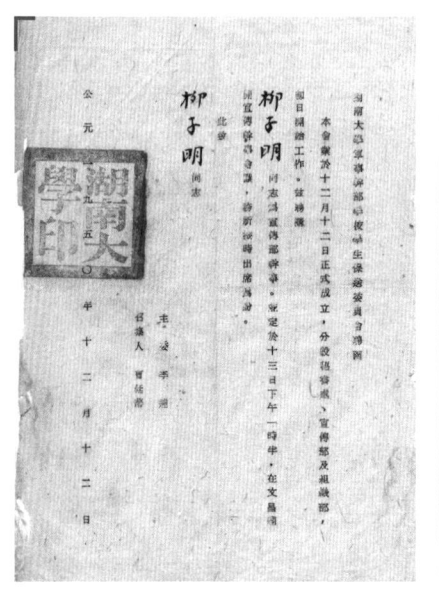
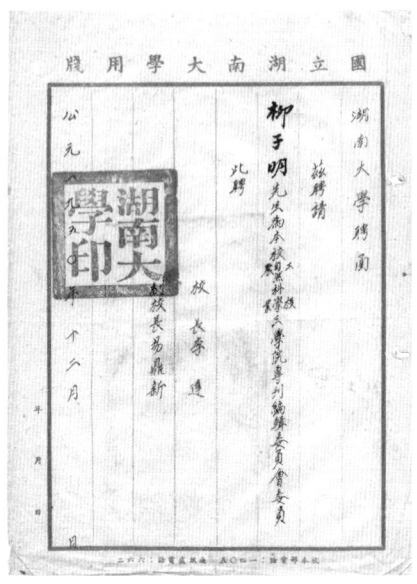
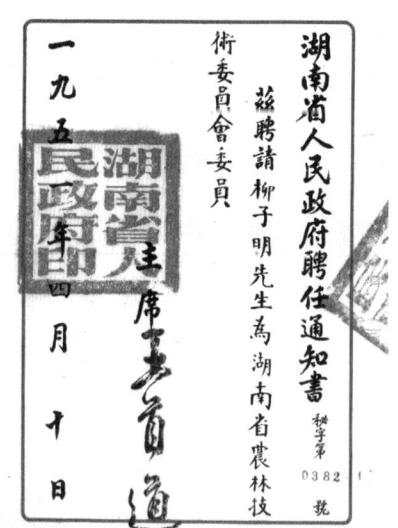
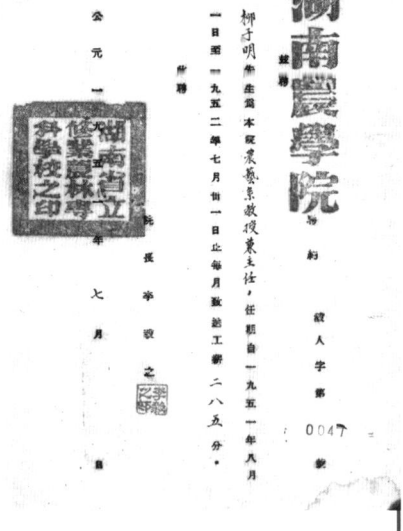

류자명의 각종 임명장

동 중에서 반혁명적인 역할을 했다"고 말했다. 스탈린의 말을 인용하여 "아나키스트는 마르크스주의의 진정한 적이다"라고 했고, 마오쩌둥의 말을 인용하며 아나키즘을 통렬히 비판했다. 이 또한 공산주의 국가에서 살아야 했던 그로서는 본의보다 생존을 위해 어찌할 수 없는 일이었을 것이다.

이후 류자명은 창사에서 농학자, 원예학자로서 연구와 실습, 후학 교육을 하며 평생을 지냈다. 그는 자신의 회고기에서 특히 다음의 논저를 대표적인 업적으로 꼽았다(일부는 게재지나 발표 연월이 누락되었다).

1) 「포도 일 년 다작 결과 재배기술」(저베이浙北, 1959)
2) 「포도 재배의 역사」
3) 「호남 온주 밀감, 네이블오렌지의 기원과 포도 재배의 시작」(편지)
4) 「감귤류의 기원과 발전」
5) 「온주 밀감 유래 문제에 관하여」(학보)
6) 「감귤 분류 문제에 관하여」(미간)
7) 「재배 벼의 기원과 발전」(『중국과학』, 1976)
8) 「장사 마왕퇴 한묘에서 출토된 20가지 재배 식물의 역사 고증」
9) 「도곡稻谷 기원의 문제를 재론하며」
10) 「과瓜류 풍작의 총정리」(『신양농학원 학보』, 1958)
11) 『중국 야채 재배 윤작제』(단행본, 1962)
12) 「중국 고대 농서에서의 유물주의적 사상」
13) 『중국의 저명한 몇 가지 화훼』(단행본, 1958, 호남인민출판사)

류자명의 발표 논문

14) 『원림 화훼』(단행본, 20인 합작)

15) 「도곡稻谷 금석담」(화석, 1979)

류자명은 중국에서 현대 농학자를 대표하는 인물로 손꼽힌다. 그는 중국농업과학원 명예원장 진산바오金善寶 교수가 후난과학기술출판사의 의뢰를 받아 주편主編한 『중국현대농학가전中國現代農學家傳』(1984)에 대표적인 원예학자로 소개되었다. 천멍룽陳夢龍 교수가 7쪽에 걸쳐 집필한 류자명에 관한 기사는 독립운동가로서의 활동을 연대기적으로 소개한 데 이어 원예학자로서의 그의 업적을 소개하고 있다. 특히 이 기사는 그가

후난농학원
표창장(1978)

후난성의 열악한 기후조건에도 불구하고 포도재배 기술개발에 공헌한 업적을 높이 평가했다. 여기에 중국 현대의 대표적 원예학자로서 소개한 부분만 인용하면 다음과 같다.

류자명은 오랜 시간 동안 외국 침략자를 공동으로 반대하는 투쟁을 하면서 우리나라 국민과 깊은 우의를 나누었다. 그는 자신의 조국을 열렬히 사랑했고 조국의 통일을 간절히 바랐다. 또한 중국도 무척 사랑했는데, 줄곧 중국을 자신의 제2의 고향으로 여겼으며 중화민족의 흥성을 기대했다. 특히 지난 30년간 중국이 고난과 비통함을 겪은 후 사회주의 신 중국을 더욱 사랑했다. 그런 까닭에 우리나라와 함께 빛이 어둠을 대신하는 시대에 처했고, 온 가족을 데리고 의연히 타이완 해협을 가로질러 새로운 중화인민공화국의 고등농업교육사업에 투신했다. 그는 왕성한 정력으로

일본 학자의 학술 자문 요청에 대한 류자명의 답신

조금도 게을리 하지 않고 사회주의 농업을 위해 한 세대, 또 한 세대의 농업 기술 인재를 배양했다.

류자명은 당의 친절한 배려 하에 줄곧 자신을 중국공산당을 매우 사랑하는 전사戰士라고 생각했고, 조직 관념이 강해서 스스로 공작의 필요성을 느낄 수 있었다. 조직 행정 업무 겸임을 제외하고, 많은 전문 교과목을 주도적으로 담당했다. 특히 창사 마왕퇴 묘에서 출토된 재배 식물을 고증하는 업무를 할 때, 벼의 기원과 함께 어려운 과제라는 사실을 잘 알고 있었다. 그러나 그는 이에 굴하지 않고 진행하여 결국 실물을 근거로 필요한 문헌을 인용하여 일본의 벼 학자가 선도釉稻(인디카종 벼)의 기원은 인도이고, 갱도粳稻(메벼)의 기원은 일본이라는 논단을 부정하고, 우리나라 윈난성이 벼농사 기원의 중심이라고 논증했다. 이는 분명 딩잉丁穎 교수가 정의한 메벼의 학명과 기원이다. 류자명의 이론은 일본 학술계의 큰 관심을 얻었다. 이를테면 벼 전문 학자 와타베渡部는 류자명에게 논문을 보내서 지도를 부탁드린다며 충심을 보였다.

류자명은 원예학 분야에서 다음의 몇 가지 방면에서 특히 뛰어난 재주가 넘쳐흘렀고, 창의력에서는 독보적이었으며 표현이 뛰어났다.

1950년대 초, 강남지역에 어떤 종의 포도를 심으면 좋은가에 대한 구상을 제안했다. 그는 일찍이 1년에 여러 차례 열매를 맺는 성공 사례가 있었으나 일본 포도학계 전문가 오이노우에 야스시大井上康는 포도 꽃눈 분화시기에 대한 결론을 부정했다. 교육 및 생산노동이 서로 결합한 성과를 거둬 농업부의 위로와 격려를 받았다. 훗날 우여곡절을 겪었지만, 류자명은 중도에 그만두지 않고 끝까지 해냈으며 제자와의 공동 노력 끝에 병에 강한 품종을 만들어냈고, 포도기지 4천 무畝를 발전시켰다. 후난을 위해 여러 가지 새로운 길을 열었으며 호남 포도주 생산의 공백을 채워줬다.

류자명은 감귤류의 기원과 발전에 역시 독특한 견해를 지녔다. 그는 우리나라 고대문헌기록과 윈난성雲南省과 구이저우성貴州省의 고원 야생자원의 분포를 예로 들어, 다나카 조사부로田中長三郎가 말한 바 감귤, 오렌지, 모감주나무가 모두 중국이 원산지가 아니라고 한 오류를 지적했다. 아울러

후난농학원에서 포도 연구에 몰두하는 류자명

류자명이 실습장으로 마련한 후난농학원 온실

다나카 조사부로가 서술한 지리 한계의 오류, 인도 아산모의 지리 위치 및 종種이 지리 분포상의 규칙에 의거하여 감귤의 최초 중심지가 윈난성·구이저우성과 시장西藏고원이라고 단정했다. 감귤 야생 자원은 인도 아산모에서 역류하여 중국 경내에 올라와 분포할 수 없다고 강조했다. 따라서 다나카 조사부로의 "감귤 최초 중심지가 인도에 있다"는 학설은 부정되었다. 다음으로 류자명은 우리나라 전통 감귤 분류법을 사용하여 차례대로 부문별로 고증했고, 그 학술적인 조예는 매우 깊었다.

이 밖에도 류자명은 우리나라의 채소 재배 제도, 오이류의 고산재배, 명화의 분류와 재배, 차에 쓰이는 향화식물 내지 화훼를 만들어 어쩌면 사화四化(농업·공업·국방·과학기술의 현대화 – 필자 주)산업 등 여러 방면에서 모두 조직적인 연구를 진행했고, 논문이나 저서를 집필했다. 이러한 저술은 이 원예학자의 학식의 넓고 깊음을 충분히 반영하고 있으며 또한 그가 모든 지식을 중국 인민의 업적에 헌신했다는 것을 보여준다.

류자명 교수는 당대 원예학자의 한 분으로서 그의 오랜 학문 경험은 후속 세대에게 깊은 사상적 계발을 시키기에 충분했다. 이제 후난 포도 재배과정 연구를 아래에서 간략히 소개한다.

(1) 곤란함을 알면서도 굽히지 않고 나아가다

후난에서 포도를 발전시킬 수 있는지는 1950년대 이래로 줄곧 뜨거운 논쟁거리였다. 논쟁의 핵심은 후난의 특별한 자연 조건하에 예상한 경제 효과를 얻을 수 있는가 하는 것이었다. 자세히 이야기하면, 장마철에는 저온 다습해서 포도의 생식 성장에 불리하다. 그리고 흑두병이 창궐되기

쉬우며 비싼 약제를 통한 치료는 생산에서 얻는 것보다 잃는 것이 많다. 장점은 살리고 단점을 피해, 보통의 원예학자가 굴하지 않고 나아간 것은 당연한 이치이다. 의심할 여지없이 류자명은 그 어려움이 얼마나 큰지를 잘 알고 있었다. 그러나 이러한 어려움에도 류자명은 원예학자로서

중국 언론에 보도된 류자명 기사

의 책임감을 가지고, 이 '금구(禁區)'를 뛰어넘어보기로 결심했다. 왜냐하면 류자명은 원예학자로서 마땅히 전략적 안목이 있었기 때문이다. 우선 성省 하나의 과수나무 종류 가운데 감귤류를 발전시키는 것은 다양한 경영 수요에 적응할 수 없다고 보았다. 다음으로 후난의 저농도 과일주 생산

해방 이후의 활동과 두 차례 귀국의 좌절   239

류자명이 기거하던 후난대학 구내에 개관한 류자명진열관

은 아직 공백기에 있어서 여러 번 보충하여 비로소 인민의 나날이 증가하는 수요를 만족시킬 수 있었다. 이것이 바로 연로한 환갑의 교수가 어려운데도 끝까지 포기하지 않았던 근본 원인이 있는 것이다.

(2) 실사구시

후난의 기후조건 아래 고비高肥와 적심摘心을 운용하여 덧가지(부초副梢)를 건장하게 촉발하여 1년에 여러 번 열매 맺는 것을 실현하였다. 이는 포도 재배상 단위 면적 생산량을 높인 확실한 대책이었다. 류자명의 첫 번째 싸움은 이 문제를 전개하는 연구에서부터 시작됐다. 왜냐하면 과거의 어떤 학자는 포도의 꽃눈 분화가 배, 복숭아 등 과수와 같아 개화 전 1년간 진행해야 한다고 오인했기 때문이다. 일본 과수학자 에구치 츠네오江口庸雄는 일찍이 단언하기를 "8월 상순에 포도의 화수花穗가 이미 형성된다"고 했다. 이 결론에 의하면, 포도의 부초는 당년에 근본적으로 개화 결실이 불가능하며 단지 "쓸모없는 것"일 뿐이다. 그리고 일본의 포도학자 오이노우에 야스시大井上康도 일찍이 단언하기를 "화수의 꽃눈은 그 마디의 성장이 정지한 후 5주 전후로 분화가 시작된다"고 하였다. 게다가 "부초상의 화수가

후난대학에 설치된 류자명 흉상

발생한 시간은 부초 원체는 주축으로부터, 즉 분생 전에 시작하는 것이 아니다"라고 강조하였다. 이러한 권위적인 결론에 대해서 류자명은 믿지 않고, 후난에서 재배 실천의 가능성 여부를 살펴보았다. 실천의 결과를 증명하고, 포도 부초상 화수의 발생 시간은 근본적으로 "부초 원체가 주축으로부터 생장하기 전"에 있는 것이 아니라 부초가 주축에서 발생한 이후, 또한 최소 세 마디까지 자라야 비로소 발생된다. 동시에 한 해에 열매를 4회 맺은 결과는 포도의 꽃눈 분화는 "마디 생장이 멈춘 후 5주 전후" 동안 영양물이 쌓인 시간이 반드시 필요하지 않다. 원래 영양이 충족되고 생태조건이 적합하고 재배기술이 적합하면, 포도의 꽃눈은 언제든 분화한다. 이 이론 문제를 명확하게 하는 것은 재배 상에서 주동적인 위

치를 얻었다.

(3) 중도에 그만두지 않고 끝까지 해내다

류자명은 한 해 동안 포도를 여러 차례 재배하는 성공 방법을 찾았고, 국내 학술계의 주목을 받았다. 1963년 중국과학원이 주관한 포도 연구 과제 전국 합작대회에 초청받아 참석했고, 전후로 40여 개의 품종을 도입하고, 우량종을 걸러내는 단계에 들어섰다. 1965년 어떤 원인 때문에 과제가 한 번 중단되었다. 류자명은 자택 옆 과수원에서 축적한 자료를 이용했다. 1975년 후난성경공업연구소 지원 하에 10년간 중단된 포도연구를 다시 시작하였다. 이때 나이가 팔순을 넘은 류자명은 그의 후배와 공동으로 연구를 했고, 신속하게 90여 개 품종을 도입했으며 착실한 검증을 통해 북순北醇·백우白羽·백향초白香蕉·거봉巨峯·강배이조康拜尔早·벽록주碧绿珠 등 병에 가장 강한 우량종을 걸러냈다.

(4) 힘든 줄도 모르고 꾸준히 남을 가르치다

류자명은 교실에서 수업할 때처럼 과학 연구 시행 중에도 조금도 느슨하게 인재 육성을 하지 않았다. 예를 들면 한 해에 포도를 여러 차례 수확하는 것은 그가 직접 데려간 학생 한 명을 방과 후에 그룹을 만들어 완성한 것이다. 병에 강한 품종 선별 실험에 관해서는 그동안 모아온 수천의 자료는 그와 후배, 학생들이 공동으로 고생해서 만든 결과이다. 특히 실험을 다시 할 때 당시 82세의 노교수는 진정한 열정으로 다년간 모아온 자료를 이용해서 전성 후난성 전체의 포도 재배반 교재와 강의 자료를 만들

후난 TV에 방영된 류자명 다큐멘터리(2015)

었고, 심지어 강의까지 하였다. 이는 첫 번째 포도기지의 골간을 육성하기 위한 것이었다. 따라서 3년의 시험재배를 겪으며 닝샹寧鄕 쉬푸漵浦 등 기지는 제일 먼저 1묘당 단위 생산량이 3천 근을 초과했고, 마땅히 있어야 할 경제 효과도 만들어냈고, 아울러 후난의 포도주를 양조해냈다.

(5) 배움에 싫증내지 않다

류자명은 다양한 외국어에 능통했고, 해외의 자료를 두루 보았으며 우리나라 옛 농서農書에 정통했다. 이는 그가 바시하고, 꾸준히 공부할 수 있었던 원인이었다. 그러나 더욱 중요한 것은 그는 비판적 수용, 즉 처음에 한 실험이 두 번째 봤을 때 마르크스주의의 변증법에 적합한지를 살펴보는 것을 잘해서 자신의 훌륭한 학술 견해를 형성할 수 있었다.

류자명은 이미 구순이 넘었다. 현재에도 포도에 관련된 자료를 여전히 계속해서 열람하고 찾아보고, 『강남포도 재배학』을 편찬하였다. 그 포부는 정말로 협수葉帥가 속마음을 털어놓은 시구 중 "노인이 기뻐 황혼을 노래하네, 청산에 낙조가 눈에 가득 차네"라고 한 것과 같다.

1996년 11월 26일, 후난성과학기술협회는 제5계屆 제18차 상위회의 常委會議에서 과학기술 분야에서 뛰어난 업적을 남긴 사람들에게 처음으로 '후난과기지성湖南科技之星'이라는 이름을 부여했다. 이 '후난과학기술의 별'이라는 이름은 후난성 내 각 과학기술 단체의 추천으로 80명에게 부여한 것으로, 류자명이 선발되어 증서와 기념패를 받았다. 위의 『중국현대농학가전』 수록이 생전에 받은 영광이라면, '후난과학기술의 별' 명명은 사후에 받은 영예였다. 여기에는 그를 다음과 같이 소개하고 있다.

류자명 남, 조선인, 1894년 1월 출생, 1985년 사망, 후난농업내학교수. 류자명 동지는 후난농업대학의 조선인 교수였다. 그는 1950년대 초 강남 포도 우량종 구상을 제출하였다. 1959년에 완성한 포도가 1년에 몇 번 열매를 맺는가에 대한 연구는 일본 포도학계 오이노우에 야스시大井上康의 포도 꽃눈이 마디 성장 정지 후 5주 전후로 비로소 분화가 시작된다는 논단을 부정하였다. 전국 교육 및 생산 노동을 서로 결합시키는 성과를 낳았고, 농업부의 격려를 얻었다. 1977년 전문 연구를 회복하기 위해 병에 강한 품종을 선별하여 1984년 포도기지 4천 무畝를 발전시켰으며 포도주 생산의 공백을 채웠다. 감귤류의 기원과 발전에 대해서 1983년 류자명은

湖南科技之星命名证书

为缅怀和弘扬优秀科技工作者的光辉业绩，湖南省科学技术协会决定，命名邓子明同志为首届"湖南科技之星"。

湖南省科学技术协会
一九九六年十二月

우리나라 고대 문헌기록과 윈구이고원雲貴高原 야생자원의 분포를 예로 들어 일본 감귤학자 다나카 조사부로田中長三郎의 소위 감귤·오렌지·모감주나무는 모두 중국 원산이 아니라는 주장이 착오라는 사실을 제기하였다. 동시에 종의 지리 분포상 규칙에 따라 감귤 야생자원이 인도 아

'후난과학의 별' 명명 증서와 기념패(1996. 12)

산모 지역에서 올라와 중국 경내로 분포하는 것이 불가능함을 강조하였다. 전중장삼랑의 "감귤 원생중심지는 인도에 있다"는 학설을 부정하였고, 감귤의 원생 중심지는 윈귀와 서장고원에 있다고 단정하였다. 이러한 날카로운 분석은 화중華中 농대 노교수 장후이章恢의 추앙과 인용을 얻

었다. 류자명은 우리나라 채소재배제도, 오이류의 고산재배, 명화의 분류 및 재배와 차에 쓰이는 향화식물 등의 분야에서 모두 조직적인 연구를 진행했다. 저술한 논문, 서적은 모두 이 원예학자가 학술적 조예가 깊음을 충분히 반영하고 있다. 1970년대 류자명은 장사 마왕퇴 묘에서 출토된 재배식물 고증에 참여했고, 그는 실물을 근거로 하여 필요한 문헌을 인용하여 서술했고, 일본의 벼 학자가 선도秈稻(인디카종 벼)의 기원은 인도이고, 메벼粳稻의 기원은 일본이라는 논단을 부정하고 우리 원난성이 벼 기원의 중심인 것을 논증했다. 류자명 교수는 일찍이 후난성원예학회 영예이사장을 맡았다.

제2차 귀국의 좌절

1957년 3월, 조선인 신분을 유지하고 있던 '조교'인 류자명은 북한대사관으로부터 귀국 통지를 받았다. 통지 내용은 당년 8월 내에 귀국해야 하며 귀국 계획을 대사관에 제출하라는 것이었다. 당시 그는 후난농학원에서 우파 반대 투쟁을 열심히 벌이던 중이었다. 그는 귀국을 결심하고 7월 30일 창사를 떠나 베이징을 거쳐 귀국한다는 계획을 주중북한대사관에 보고했다.

이 사실을 안 중국 중앙정부 고등교육부장 양슈펑楊秀峯은 그에게 환송하는 편지를 써서 우송했고, 후난농학원에 사직서를 내자 학교 교육공회에서도 기념품을 보내왔다. 중국 생활을 청산하는 귀국 준비는 순조롭게 진행되었다. 비록 고향인 충주가 아닌 북한으로의 귀국이었으

후난농학원이 귀국 축하 송별 기념으로 준 액자(1957)

류자명이 쓴 김일성 생일 축하 편지

해방 이후의 활동과 두 차례 귀국의 좌절

베이징에서 바진과 만난
류자명 부부(왼쪽부터
류쩌충·바진·류자명)

나, 그에게는 고국으로 귀국할 수 있는 두 번째 기회였다.

그런데 6월 30일, 북한대사관으로부터 귀국하지 말라는 통지가 왔다. 몇 년간 후난농학원에서 더 근무하라는 명령이었다. 이는 농학의 대가인 그가 중국을 떠나면 국가적으로 큰 손실이라는 사실을 뒤늦게 깨달은 중앙의 고등교육부가 외교부에 그의 귀국을 막아달라고 요청함으로써 취해진 조치였다. 하는 수 없이 그는 다시 창사에 머물며 후난농업원 교수 생활을 계속할 수밖에 없었다.

국기훈장을 단 류자명(1978)과 북한에서 수여한 국기훈장 3급과 예물

　북한 측은 계속 그에게 관심을 표했다. 1971년 10월 20일, 그는 북한대사관의 전보를 받고 베이징으로 가서 몇몇 '조교' 대표들과 함께 대사관 비서 김영진金英眞을 만나 3일 동안 북한의 체제학습을 받았다. 1972년 12월 4일에도 베이징으로 가서 주체사상과 조선민주주의인민공화국 건국대강, 조국통일 8대강령 등을 학습했다. 이후 그는 해마다 1월 1일, 4월 15일, 10월 10일의 이른바 '3대 명절'에 김일성에게 충성 편지를 보내야 했다.

　이후에도 북한은 류자명에게 계속하여 충성을 요구했다. 북한은 그 외에도 중국에 살고 있는 '조교' 동포들에게 충성을 요구하고 그 징표로 김일성에게 충성 편지를 쓰게 했다. 현재 그의 아들 류전휘의 집에 그 흔적이 남아 있다. 북한대사관은 중국 내 도시별로 '공민 책임자'를 지정하고 지역별로 사상학습과 경축 집회, 축전과 축하문 발송을 책임지도

류자명 사거와 영결식(1985)

창사 웨루산 류자명, 류쩌충 묘소

유해 봉환과 국립현충원 안장식(2002)

국립현충원 류자명 묘소

록 했다. 류자명은 후난성과 창사지역의 책임자로 지정되었고, 수차 축하 서신을 대사관을 통해 북한으로 송부해야 했다.

1978년 12월 3일, 그는 베이징 북한대사관에서 전명수 대사로부터 '3급 국기훈장'과 함께 화첩, 레코드판 등을 부상으로 받았다. 그는 아내와 함께 사진관으로 가서 훈장을 가슴에 달고 기념사진을 찍었다. 남한에서는 1968년 독립유공자로 대통령표창(1991년 애국장)을 받았으니 그는 분단 시대 남북으로부터 훈장을 받은 유일한 인물이 된 셈이다.

결국 그의 귀국은 2002년 유해 봉환 형태로 이뤄졌다. 참으로 멀고도 기구한 귀국 길이었다. 그는 1985년 사거하여 창사 웨루산 기슭 공동묘지에 매장되었다가 2002년 3월 19일 대전현충원으로 봉환, 고국의 품에서 영면하게 되었다.

류자명의 삶과 자취

1894	1. 13(음), 충청북도 충주군 이안면 삼주리(현 충주시 대소원면 영평리)에서 류종근과 이기로의 2남 1녀 중 막내로 출생
1900	부친에게서 천자문·동몽선습·소학·대학·논어·맹자·통감 등을 수학
1908	충주공립보통학교 입학
1910	덕수이씨 이난영과 결혼
1912	수원농림학교에 낙방하여 서울로 가서 1년간 재수
1913	수원농림학교 진학
1916	수원농림학교 졸업 후 충주공립간이농업학교 교원 발령
	장남 기용基鎔 출생
1918	차남 기형基瀅(후에 基鍾으로 개명) 출생
1919	3월, 충주간이농업학교 학생들과 장날을 이용하여 만세운동을 계획했으나 사전에 발각되자 곧 서울로 피신
	5월, 이병철·조용주 등과 대한민국청년외교단 조직, 활동
	6월, 조용주와 함께 상하이로 망명, 임시정부 참여(임시의정원 충청도의원 당선)
	신한청년당에 참여하여 비서로 활동, 신채호·김한과 만남
	12월, 연통제 활동을 위해 귀국
1920	김한 등과 사회주의 연구 모임을 조직하여 학습, 아나키즘 수용
	임시정부 연통제 연락 업무로 중국 단둥 이륭양행 왕래
	조선노동공제회 기관지 『공제』에 기고

1921	4월, 안확과 민족개조론을 둘러싸고 논쟁, 『동아일보』에 「내적 개조론의 검토」 연재(4. 28~30)
	4월, 베이징으로 재차 망명, 박숭병의 집에서 신채호와 함께 기거
	가을, 이회영의 집에 잠시 기거
	겨울, 고광인·김상훈 등과 영어 공부하러 톈진으로 이동
1922	김정·남정각 등과 톈진조선인거류민단 조직, 이사회 주석 맡음
	여름, 김원봉을 만나 의열단 가입, 남정각과 함께 국내에 잠입하려다가 단둥에서 돌아옴
	상하이로 돌아와서 의열단의 선전과 통신업무 담당
1923	1월, 신채호가 「조선혁명선언」 기초할 때 지원
1924	베이징에서 타이완인 아나키스트 판번량·린빙원과 취안저우회관에 함께 기거하며 동지적 관계 구축
	4월, 이회영·이을규·이정규·정현섭·백정기 등 6인과 재중국조선무정부주의자연맹在中國朝鮮無政府主義者聯盟 결성
1925	3. 30, 다물단과 합작으로 일제 고급 밀정 김달하 처단
1926	5월, 김창숙·김구 등과 나석주 의거 계획
	겨울, 광주에서 개최된 의열단 제3회의 참가
1927	4월, 장제스의 '반혁명 청당운동'으로 공산주의자들이 숙청되는 것을 광주에서 직접 목격하고 『조선일보』에 「적색의 비애」 기고
	5월, 김원봉과 광저우를 떠나 상하이로 가던 중 선상에서 해적을 만나 다리에 총상을 입고 샤먼 구세병원에 입원 치료 후 상하이를 거쳐 우한으로 이동
	6월, 우한에서 동방피압박민족연합회가 성립되자 김규식과 조선 대표로 참가, 한동안 연합회 사무실에서 기거
1928	2. 28, 동방피압박연합회 소속 인도인의 밀고로 우한공안국 경비사령부

	에 10명의 동지들과 함께 구속되어 투옥
	8. 28, 임시정부가 다방면으로 교섭하여 6개월 만에 석방
	9월, 난징으로 이동하여 동방피압박연합회를 찾아가 기거
	겨울, 박찬익의 소개로 이듬해 3월까지 『쑨원학설』을 한글로 번역
1929	봄, 위안샤오셴·예정수·장징추·천광궈 등 중국 인사들과 교류, 위안샤오셴의 소개로 난징 한푸옌열사기념합작농장에서 농사기술 지도
	여름, 타오싱즈가 세운 샤오장농촌사범학교를 참관하고 나서 『조선일보』에 감상을 기고, 이 기사를 읽고 주요한이 난징으로 그를 방문
	푸젠성 취안저우 리밍중학에서 생물학을 가르치며 중국 열대식물에 대한 조사와 연구 진행, 유기석·허열추 등과 함께 교원 생활
1930	1월, 위안즈이의 소개로 상하이 리다학원 농촌교육과로 옮겨서 농업과 일본어를 가르치며 농장 운영
	일제의 상하이 침공으로 리다학원이 휴교하자 이하유·정화암 등과 지내다가 유기석·정화암·이회영 등과 남화한인청년연맹 결성
	바진 등 중국 아나키스트들과도 교유
1932	이회영·백정기 등과 흑색공포단의 훙커우공원 의거를 계획했으나 한인애국단 윤봉길 의사의 의거로 실행하지 못함
1933	3. 17, 육삼정 의거 주도
	류쩌충과 결혼
1934	봄, 난징 칭룽산에서 1년간 농장 운영. 이때 의열단이 운영 중이던 조선혁명군사정치간부학교를 방문하여 김원봉과 만나고, 대원에게 의열단의 역사와 투쟁사 강의
1935	5월, 리다학원을 떠나 난징 건설위원회 산하 둥류농장에서 원예기술 지도
1936	『남화통신』 집필, 민족통일전선론 제창

1937	7월, 중일전쟁이 발발하자 가족들을 후난성 샤오양 종타오룽의 집으로 피신시킴
	남화연맹을 '조선혁명자연맹'으로 개칭하고 위원장에 추대됨
	12월, 난징에서 조선혁명자연맹·조선민족혁명당·조선민족해방운동자연맹 3개 단체가 민족연합전선론에 따라 조선민족전선연맹 결성
	난징이 함락 위험에 빠지자 한커우로 피난하여 정식으로 조선민족전선연맹 창립 선언문 발표
	『조선민족전선』 출판과 선전물, 연락 담당
1938	10. 10, 조선의용대 조직, 지도위원으로 선정
	『조선의용대통신』 중문 편집위원
	겨울, 김원봉 인솔 하에 제1대를 따라 구이린에 도착
1939	연초, 동지들과 충칭에 도착, 난안 쏜자화위안에서 민족전선 동지들과 공동생활
	8. 27, 치장에서 개최된 7당 통일회의 참가
	김구의 부탁으로 치장에 임시정부 신촌(청사, 가족 거주지) 설계
	가을, 딸(3세)이 토사병으로 사망
	11. 21, 밀 득도得燾 출생
1940	3월, 푸젠성 융안으로 가서 농업개진처 농업시험장 원예계 주임으로 일하며 원예학자로 소양 키움
	여름, 아들(5세)이 악성학질로 사망
1941	충칭 푸단대학 교수 마쭝룽의 부탁으로 회교구국협회가 구이린에 건설한 링짜오농장으로 가서 기술지도
	칠성암 부근에서 문화생활출판사를 운영하던 바진과 재회
1942	5. 19, 아들 전휘展輝 출생
	충칭에서 독립운동 진영의 통일운동 노력

	10. 11. 중한문화협회 창립에 참가, 한국 이사로 선임
	10. 21. 임시의정원 충청도의원에 당선
	11. 3. 의장 지명으로 광복군행동9개준승 수정위원으로 선임
	11. 4. 임시의정원 회의에서 국경일 개정과 관련한 발언
	11. 13. 「고동포서告同胞書」 기초위원 선정
	11. 28. 9인의 약헌 개정위원으로 선임

1943　3. 4. 국무회의에서 학무부 차장에 선임
　　　5. 4. 학무부 차장을 의원면직하고 구이린으로 돌아가 농장 운영
1944　9월, 정싱링의 요청으로 푸젠성 캉러신촌 제2촌 주비처 주임이 되어 시빙향에서 아동교양원 운영
1945　8. 15. 푸젠성에서 해방을 맞음
1946　3월, 캉러신촌 업무를 인계하고 타이완 타이베이시 농림처 기술실 책임자가 되어 합작농장 추진
1947　합작농장관리소 주임이 되고 『타이완농림』 편집 담당
　　　농림청 기술실 주임과 타이완농사시험소 부소장에 임명
1950　6. 25. 귀국하기 위해 타이완을 떠나 홍콩에 도착했으나 6·25전쟁이 발발하여 귀국 포기
　　　9월, 후난성 부성장 정싱링의 도움으로 후난대학 교수로 부임
1951　2월, 농학원천이위원회 위원에 선임, 국립후난농학원 설립에 노력
　　　교구조림위원회 위원 선임
　　　11월, 마오쩌둥의 지식분자 사상개조운동에 따라 자아비판서 제출
1952　5. 22. 조선인민군 방중대표단 조상민·김석주가 창사로 류자명 방문
1953　1월, 후난농학원 실험농장 주임으로 본격적인 포도 연구 시작
1954　북한 방중대표단의 창사 방문 때 환영회 위원과 통역 담당
1957　3월, 북한으로부터 귀국 통지를 받고 대학 사직 등 중국 생활을 정리했

	으나 중국 고등교육부의 요청으로 취소됨
	한 해에 포도가 여러 번 열리는 방법 발견
1958	후난농학원 원예학부 주임으로 복직
1959	후난농학원 요가촌으로 새로 건물을 지어 이주
1963	중국사회과학원 주관 포도연구과제 전국 합작대회에 초청받아 참석
1968	독립운동의 공적으로 대한민국 정부로부터 대통령표창 수여(1991년 건국훈장 애국장 추서)
1971	10월, 주중 북한대사관 방문, 북한 체제학습(1972년에도 방문)
1972~1974	「장사 마왕퇴 한묘 출토 재배식물 역사고증」, 「중국 재배 벼의 기원과 발전」 등의 논문 발표
	고국의 부인 이난영 별세
1975	후난성경공업연구소 지원으로 10년간 중단된 포도연구 재개
1976	포도재배 학습반을 운영하여 한 해에 여러 번 포도를 수확하고 포도주를 생산하여 베이징으로 보내 국경절 연회에 사용
	「후난성 포도 생산의 전도는 광활하다」, 「후난 포도 생산의 의의」, 「강남지구의 포도 품종」 등의 논문 발표
1978	12. 3, 베이징 북한대사관에서 조선민주주의인민공화국 3급 국기훈장 수여
1980	『세계사연구동태』에 「고풍양절의 김구선생」 발표
1981	『세계사연구동태』에 「조선애국역사학가 신채호」 발표
	랴오닝인민출판사 김보민의 제의로 회억록 집필 시작. 처음에는 중국어로 썼으나 한글로 쓰기를 요청받아 다시 한글로 회억록 집필
1983	후난농학원에서 90세 탄신 축하연 개최
1984	6월, 『나의 회억』(랴오닝인민출판사) 출판
	『중국현대농학가전』(1984)에 중국 현대 대표적 원예학자로 선정

	2. 26, 중국농학회로부터 원로농업과학가 칭호와 함께 표창장 수여
1985	4. 17, 창사에서 서거. 웨루산 공동묘지에 매장
	12. 1, 부인 류쩌충 사망
1996	11. 26, '후난과기지성湖南科技之星' 영예
1999	11. 30, 『한 혁명자의 회억록』(독립기념관) 발간
2002	3. 19, 유해 봉환, 국립대전현충원 안장(애지 제2-964)
2003	6. 5, 예성문화연구회, 류자명 국제학술세미나 주관
2004	2. 20, 『행동하는 지식인 류자명 평전』(류연산, 충주시·예성문화연구회) 출판
	12월, 『훈장을 단 원예학자 류자명전』(安喬, 중국농업출판사) 출판
2005	3. 1, 충주에 추모비 제막(류자명·서정기·이일신)
	7. 22, 한국근현대사학회·충주MBC, 광복 60주년 및 충주MBC, 창사 35주년 기념 류자명 국제학술회의 주관
2006	1월, 국가보훈처·독립기념관 주관 이달의 독립운동가 선정
	『유자명자료집 ①』(충주시·충주MBC) 출판
2007	충주MBC, 특집 다큐멘터리 「독립운동가 유자명」(2부작) 제작 방영
	3. 2~25 유자명 선생 유품 특별전(충주박물관)
2012	중국 창사 후난농업대학에 류자명고거진열관柳子明故居陳列館 개관 및 흉상 설치
2015	8. 10, 류자명연구회, 『류자명의 독립운동과 한·중연대』(경인문화사) 발간
2017	고향 충주에 생가 복원(추진 중)

참고문헌

자료

- 『忠淸北道忠州郡量案』, 1902.
- 『共濟』.
- 『每日申報』, 『東亞日報』, 『朝鮮日報』, 『中央日報』, 『黑色新聞』, 『黑友新聞』.
- 慶尙北道警察部, 『高等警察要史』, 1934.
- 『文化柳氏少尹公派譜』總編, 卷之一二三.
- 류시중·박병원·김희곤 역주, 『국역 고등경찰요사』, 선인, 2009.
- 류자명, 『한 혁명자의 회억록』, 독립기념관 한국독립운동사연구소, 1999.
- 류자명, 『나의 회억』, 중국 랴오닝인민출판사, 1984.
- 유자명자료집간행위원회, 『유자명자료집 ①』, 충추시·충주MBC, 2006.
- 단재신채호전집편찬위원회, 『단재신채호전집』(전 9권), 독립기념관 한국독립운동사연구소, 2008.
- 김창숙, 『김창숙』, 한길사, 1981.
- 유기석, 『30년 방황기 – 유기석 회고록』, 국가보훈처, 2010.
- 이강훈, 『민족해방운동과 나』, 제삼기획, 1994.
- 이규창, 『운명의 여신』, 보련각, 1992.
- 이은숙, 『민족운동가 아내의 수기』, 정음사, 1975.
- 이정규, 『우관문존』, 삼화인쇄, 1984.
- 정화암, 『이 조국 어디로 갈 것인가』, 자유문고, 1982.
- 정화암, 『어느 아나키스트의 몸으로 쓴 근세사』, 자유문고, 1992.

단행본

- 강만길·성대경 엮음, 『한국사회주의운동인명사전』, 창작과비평사, 1996.
- 김산·님 웨일즈, 『아리랑』, 동녘, 1984.
- 김삼웅, 『이회영 평전』, 책보세, 2007.
- 김성국, 『한국의 아나키스트』, 이학사, 2007.
- 김영범, 『한국근대민족운동과 의열단』, 창작과비평사, 1997.
- 김영범, 『의열투쟁 I – 1920년대』, 독립기념관 한국독립운동사연구소, 2009.
- 김용섭, 『朝鮮後期農業史研究 I 증보판』, 일조각, 1984.
- 김희곤, 『중국관내 한국독립운동단체연구』, 지식산업사, 1995.
- 김희곤, 『임시정부 시기의 대한민국 연구』, 지식산업사, 2015.
- 다니엘 게링 지음, 하기락 옮김, 『현대아나키즘』, 신명, 1993.
- 류연산, 『행동하는 지식인 류자명평전』, 충주시·예성문화연구회, 2004.
- 류자명연구회, 『류자명의 독립운동과 한·중 연대』, 경인문화사, 2015.
- 박걸순, 『충북의 독립운동과 독립운동가』, 국학자료원, 2012.
- 박태원, 『약산과 의열단』, 깊은샘, 2015.
- 박환, 『식민지시대 한인아나키즘운동사』, 선인, 2005.
- 신영우, 『광무양안과 충주의 사회경제구조』, 혜안, 2010.
- 신주백, 『1930년대 중국 관내지역 정당통일운동』, 독립기념관 한국독립운동사연구소, 2008.
- 심산사상연구회, 『김창숙문존』, 성균관대학교출판부, 1997.
- 安奇, 『戴勳章的園藝學家 柳子明傳』, 중국농업출판사, 2004.
- 염인호, 『김원봉연구』, 창작과비평사, 1993.
- 염인호, 『조선의용대·조선의용군』, 독립기념관 한국독립운동사연구소, 2009.
- 오장환, 『한국 아나키즘운동사 연구』, 국학자료원, 1998.

- 이덕일, 『아나키스트 이회영과 젊은 그들』, 웅진닷컴, 2001.
- 이호룡, 『한국의 아나키즘 - 사상편』, 지식산업사, 2001.
- 이호룡, 『아나키스트들의 민족해방운동』, 독립기념관 한국독립운동사연구소, 2008.
- 이정식 면담, 김학준 편집·해설, 『혁명가들의 항일 회상』, 민음사, 2006.
- 조세현, 『동아시아 아나키즘, 그 반역의 역사』, 책세상, 2001.
- 조세현, 『동아시아 아나키스트들의 국제교류와 연대』, 창비, 2010.
- 한국국학진흥원, 『자산 안확 저작 자료집 자각론·개조론』, 한국국학진흥원, 2003.
- 한상도, 『한국독립운동과 국제환경』, 한울아카데미, 2000.
- 한상도, 『한국독립운동의 시대인식 연구』, 경인문화사, 2011.

논문

- 김광재, 「상해시기 옥관빈 밀정설에 대한 비판적 검토」, 『한국근현대사연구』 63, 한국근현대사학회, 2012.
- 김명섭, 「한·일 아나키스트들의 사상교류와 반제 연대투쟁」, 『한국민족운동사연구』 49, 2006.
- 김명섭, 「우당 이회영의 아나키즘 인식과 항일 독립운동」, 『동양정치사상사』 7, 한국동양정치사상사학회, 2007.
- 김명섭, 「류자명의 항일 의열활동 연구」, 『한국독립운동사연구』 52, 독립기념관 한국독립운동사연구소, 2015.
- 김명섭, 「신채호의 무정부주의동방연맹 활동」, 『한국근현대사연구』 80, 한국근현대사학회, 2017.
- 김영범, 「아나키스트 의열투쟁 범주의 성립과 그 의의: 일제 강점기 한인 아나키스트들의 폭력행동에 대한 재고찰」, 『대구사학』 115, 2014.

- 김용달, 「한국 독립운동사에서 의열단과 의열투쟁의 의의」, 『한국독립운동사연구』 49, 한국독립운동사연구소, 2014.
- 김창수, 「의열단의 성립과 투쟁」, 『한민족독립운동사』 4, 국사편찬위원회, 1988.
- 김희곤, 「아나키스트 嚴舜奉의 항일투쟁」, 『안동사학』 12, 안동사학회, 2007.
- 류전휘, 「나의 아버지 류자명에 대한 회억」, 『중원문화연구』 14, 충북대학교 중원문화연구소, 2010.
- 박걸순, 「申采浩의 아나키즘 수용과 東方被壓迫民族連帶論」, 『한국독립운동사연구』 38, 독립기념관 한국독립운동사연구소, 2011.
- 박걸순, 「새로 발굴한 아나키스트 류자명의 친필 수기」, 『충북의 독립운동과 독립운동가』, 국학자료원, 2012.
- 박걸순, 「아나키스트 柳子明의 자료 현황과 새로 발굴한 手記의 성격」, 『중원문화연구』 21, 충북대학교 중원문화연구소, 2013.
- 박걸순, 「1920년대 北京의 韓人 아나키즘운동과 義烈鬪爭」, 『동양학』 54, 단국대학교 동양학연구원, 2013.
- 박양신, 「근대 일본의 아나키즘 수용과 식민지 조선으로의 접속 – 크로포트킨 사상을 중심으로」, 『일본역사연구』 35, 일본사학회, 2012.
- 박영란, 「巴金과 한국인 아나키스트」, 『中國語文論叢』 25, 중국어문연구회, 2003.
- 박환, 「중일전쟁 이후 중국지역 한인 무정부주의계열의 향배 – 한국청년전지공작대를 중심으로」, 『한국민족운동사연구』 16, 1997.
- 박환, 「1920년대 중반 북경지역 다물단의 성립과 활동」, 『한국민족운동사연구』 33, 한국민족운동사학회, 2002.
- 박환, 「1920년대 전반 북경지역 한인 아나키즘」, 『한국민족운동사연구』 37, 2003.

- 성주현, 「아나키스트 원심창과 육삼정 의열투쟁」, 『숭실사학』 24, 숭실사학회, 2010.
- 손염홍, 「1910~1920년대 중반 북경 한인사회와 민족운동의 특징」, 『한국근현대사연구』 30, 2004.
- 손염홍, 「북경지역 한인사회(1910~1948)연구」, 국민대학교 박사학위논문, 2008.
- 신용하, 「신채호의 무정부주의 독립사상」, 『동방학지』 38, 1983.
- 신용하, 「朝鮮勞動共濟會의 창립과 노동운동」, 『사회와 역사』 3, 한국사회사학회, 1986.
- 신주백, 「1920~30년대 북경에서의 한인 민족운동」, 『한국근현대사연구』 23, 한국근현대사학회, 2002.
- 심극추, 「나의 회고」, 『20세기 중국조선족역사자료집』, 중국조선민족문화예술출판사, 2002.
- 오장환, 「1920년대 在中國韓人無政府主義運動 - 無政府主義理念의 수용과 獨立鬪爭理論을 중심으로」, 『國史館論叢』 25, 1992.
- 이동언, 「이종암의 생애와 의열투쟁」, 『한국독립운동사연구』 42, 독립기념관 한국독립운동사연구소, 2012.
- 이만열, 「단재 신채호의 민족운동과 역사연구」, 『충청문화연구』 5, 충남대학교 충청문화연구소, 2010.
- 이재호, 「柳子明의 대한민국 임시정부 활동」, 『한국독립운동사연구』 제56집, 독립기념관 한국독립운동사연구소, 2016.
- 이호룡, 「한국에서의 아나키즘과 공산주의의 분화과정」, 『한국사연구』 110, 한국사연구회, 2000.
- 이호룡, 「재중국 한국인 아나키스트들의 민족해방운동 - 혁명근거지 건설을 위한 활동을 중심으로」, 『한국독립운동사연구』 16, 독립기념관 한국독립운동

사연구소, 2001.
- 이호룡, 「일제강점기 재중국 한국인 아나키스트들의 민족해방운동 – 테러활동을 중심으로」, 『한국민족운동사연구』 35, 한국민족운동사학회, 2003.
- 이호룡, 「신채호의 아나키즘」, 『역사학보』 177, 역사학회, 2003.
- 이호룡, 「류자명의 아나키스트 활동」, 『역사와 현실』 53, 한국역사연구회, 2004.
- 이호룡, 「신채호, 민족해방을 꿈꾼 아나키스트」, 『내일을 여는 역사』 15, 2004.
- 蔣剛, 「천주 무정부주의운동에 대한 초보적 연구 – 조선혁명가와 중국무정부주의운동의 관계를 중심으로」, 『한국민족운동사연구』 16, 한국민족운동사학회, 1997.
- 장석흥, 「대한민국청년외교단연구」, 『한국독립운동사연구』 2, 독립기념관 한국독립운동사연구소, 1988.
- 조세현, 「중국 5·4운동 시기 아나키즘 – 볼셰비즘 논쟁」, 『역사비평』, 역사비평사, 2000.
- 조세현, 「1920년대 전반기 재중국 한인 아나키즘운동 – 한·중 아나키스트의 교류를 중심으로」, 『한국근현대사연구』 25, 한국근현대사학회, 2003.
- 조세현, 「동아시아 3국(한·중·일)에서 크로포트킨 사상의 수용 – 『상호부조론(相互扶助論)』을 중심으로 – 」, 『중국사연구』 39, 중국사학회, 2005.
- 조세현, 「1920년대 대만 내 아나키즘운동에 대한 시론」, 『동북아문화연구』 13, 동북아시아문화학회, 2007.
- 조세현, 「1920년대 재중 대만인의 아나키즘운동 – 한인 아나키스트와의 교류에 주목하여」, 『한국민족운동사연구』 52, 한국민족운동사학회, 2007.
- 조세현, 「1930년대 한·중 아나키스트의 반파시즘 투쟁과 국제연대: 巴金과 柳子明을 중심으로」, 『동북아문화연구』 17, 동북아시아문화학회, 2008.

- 최기영, 「이회영의 북경생활: 1919~1925」, 『동양학』 54, 단국대학교 동양학연구원, 2013.
- 최봉춘, 「중산대학과 1920년대 조선인의 혁명운동」, 『사학연구』 48, 한국사학회, 1998.
- 최봉춘, 「柳子明의 抗日歷程과 朝鮮革命運動: 그의 회고록을 중심으로」, 『통일인문학』 43, 건국대학교 통일인문학연구단, 2005.
- 최해성, 「1930년대 스페인 인민전선과 한국독립운동의 민족협동전선」, 『스페인어문학』 42, 2007.
- 하기락, 「독립운동의 시각에서 본 우리나라 아나키즘운동」, 『민족지성』, 1986.
- 한상도, 「金元鳳의 生涯와 抗日歷程」, 『인문과학논총』 39, 건국대학교 인문과학연구소, 2003.
- 한상도, 「국제적 반제국주의 연대투쟁으로서의 한국독립운동 - 중일전쟁 전후 중국지역을 중심으로」, 『한국독립운동사연구』 26, 독립기념관 한국독립운동사연구소, 2006.
- 한상도, 「유자명의 아나키즘 이해와 한·중연대론」, 『동양정치사상사』 7, 한국동양정치사상사학회, 2007.
- 한상도, 「나월환의 독립운동 역정과 피살 사건의 파장」, 『한국독립운동사연구』 50, 독립기념관 한국독립운동사연구소, 2015.
- 한시준, 「申采浩의 在中獨立運動」, 『韓國史學史學報』 3, 한국사학사학회, 2001.
- 한시준, 「중한협회의 성립과 활동」, 『한국독립운동사연구』 35, 독립기념관 한국독립운동사연구소, 2010.
- 황동연, 「이정규, 초국가주의적 한국 아나키즘의 실현을 위하여」, 『역사비평』 93, 역사비평사, 2010.

찾아보기

ㄱ

가오윈청高云程 203
가와바타河端 135
가와카이 하지메河上肇 60
가지 와타루鹿地亘 187, 189
간타신甘大辛 116
간토대진재 86, 99
강석린姜錫麟 47, 51, 54
강태동姜泰東 47~52, 54
『개조』 48, 60
『개조론改造論』 55~57
거우지자오苟季昭 186
「건국강령」 168
경술국치 85
『경제학연구經濟學研究』 60
경하순慶河順 33
경학원 96
고광인高光寅 64, 70
고려공산당 107
고슌마루恒春丸 122
『공제共濟』 52, 55
공진원 211, 215
곽경郭敬 79
곽득경郭得慶 130
관음사 99

광복진선 169, 177
「광주를 떠나면서」 111, 114
교통국 53
구주통顧祝同 175
국공합작 112, 180
국립후난농학원 228
국민당國民黨 91, 92, 103, 125, 133, 136, 146, 149, 158, 161, 169, 170, 178, 180, 193~195, 197, 199, 217, 224
국민대표회의 78
국민참정회國民參政會 219
궈모뤄郭沫若 181, 187
궈쑹밍郭頌銘 161, 162
권덕규 38
권석희權石熙 31, 32
권애라權愛羅 37, 38
권준權俊 116
권태은權泰殷 33
기독교청년회관 37, 55
김가진金嘉鎭 18
김구 78, 87, 88, 155~157, 169, 175, 192~195, 198, 199, 211, 216
김귀수金龜洙 16
김규광金奎光 117, 160, 184, 186, 187
김규식 44, 116, 217, 218
김노석金老石 51

찾아보기 267

김달하 92~95, 98
김달현金達顯 54, 84
김대야金大爺 95
김동수 175
김두봉金枓奉 88, 185
김마리아 84
김병옥金炳玉 70
김산金山 90
김상덕 185, 209, 211, 213, 216
김상옥 81~83
김상훈金相勳 64, 70, 71
김성수 144, 146
김성숙 72, 76, 107, 163, 170, 180, 183, 185, 187, 189, 195, 208, 215, 217, 218
김성환金誠煥 54, 63
김세준 91
김애란金愛蘭 98
김야봉 160
김약산金若山 70, 130, 184
김언金言 130
김연순金連順 33
김연우 35
김우영金南英 84
김원경金元慶 33, 37
김원봉 70~72, 76, 79, 83, 105, 107~109, 114~117, 125, 129, 130, 143, 163, 169, 170, 178, 183~185, 187, 189, 195, 199, 206, 208, 216, 218
김응룡金應龍 54, 63
김익상金益相 79~82
김일성 249
김정 70

김정석金鼎錫 59, 82
김종부金鍾富 33
김지섭金祉燮 84~86
김창숙金昌淑 64, 69, 76, 88, 91, 95~97, 157
김철남金鐵南 176, 215
김태규金泰圭 35, 36, 51
김태석金泰錫 59, 82, 83
김학무 183
김한金翰 44, 48~52, 54, 55, 58, 60, 70, 82~84
김해악金海岳 195
김형직 227
김홍식 35
김활란金活蘭 95
꼬고리高古里 62

ㄴ

나대화 35
나단신那蘭丰 118
나석주羅錫疇 76, 84, 87~89
나월환羅月煥 160, 169, 175
『나의 회억』 201
나혜석羅惠錫 84
난징대학살 178
난징조약 178
난창기의南昌起義 117, 125
남정각南廷珏 70~72, 83, 84
남화구락부 144, 147
남화연맹 139, 143~145, 147~149, 153, 155~158, 160, 163~165, 168, 169

『남화통신南華通訊』 160, 163, 166, 186
남화한인청년연맹南華韓人靑年聯盟 91, 129, 139
「내적개조론의 검토」 57, 58
노동공제회勞動共濟會 52
노무라 기치사부로野村吉三郎 135
노백린 191
노태준 191
『능엄경楞嚴經』 67

ㄷ

다나카 기이치田中義一 81
다나카 조사부로田中長三郎 235, 245
다니다베 152
다롄은행 121
다물단 89~93, 97, 99
다물청년당 94
다윈 60, 61
대원군 21
대조선독립애국부인회大朝鮮獨立愛國婦人會 33, 34
대한민국애국부인회大韓民國愛國婦人會 34, 35, 37
대한민국임시정부 36, 37, 40, 42, 44, 46, 48, 52, 69, 82, 87, 118, 180, 219, 220
『대한민국임시정부공보』 215
대한민국임시헌장 41
대한민국임시헌장선포문 41
대한민국청년외교단大韓民國靑年外交團 32~37, 39, 46, 51
대한인국민회 169
대한적십자회大韓赤十字會 35

대한통의부 66
덩멍셴鄧夢仙 132
도시히코 사카이堺利彦 60
독립기념관 28
『독립신문』 44
독립협회 22
동방무정부주의자연맹 140, 145
동방민족연대론 103
동방연맹 120
동방피압박민족연대론 104
동방피압박민족연합회 116, 118, 125
동양주의 104
동제사 46
동학혁명 12
두우게녜프屠格捏夫 62
두쥔후이杜君慧(두군혜) 180, 186
둥류실험농장東流實驗農場 161, 162

ㄹ

량룽광梁龍光 128
량쭈휘梁祖輝 226
「러시아 문학의 현실과 이상」 62
레닌 67
롼치루이段祺瑞 95
루거우차오사변蘆溝橋事件 162
루관이盧貫一 116
루젠보盧劍波 132
뤄스미羅世弥 133, 204
류보청劉伯承 117
류석보柳錫寶 30
류수런柳樹人 228

류인석柳麟錫 21
류인욱柳寅旭 71
류전휘 137, 226, 249
류종근柳種根 12
류지앤쉬劉建緖 201
류쩌충劉則忠 137, 138, 199, 227
「류쩌충자전劉則忠自傳」 137
류창즈劉尙志 227
류청우 91
류흥식 35, 36, 215
류흥환 36
리다학원立達學園 124, 128, 129, 131, 133, 135, 136, 138, 156, 160~162, 202, 205, 222, 226~228
리밍중학교黎明中學校 127
리바이잉李白英 195
리스청李石曾 62, 133, 161
리야오탕李堯棠 132
리위화李毓華 162, 163, 180, 200, 222, 226
리지명 102
린빙원林炳文(임병문) 62, 101, 102, 119, 120, 122, 124
린청차이林成才 146
링짜오농장靈棗農場 203, 204, 212, 216

ㅁ

마르크스주의 231, 243
마쑹팅馬松亭 203
마오이보毛一波 132
마오쩌둥毛澤東 133, 229, 231
마위잉馬毓英 203
마쭝룽馬宗融 133, 202~204
마캉롄馬康廉 203
맬서스 61
명성황후 21, 22
모리토 다쓰오森戶辰男 60
모아호동사건帽兒胡同事件 96
무정부주의 66, 102, 104, 119, 141
「무정부주의 경제 학설의 연구」 61
무정부주의연맹 184
무정부주의자 66, 72, 90, 166
무정부주의자동방연맹 101~103
무토 노부요시武藤信義 147
문정일文正一 180
문화생활출판사 189
미우라 고로三浦梧樓 22
민영환 21
「민족개조론」 55, 57, 58
민족자결주의 166
민족전선 170, 173, 175~177, 183, 185, 192, 193, 196, 199, 203, 204, 208
민족혁명당 166, 184, 195, 212
민필호 225

ㅂ

바이충시白崇禧 203, 204, 216
바진巴金 132, 133, 189, 202
바쿠닌 67, 144
박건웅朴建雄 117, 118, 160, 170, 189, 195
박기성 143, 146, 169, 175
박기홍朴基洪 83, 84

박남표朴南杓 50
박숭병朴崇秉 64, 69
박애의원 119
박용만 69
박재혁朴在爀 79
박정애朴正愛 180, 189
박찬익朴贊翊 125, 126, 209, 218
박효삼朴孝三 184
방시선方施先 130
배달청년당倍達靑年黨 35
배천택裵天澤 91
백신영 54
105인 사건 47, 156
백윤화白潤和 85
백정기 64, 96, 98~100, 143, 144, 146, 148, 150~153
베이징사범대학 133
부산경찰서 투탄 의거 79
『부활』 62
비샨신備善辛 116
『비평』 48, 60

ㅅ

사회진화론 61
삼균주의 196
3급 국기훈장 252
삼민주의 125
상한병傷寒病 25
상해청년항일동맹 146
『새 풍조』 62
샤두신沙渡辛 116
샤먼대학 116

샤밍강夏明剛 220
서간단鋤奸團 155
서극순徐極淳 22
서동일徐東日 91, 94
서왈보 91
서재철 45
석정 189
선중주沈仲九 137, 199, 201, 204, 222
성주식成周寔 195
성현원成玄园 117
손건孫建 176
손두환 211
손영직孫永稷 95
손정도孫貞道 40
송강춘松江春 151, 152
송경령宋慶齡 216
송면수宋冕秀 192
송세호 35
쇼우 176
수원농림학교 20, 24, 25, 28, 30, 47, 48, 59, 82, 127
수젠秦健 101
쉬칭중徐慶重 226
스탈린 231
시게미쓰 마모루重光葵 136
시라카와 요시노리白川義則 135
시카다鹿田 22
『신대한新大韓』 44
신립申砬 47
신민회 46
신석균申錫均 22
신석우 40, 225
신숙 69

신익희 195, 215, 218
신정균 54
신채호申采浩 44~47, 62, 64, 66, 68~70, 74, 76, 87, 90, 92, 97~99, 101, 103, 119, 120, 122, 124, 141
신한청년당 44, 46
신해혁명 41, 178
신환 215
심상덕沈相德 22
쑤바오궈粟寶國 226
쑤바오차오蘇抱樵 204, 220
쑤퉁粟同 199, 200, 222, 226
쑨원(손중산) 105, 107, 125, 126, 157, 216
『쑨원학설孫文學說』 125
쑨이셴 113
쑨촨팡孫傳芳 109
쑨커孫科(손과) 216, 217
쑹쩡취宋增渠 200

ㅇ

아나키스트 61~64, 66, 67, 76, 89, 90, 97~101, 104, 107, 120, 124, 128, 130, 133, 139, 145, 149, 168, 169, 176, 231
아나키즘 50, 60, 62~67, 72, 90, 98, 99, 100, 102, 131, 133, 141, 146, 151, 168, 229
아라키 사다오荒木貞夫 149
아리요시 아키라有吉明 149
『아버지와 아들』 62
『아성』 55
아시아연대론 104

아요야마 가즈오青山和夫 181
아편전쟁 178
「악분자소탕선언惡分子掃蕩宣言」 93
안공근安恭根 155~157, 159
안동만安東晩 116, 138
안재홍 35
안중근 22
안창호安昌浩 44, 46, 50, 70, 95, 156
안화 55~58
안훈 211
야마카와 히토시山川均 60
양건호梁建浩 70
양금 116
양밍뤠楊明睿 203
양슈펑楊秀峯 246
엄항섭嚴恒燮 147, 195, 199, 209, 218
엄형순嚴亨淳 144, 148, 156, 158~160
에구치 츠네오江口庸雄 241
A동방연맹 101
서운형 43
연미당延薇堂 147
연병호延秉昊 33, 35, 36, 147
연병환延秉煥 147
연소연공부조농공聯蘇聯共扶助農工 107
연정학원研精學院 24
연충렬延忠烈 147
연통제 52, 53
영소심 226
예정수芮正叔 125
예추창芮楚倉 126
예팅독립단葉挺獨立團 109
예팅부대葉挺部隊 117

예페이잉葉非英 228
5당 통일회의 196
오면직吳冕稙 144, 146, 148, 150, 156, 157, 160
오상근吳祥根 55
오성륜 73, 81, 105
오스기 사카에大杉榮 60
오언영吳彦泳 30, 33
오이노우에 야스시大井上康 235, 241, 244
오키玉崎 149, 153
옥관빈玉觀彬 156~158
옥성빈玉成彬 156, 158
왕디천王滌塵 116
왕야챠오王亞樵 146
왕줴밍王歐明 224
왕지센王繼賢 186
왕징웨이汪精衛 117
왕학명 226
우에다 겐키치植田謙吉 135
우즈후이吳稚暉 133, 161
우커강吳克剛 128
우티예청吳鐵城 216
우페이푸吳佩孚(오패부) 109, 113
원심창元心昌 143, 149~153
원정룡元貞龍 54
원조한국광복군판법援助韓國光復軍辦法 211
위빈于斌 216
웨루산岳麓山 228, 250, 252, 259
위스산與世山 124
위안사오셴袁紹先 125, 126, 128
위안스카이 67, 95
위안즈이袁志伊 128
유기석柳基石 64, 90, 101, 128, 139, 169, 175

유림 64
유맹원劉孟源 122
유문상劉文祥 122
유석현劉錫鉉 83~85
유우근 108
유인욱柳寅旭 54
유정근俞政根 45
육삼정六三亭 149~151, 153, 154
윤기섭 215
『윤리학』 60
윤병구尹炳求 85
윤봉길尹奉吉 135, 147, 148, 150, 155
윤석주尹石冑 79, 130
윤세주尹世冑 185, 195
윤우영尹宇榮 35, 36
윤위화尹爲和 186
윤자영尹滋瑛 74, 107
을사늑약 21, 22
의열단 50, 70~74, 76, 79, 81~84, 86~89, 97, 105, 107, 109, 110, 116, 117, 125, 129, 170, 180
『의열단간사義烈團簡史』 73
의용대 184
이강훈李康勳 145, 146, 149~154
이검운李劍云 116
이경수李敬守 105, 130
이관용李寬容 125
이관해 118
이광수 44, 57
이규갑李奎甲 45
이규서李圭瑞 147
이규숙李圭淑 92

이규준李圭駿 92
이규창李圭昌 92, 93, 144, 158, 159
이기로李綺魯 12
이기환李箕煥 97
이난영李蘭永 24, 27, 227
이달李達 144, 146, 148, 160, 186, 187
이동녕李東寧 78, 88, 116, 195
이륭양행二隆洋行 53, 54
이명칠李命七 24
이병철李秉澈 32~37, 51
이사하야諫早 형무소 154
이상재李商在 95
이석영李石榮 92, 147
이성용李星容 125
이승래 169
이승만 47
이승훈李昇薰 95
이시영李始榮 50, 78
이연호李然浩 176, 213
이영주李英俊 105, 180, 185
이완용 21
이용로李容魯 147, 158
이용준李容俊 146
이우민李愚民 91
이원훈李元勛 49
이유필李裕弼 54
이육화李毓華 130
이은숙李恩淑 95, 97, 98
이을규李乙奎 54, 62, 64, 96, 98, 100, 143
이의경 35
이익성李益星 184
이인홍李仁洪 97

이자경李慈卿 96
이재명 21
이재성李載誠 54, 63
이재현 175
이정규李丁奎 54, 63, 64, 93, 96, 98~101
이종욱李鍾郁 34, 35, 53, 54
이종홍 159
이지선 118
이지영 119, 120, 124
이집중李集中 105
이청천 169, 195, 216, 217
이춘암李春岩 130, 180, 184, 189
이쿠오 오야마大山郁夫 60
이태공 147
이필현李弼鉉 101, 120
이하유李何有 130, 143, 160, 175, 195
이한근李漢根 40
이현근 143
이현수 215
이호승 35
이호영李皓榮 92, 97
이회영李會榮 55, 62, 64~66, 92, 95~98, 100, 102, 143, 146, 147, 158, 159
『인구론』 61
인성학교 156
임득산林得山 37
임시사료편찬위원 48
임시의정원 40, 41, 68, 198, 208, 209, 211, 212, 215
임시헌장 42
임시헌장선포문 42
『임진록壬辰錄』 47

ㅈ

『자각론自覺論』 55
자오구추趙谷初 227
자오푸잉敎敷營 180
『자유自由』 146
장건상 215
장덕수張德秀 55
장도빈張道斌 55
장샤오톈張曉天 133
장싱보張性伯 129
장양헌張良憲 33
장제스蔣介石(장개석) 108, 113, 114, 136, 149, 154, 155, 169, 170, 175, 181, 183, 217, 222~224
장지락張志樂 117
장징장張靜江 161
장징추章警秋 161
장쭤린張作霖 109, 113
장천석張千石 30
재중국조선무정부주의공산주의자연맹 140
재중국조선무정부주의자연맹在中國朝鮮無政府主義者聯盟 64, 98~100, 139
재중국조선민족항일동맹 176
쟝쉐즈持学知 220
저우언라이周恩來 107, 117, 181, 216
적기단赤旗團 107
「적색의 비통」 111, 112
『전원 수공작업소의 공장』 61
전위동맹 163, 184
『전쟁과 평화』 62
정경원鄭敬源 15, 16
정낙윤鄭樂潤 31, 32, 35, 36, 54
정석희鄭錫熙 32, 36, 39
정싱링程星齡 201, 220~223, 227
정운익鄭云益 22, 23
『정의공보』 99
정태희鄭泰熙 32
정해리鄭海理 149
정현섭鄭賢燮 98, 175
정화암 64, 72, 78, 96, 99, 130, 139, 143, 145, 147, 149, 150, 152, 153, 155~157, 169, 175, 225, 226
제일사범학교 133
조덕진趙德津 44, 45, 74
조동호趙東怗 45
조선국권회복단 55
조선독립운동자동맹 177
조선무정부주의자연맹朝鮮無政府主義聯盟 93, 139
『조선민족운동연감朝鮮民族運動年鑑』 36
『조선민족전선朝鮮民族戰線』 80, 81, 173, 174, 176, 186
조선민족전선연맹 161, 166, 169, 170, 183, 184
조선민족전선통일촉성회 176
조선민족해방동맹 163, 195, 208, 212
조선민족해방운동자연맹 170
조선민족혁명당 116, 130, 163, 170, 178, 184, 185, 208
조선의열단 130
조선의용군 185
조선의용대 175, 178, 181, 183~185, 187~189, 199, 203, 206, 208
『조선의용대통신朝鮮義勇隊通訊』 185, 186
조선인거류민단 70
조선청년연합회朝鮮靑年聯合會 55

찾아보기 275

조선청년전위동맹 195
조선총독부 투탄 의거 79, 81
조선혁명군사정치간부학교 130, 178
조선혁명당 169, 191, 195~197
「조선혁명선언」 66, 74~76, 141
조선혁명자연맹 161, 169, 170, 175, 195, 208, 212
조성환 194, 195
조소앙趙素昻 35, 37, 40, 125, 169, 195, 209, 212, 216~218
조완구趙琬九 78, 86, 195
조용주趙鏞周 33, 35~37, 39, 40, 44
존슨Johnson 146
주더朱德 117
주룽九龍 227
주시朱洗 133
주열朱烈 105
주요한朱耀翰 125, 127
중국군사위원회 206, 209, 210
중국불교회 158
중산대학 105
중앙기독청년회 33
중일전쟁 103, 162, 163, 168, 169, 176, 181, 203
중한문화협회中韓文化協會 216~218
지룽우편국基隆郵便局 121, 122
지명대 98
진산바오金善寶 232
진진다점津津茶店 152, 154
『진화론』 60
쭝타오룽鍾濤龍 163, 204, 220

ㅊ

차달車達 12, 13
차리석 209, 212
『처녀지處女地』 62
『천고天鼓』 69, 90
천광귀陳光國 125
천명룽陳夢龍 232
천병림 186
천보쉰陳伯勳 194
천이陳儀 199, 201, 222, 223, 225
천장절天長節 135
천중밍陳炯明 105
천청陳誠 181, 225
천판위陳范予 127, 133, 199
천훙유陳洪友 228
철권단鐵拳團 91
청당운동淸黨運動 113
청일전쟁 21
쳰징춘酇經村 203
최동오 195, 209
최명희崔明熺 33
최숙자崔淑子 33, 37, 54
최승년崔承年 105, 116, 118
최용건崔鏞健 117
최원崔圓 105, 116, 118
최창익 163, 180, 184
충주공립간이농업학교 28, 30
충주공립간이보통학교 22, 24, 28, 30, 33
『충청북도충주군양안忠淸北道忠州郡量案』 14, 18
취안저우농촌운동泉州農村運動 103

치광루^{眵光錄} 116
7당 통일회의 195~197
칭룽산^{靑龍山} 129, 130

ㅋ

카이젤 67
캉러신촌^{康樂新村} 220~222
코민테른 107
쾅지에런^{匡介人} 134
쾅후성^{匡互生} 125, 128, 129, 133~135
크로포트킨 60~62, 144

ㅌ

타오싱즈^{陶行知} 126
『타이완농림^{臺灣農林}』 223
『타이완일보』 222
『타이완일일신보^{臺灣日日申報}』 121
타이완척식회사 222
탄금대 47
탄쭈인^{譚祖蔭} 133
『탈환』 100
탕원퉁^{湯文通} 224
톈닝쓰^{天寧寺} 180
톨스토이 62

ㅍ

파리강화회의 44
판번량^{范本樑} 102, 119
펑위샹^{馮玉祥} 216, 217
펑지성^{平智盛} 130

ㅎ

푸단대학 202, 203
푸쓰낀^{普斯金} 62
『푸젠농업^{福建農業}』 200

하세가와 뇨제칸^{長谷川如是閑} 60
한경희 18
한국광복군 206, 208, 209, 211, 217
한국광복군행동9개준승^{韓國光復軍行動九個準繩} 209
한국광복운동단체연합회 169
한국광복진선청년공작대^{韓國光復陣線靑年工作隊} 191
한국국민당 160, 165, 166, 169, 191, 195, 197
한국독립당 191, 195~197, 212
한국청년전지공작대 175
한백영 18
한성정부 42, 45
한인애국단 135, 148, 155~158
한인특별반 180
한일래^{韓一來} 186
한지성 185
한창렬^{韓昌烈} 119
한푸옌열사기념합작농장^{韓復炎烈士記念合作農場} 126, 127
『한 혁명자의 회고』 62
『한 혁명자의 회익록』 14, 16, 21, 30, 36, 133, 201
항일구국연맹 103, 145, 146
『해방』 48, 60
해방동맹 184
해주형무소 47

허룽賀龍 117
허열추許烈秋 128
허우자탕실험농장侯家塘實驗農場 161
허정숙許貞淑 180
허중한賀衷寒 183
현순玄楯 40
현정근玄正根 74
혈성단애국부인회血誠團愛國婦人會 34
『호상부조론』 61
홍명희洪命熹 54, 69
홍몽화洪夢華 22
홍범식洪範植 85
홍진 195, 209, 217
화광병원華光病院 132, 140
화베이물산공사華北物産公司 121, 122
황상규黃尙奎 79
황옥黃鈺 83, 84
황익수黃益洙 97

황인성黃仁性 30
황푸군관학교 105, 109, 110, 112
황푸정신黃埔精神 113
황푸탄 의거 73, 81, 82
회교구국협회回敎救國協會 202~204
후난농업대학 162, 201, 246
후난대학 227, 228
『후난일보』 118
후자화위안胡家花園 180
후쭝난胡宗南 129, 175
후창즈胡昌植 224
훙커우공원虹口公園 의거 135, 146~148
흑기연맹 90
흑색공포단黑色恐怖團 145, 148
『흑색신문黑色新聞』 144
흑색청년동맹黑色靑年同盟 89, 90
『흑선풍』 98

의열투쟁의 이론을 정립하고 실천한 류자명

1판 1쇄 인쇄 2017년 12월 18일
1판 1쇄 발행 2017년 12월 22일

글쓴이	박걸순
기 획	독립기념관 한국독립운동사연구소
펴낸이	이준식
펴낸곳	역사공간

주소: 04034 서울시 마포구 양화로 11길 18 원오빌딩 4층
전화: 02-725-8806, 070-7825-9900
팩스: 02-725-8801, 0505-325-8801
E-mail: jhs8807@hanmail.net
등록: 2003년 7월 22일 제6-510호

ISBN 979-11-5707-154-8 03900

- 잘못된 책은 바꿔 드립니다.
- 이 도서의 국립중앙도서관 출판예정도서목록(CIP)은 서지정보유통지원시스템 홈페이지 (http://seoji.nl.go.kr)와 국가자료공동목록시스템(http://www.nl.go.kr/kolisnet)에서 이용하실 수 있습니다.(CIP제어번호: CIP2017033840)

역사공간이 펴내는 '한국의 독립운동가들'

독립기념관은 독립운동사 대중화를 위해 향후 10년간 100명의 독립운동가를 선정하여, 그들의 삶과 자취를 조명하는 열전을 기획하고 있다.

001 근대화의 선구자 - 최광옥의 삶과 위대한 유산
002 대한제국군에서 한국광복군까지 - 황학수의 독립운동
003 대륙에 남긴 꿈 - 김원봉의 항일역정과 삶
004 중도의 길을 걸은 신민족주의자 - 안재홍의 생각과 삶
005 서간도 독립군의 개척자 - 이상룡의 독립정신
006 고종 황제의 마지막 특사 - 이준의 구국운동
007 민중과 함께 한 조선의 간디 - 조만식의 민족운동
008 봉오동·청산리 전투의 영웅 - 홍범도의 독립전쟁
009 유림 의병의 선도자 - 유인석
010 시베리아 한인민족운동의 대부 - 최재형
011 기독교 민족운동의 영원한 지도자 - 이승훈
012 자유를 위해 투쟁한 아나키스트 - 이회영
013 간도 민족독립운동의 지도자 - 김약연
014 대한민국 임시정부의 민족혁명가 - 윤기섭
015 서북을 호령한 여성독립운동가 - 조신성
016 독립운동 자금의 젖줄 - 안희제
017 3·1운동의 얼 - 유관순
018 대한민국임시정부의 안살림꾼 - 정정화
019 노구를 민족제단에 바친 의열투쟁가 - 강우규
020 미 대륙의 항일무장투쟁론자 - 박용만
021 영원한 대한민국임시정부의 요인 - 김철
022 혁신유림계의 독립운동을 주도한 선구자 - 김창숙
023 시대를 앞서간 민족혁명의 선각자 - 신규식
024 대한민국을 세운 독립운동가 - 이승만
025 한국광복군 총사령 - 지청천
026 독립협회를 창설한 개화·개혁의 선구자 - 서재필
027 만주 항일무장투쟁의 신화 - 김좌진
028 일왕을 겨눈 독립투사 - 이봉창
029 만주지역 통합운동의 주역 - 김동삼
030 소년운동을 민족운동으로 승화시킨 - 방정환
031 의열투쟁의 선구자 - 전명운
032 대종교와 대한민국임시정부 - 조완구
033 재미한인 독립운동의 표상 - 김호
034 천도교에서 민족지도자의 길을 간 - 손병희
035 계몽운동에서 무장투쟁까지의 선도자 - 양기탁
036 무궁화 사랑으로 삼천리를 수놓은 - 남궁억
037 대한 선비의 표상 - 최익현
038 희고 흰 저 천 길 물 속에 - 김도현
039 불멸의 민족혼 되살려 낸 역사가 - 박은식
040 독립과 민족해방의 철학사상가 - 김중건
041 실천적인 민족주의 역사가 - 장도빈
042 잊혀진 미주 한인사회의 대들보 - 이대위
043 독립군을 기르고 광복군을 조직한 군사전문가 - 조성환
044 우리말·우리역사 보급의 거목 - 이윤재
045 의열단·민족혁명당·조선의용대의 영혼 - 윤세주
046 한국의 독립운동을 도운 영국 언론인 - 배설
047 자유의 불꽃을 목숨으로 피운 - 윤봉길
048 한국 항일여성운동계의 대모 - 김마리아
049 극일에서 분단을 넘은 박애주의자 - 박열
050 영원한 자유인을 추구한 민족해방운동가 - 신채호

051 독립전쟁론의 선구자 광복회 총사령 - 박상진
052 민족의 독립과 통합에 바친 삶 - 김규식
053 '조선심'을 주창한 민족사학자 - 문일평
054 겨레의 시민사회운동가 - 이상재
055 한글에 빛을 밝힌 어문민족주의자 - 주시경
056 대한제국의 마지막 숨결 - 민영환
057 좌우의 벽을 뛰어넘은 독립운동가 - 신익희
058 임시정부와 흥사단을 이끈 독립운동계의 재상 - 차리석
059 대한민국임시정부의 초대 국무총리 - 이동휘
060 청렴결백한 대한민국 임시정부의 지킴이 - 이시영
061 자유독립을 위한 밀알 - 신석구
062 전인적인 독립운동가 - 한용운
063 만주 지역 민족통합을 이끈 지도자 - 정이형
064 민족과 국가를 위해 살다 간 지도자 - 김구
065 대한민국임시정부의 이론가 - 조소앙
066 타이완 항일 의열투쟁의 선봉 - 조명하
067 대륙에 용맹을 떨친 명장 - 김홍일
068 의열투쟁에 헌신한 독립운동가 - 나창헌
069 한국인보다 한국을 너 사랑한 미국인 - 헐버트
070 3·1운동과 임시정부 수립의 숨은 주역 - 현순
071 대한독립을 위해 하늘을 날았던 한국 최초의
    여류비행사 - 권기옥
072 대한민국임시정부의 정신적 지주 - 이동녕
073 독립의군부의 지도자 - 임병찬
074 만주 무장투쟁의 맹장 - 김승학

075 독립전쟁에 일생을 바친 군인 - 김학규
076 시대를 뛰어넘은 평민 의병장 - 신돌석
077 남만주 최후의 독립군 사령관 - 양세봉
078 신대한 건설의 비전, 무실역행의 독립운동가
    - 송종익
079 한국 독립운동의 혁명 영수 - 안창호
080 광야에 선 민족시인 - 이육사
081 살신성인의 길을 간 의열투쟁가 - 김지섭
082 새로운 하나된 한국을 꿈꾼 - 유일한
083 투탄과 자결, 의열투쟁의 화신 - 나석주
084 의열투쟁의 이론을 정립하고 실천한 - 류자명